START LINE

スタートライン民法総論

【第**4**版】

Masao Ikeda
池田真朗

日本評論社

第4版はしがき

　本書は、民法学習を志した人たちが「最初に読む本」として設計された。幸い読者の支持を得て、初版は6刷、第2版は5刷、第3版も5刷を重ねて、このたび第4版を世に問うことになった。

　この数字からは、本書は、初学者に本格的な民法学習の正しい道しるべを与えるという重大な責任を、これまである程度果たせてきたように見える。ただ、今度の第4版は、実はこれまでに経験のない、新たな任務を与えられたようなのである。それを与えたのが、今日の「時代」であるということをまず述べておかなければならない。

　第3版を世に送ったのは、2018年1月である。当時、民法は2017年5月に債権関係の約120年ぶりの大改正を受け、その改正は2020年4月1日に施行された。本書第3版は随時その改正に対処し、さらに2022年4月施行の民法改正では成年年齢が18歳に引き下げられ、婚姻適齢も変更されるという大きな改正があり、5刷でそれに対応する修正も施した。

　しかしそれらは、うわべの対処に過ぎなかったのではないか。というのは、民法という基本法がこれだけ頻繁に大きく変わるというのは、世の中全体が、つまり時代が変革の時代になった、ということなのである。2020年初頭からの新型コロナウイルスの蔓延は、今思えばそれを加速させた一つの象徴的な現象に過ぎなかった。

　国連の提唱するSDGsは、2030年までの到達目標とされるが、2030年になっても地球温暖化は収まらず、貧困や飢餓はなくならないと予想される。人々の生活や生命の「持続可能性」を考えることは他人事ではないのである。

　そして一方で社会のIT化、DX化が進展し、AIや仮想空間が発達する時代になったが、それらは人間社会に利便だけをもたらすものではなく、さまざまな危険をも与えるものであることが明らかになりつつある。

この変革の時代には、法律の役割もあり方もどんどん変わる。したがってその学びの姿勢も、教授法も、変わらざるをえないのである。

　ことに、私法の基本法である民法は、かつては、基本法があまり頻繁に変わると法的安定性が害される、などと言われることがあった。ただその考え方は、必要以上に「今あるルール」の解釈論に偏重して、新しい事態に適切に対処する、「これからのルール」を作る立法論が育たない状況を生んだ。法律を学ぶ諸君も、法律を暗記の学問と誤解して、教わったことを解答用紙に再現することにばかり注力して、新しいルールを考える学習などはする機会がほとんどなかったといってもよい。

　しかし、たとえばこれからの法学部生は、卒業して自分たちが入っていくそれぞれの社会環境で、人々を幸福にする最適なルールを作れる人にならなければならない。これからの法学教育は、そういうルール創りができるための「想像力」や「創造力」を涵養するものにならなければいけないのである。

　それゆえ、本書第4版は、第3版と記述内容こそそれほど大きな違いは見られないかもしれないが、その教育コンセプトにおいては、相当な違いがある。そして、その新コンセプトを鮮明にするために、本文冒頭に「読み始める前の質問コーナー」を新設し、本文中には、何個所か「ルール創りの観点から」という囲みの文章を置いた。

　変革の時代に民法を、もっといえば法律学を、学び始めるすべての初学者に、その本書の意図をご理解いただきたいと切に思う。

　第4版の出版にあたっては、初版から引き続いて、日本評論社編集部の室橋真利子氏に大変にお世話になった。ちなみに室橋さんは、私の慶應義塾大学でのゼミのOGである。また今回の改訂にあたっては、私が現在教鞭を執っている武蔵野大学の池田ゼミOBで2022年度司法試験に合格した、坂井理央君と渡邊亮太君にご意見をいただいた。お二人には深く感謝申し上げるとともに、今後のご活躍をお祈りしたい（なお、再校段階では、池田ゼミ2023年度司法試験合格者の4名の諸君に校正の支援を受けたことを付記する）。

　2023年11月

　　　　　　　　　　　　　　　　　　　　　　　池　田　真　朗

第3版はしがき

　本書は、民法学習を志した人たちが「最初に読む本」として設計されたものである。幸い読者の支持を得て、初版は6刷、第2版は5刷を重ねて、このたび第3版を世に問うことになった。

　ただ、「最初に読む本」の責任は重い。読者が民法を嫌いになるか、意欲を持って本格的な学習に取り組む気になるか、そのいずれかを一冊の本が決定するのだとしたら、著者には相当の覚悟がいるのである。

　そのうえ、本書第3版は、大変なミッションを課されることになった。2017年5月に民法の大幅な改正法が成立し、6月2日に公布され、2020年4月1日に施行されることになったのである。この改正は、明治29年に作られた現行民法の、約120年ぶりの大改正であり、債権関係の改正と言われながら、総則部分にもかなりの改正点が含まれている。本書は2018年春から教科書として利用されることになるが、そこから丸2年は、改正前の民法が施行されつつも、学習者には改正後の民法の情報も与えられなければならないのである。

　考えた末に、本書は以下のような対応をすることにした。①基本的には、新しい改正法対応の教科書とし、条文は原則として改正法の条文を挙げる。②しかしながら、しばらくの間読者は改正前の民法が施行されている中で学ぶのであるから、改正前の現行法について、一定の知識が与えられなければならないはずである。そこで、改正によって大きく変わる点については、改正前の規定や考え方をまず記述し、改正法との違いがわかるようにする。

　そしてさらに著者としては、単なる入門書執筆を超えた、法律学教育の基本的な発想の転換を考えている。その観点から、姉妹編の『スタートライン債権法〔第6版〕』（2017年3月）のはしがきには、次のように書いた。

　「条文が変わったらまったく役に立たなくなる教科書というものは、取り

もなおさず、ただ現行の法律の規定を解説しているだけのものであろう。そうではなくて、学びの途中で条文が変わっても対応できる能力を学習者に与える教科書こそが、そしてそういう教育法こそが、まさに現代に要求されているのではないか。

　つまり、これまでの法律学は、所与の規定の解釈を伝授することにばかり比重を置いていて、判例や学説を詳細に教えることが良いことだと考えてきた傾向がある。そうではなくて、法律を学ぶことで、一つ一つのルールの意味や役割を理解し、誰の利益をどう保護するルールなのか、そのルールがなかったら人はどう行動するのか、などを考え、ひいては、自分が将来所属するさまざまな集団にあって、それらの構成員を幸福に導けるルール創りができるようになる、そういう人を育てることこそが法律学の教育の要諦となるべきではないかと考えたのである。

　さらに言えば、法学部生の９割以上が法曹やキャリア国家公務員にならないわが国の現状を踏まえれば、まずはその『マジョリティ』の法学部生に、民間企業に進むにせよ地方公務員になるにせよ必要となる上記の『ルール創り』教育を施し、その中から法曹等を目指してより詳細な解釈学の勉強に進んでいく人が輩出すればよいという発想に立つことが肝要なのではなかろうか。」

　以上の問題意識から、この第３版では、「ルール創りのノウハウ」とか、「条文読みのノウハウ」などという注記も新設している。それらがどこに出てくるかを探しながら読むのも、また本書を読み進むインセンティブになればよいと考えている。

　読者が民法に関心を持ち、「もっと学ぼう」と思うと同時に、「ルール」の意味や役割を理解し、「ルール創り」の基本発想を身に付けることができるようにする。この欲張りな目標が本書第３版でどれだけ達成できたかは、読者の評価に待つしかないが、本書はこれからも、読者一人ひとりの望みを考え、読者とともに歩む存在でありたいと願っている。

　なお、本書の具体的なコンセプトや活用法については、この後に掲げた「第２版はしがき」を参照していただきたい。

　第３版の出版にあたっては、初版から引き続いて、日本評論社編集部の室

橋真利子氏に大変にお世話になった。ちなみに室橋さんは、私の慶應義塾大学でのゼミのＯＧである。さらに改正法部分の確認については、同じく慶應池田ゼミＯＧで2017年の司法試験に合格した北基怜子さんと、武蔵野大学池田ゼミ１期生で2018年４月から法科大学院生となる川合佑莉亜さんにお手伝いをいただいた。お二人には深く感謝申し上げるとともに、今後のご活躍をお祈りしたい。

2018年１月

池 田 真 朗

【追記】

　2022年４月施行の民法改正で成年年齢が18歳に引き下げられ、婚姻適齢も変更されたため、2022年12月刊行の第３版第５刷から、関係個所を修正した。67頁は婚姻適齢規定の改正、68頁は、それに伴う成年擬制規定の削除、81頁は民法４条の成年年齢規定の改正、86頁は、それに伴う未成年者取消権の記述の追加である。

第2版はしがき

「教えとは、希望を永遠<ruby>遠<rt>とわ</rt></ruby>に語ること」
——アラゴン『フランスの起床ラッパ』より

　1冊の本には、どんなことができるだろう。……こんな書き出しで、私は『スタートライン債権法』のはしがきを書き、世に送った（日本評論社、初版1995年、第5版2010年）。本書初版は、その姉妹編として2006年に出版されたものである。

　たとえば大学のテキストであるならば、まずはその科目の正確・適切な情報を伝達するものでなければならない。けれどもそれが初学者のための入門書ということになれば、誤りのない情報を伝達するだけでは足りない。テキストの要素に加えて、学習方法のガイダンスの要素も持たなければならない。そしてそれらの情報を、やさしく、かつ興味深く読者に伝える工夫もなければならない。さらに、入門書がその分野への導きの書であるならば、読者にその分野の魅力を伝え、その分野に入っていく勇気を与えることもできなければならないはずである。……それら全部を実現したいという、大変欲張りな意図を託した『スタートライン債権法』は、幸いなことに、多くの読者の支持を得て第5版にまで至ることができた。

　本書の狙いも、これと変わることはないのだが、本書はさらに欲張りを2つ増やした。それは、まず①民法という全国の大学の法学部で最も多くの単位数を与えられている広範な科目の、「総則」という最初の部分を学習するために、理解を容易にして学習効率を高める目的で、5つの編からなる民法典の全体をまず概観してから本論に入ろうとしているのである。したがって、本書は1冊で、いわゆる民法全体の入門と、民法第1編「民法総則」の入門書を兼ねる形となっている。それが書名を『スタートライン民法総論』とした所以である。さらに、②補論的には、2004年からの法科大学院開設を受けて、これから法を学ぼうとする諸君が、どのようにその法律学習をご自分の

将来の進路に結び付けていくべきなのか、についての指針を示そうとしたことである。

そしてこの第2版では、縦組みを横組みに改めて、内容も全面的なリニューアルを図った。具体的には、重要判例を増補し、第13課の法人のところ等は新法の施行に合わせて大きく書き改め、コラムの文章も修正し、前後のレファレンスも強化した。新しく [Grade up] という項目も設けている。

したがって改めて本書のターゲットとする読者層は、まったくの初学者から、法科大学院の入学者（未修者だけでなく既修者も）まで、多様である（ただし法科大学院入学者は、後述するように、この本を基礎知識の確認本として短期に読み切っていただきたい）。

本書の構成から説明しよう。上記のような構成を取ったことには理由がある。私は『スタートライン債権法』で、民法の勉強は総則から入ると面白くない、だから第3編の債権から勉強するのだと説いた。けれども、たとえば大学のカリキュラムとして民法は総則から入るところがやはり多い。初めて民法を学ぶために本書を手に取った読者にも、「民法は面白くない、わからない」と思わせては絶対にいけないということなのである。

民法総則は、民法全体の、とりわけ財産法関係を扱う民法前3編（第2編物権、第3編債権）の、総合的共通的規則である。だからこそ、第2編物権や第3編債権の中身がわからずに共通規則だけを学んでも面白くないし理解ができない、ということになる。そのために、債権の中の契約などの具体例を挙げながら講義するのがよいとされるのだが、その具体例に出てくる制度や用語についてはまだ学んでいない、というのでは、やはり学ぶ側としては理解に苦しんでしまうのである。そこで本書は、民法総則を理解するのに最低限必要な民法全体の知識を先に概説する（「新しいことを教えるのに、まだ教えていない専門用語などを使ってはいけない」というのは、『スタートライン債権法』執筆の際にも私が強く心掛けたことである）。その結果、副次的に得られる効果として、読者はまず民法全体の鳥瞰図を手にしてから、民法総則の学習に入ることになる。実は、最近の大学法学部では（あるいは他の学部でも）、民法全部を必修にしているところは少ないので、民法の一部分だけを虫食い的に勉強して卒業してしまう諸君も少なくない。そういう人たちに、まず民

法の全体像を知ってもらおう、という意図も私にはある。もちろん、二兎も三兎も追って失敗してはいけないのだが、「1冊の本にできること」を貪欲に追求する姿勢があることを、読者には理解していただきたい。さらに、民法総則の中でも、実は条文順に記述すると、新しいことを学ぶ際に、まだ学んでいない概念等が頻出してしまう。法人のところなどはその最たるものである。したがって本書はその観点から、総則部分の章立ての順序を若干組み換えてある（ただし条文を一つひとつばらばらにしたりはしていない）。

　さて、21世紀に入って、法の世界は大変な変革期を迎えている。第1には、私法の様々な分野で大規模な法改正や新法の制定が行われ、私法の基本法である民法の世界でも、契約（債権関係）を中心とした本格的な改正の審議が2009年から始まっている。第2には、司法制度改革が実施されて2004年4月から法科大学院が全国に開校され、法曹になるための司法試験の仕組みも大きく変わった。

　その変革の動きの中で、今、読者は何を学び、どう人生の選択をしなければならないのか。足を地に着けて、現在学ばなければならないことを、正しい姿勢でしっかりと学び、それを将来に生かす。そのための民法入門テキストが存在しなければならないと、私は考えた。それがこのタイミングで第2版を世に送る理由である。

　ただ、ここで一言付け加えておきたい。伝えるべき情報が変化する場合には、もちろんテキストはその変化には迅速に対応しなければならない。けれども一方で、単なる情報のレベルを超えて、変わらずに必ず伝えなければならないものも存在するのではなかろうか。また、その情報を伝える手法も時代によって変化するだろう。テレビゲームからインターネットという世界で育ってきた今の大学生諸君には、ロールプレイングゲームに擬したようなテキストの作り方なども考えられるかもしれない（実際、本書でもその「発想」は取り込んでいる）。けれども、私はここでしっかり述べておきたい。法を学び、用いるということは、ゲームではない。それは、生きた人間を知ることであり、人間の愛情や憎悪や、必ず犯すあやまちや、汗や涙を知ることなのである。バーチャル・ワールドに身を置いていては、法律は、ことに民法は、決して理解できない。本書ではそのことも、しっかり伝えておきたい。

具体的に本書の執筆コンセプトについて述べておこう。

　本書は、読者層として、まずは大学法学部生でこれから民法を本格的に学ぼうとする人、さらには法学部以外の学部からロースクール入学を目指して学習を開始しようとする人を想定して、「独習できる入門書」となるように書かれている。いきなり内容の記述に入るのではなく、読み進むためのガイダンスから記述されているのはそのためである。各課のコラムも、上記②に書いた進路アドバイスを兼ねている。

　もう一つ、独習書としての本書は、本格的な民法学習で使用する、いわゆる基本書と呼ばれるレベルのテキストを読む前に読むべき本として書かれている。したがって、全くの初学者だけでなく、たとえば法科大学院の新入生（主に未修者が対象だが、既修者であっても）にも、基礎の確認として本書を活用してほしい。法科大学院生の場合は、この本を「短期の読み切り本」として使い、「知らないことはないか、理解の仕方が間違っているところはないか」を検証してほしいのである。

　一方で本書は、大学等で民法総則のテキストとして半年ないし１年間の講義に使用されることも十分可能なようにさまざまに配慮してある。その場合、前半の民法全体の概観は、第２課以外は講義担当者の判断で取捨選択しながら簡略に終了し、第５課以下の民法総則プロパーの内容に入っていただければよい。民法総則の中の記述の順序の組み替えは、先に述べたように、徹底して学生諸君の理解しやすさに配慮したものであって、決して著者が個人的な体系等を考えて組み換えたものではない（私は、入門書においては著者が自分の好みで法典の条文編成をばらばらにしてまとめ直すことはするべきではないと考えている）。したがって各課の中の記述は民法の条文編成順をほとんど崩していないので、法学部生や司法試験の勉強をこれから始めようとするレベルの学生を対象とする場合は、担当者が各課について論点や判例・学説を補足しながら講義していただければ幸いと考えている。なお、そのために中級者や上級者向けの課題もいくつか提示してある。本書独自のトランプマークは、♡はまったくの初心者向け、◇は多少民法の学習をしたことのある人向けの注であり、♣と♠のついている注は中・上級者向けである。

　法学部以外の学生を対象とする講義の場合は、逆に前半に比重を置いて民

法入門の4単位程度のテキストとして使用することも可能と思われる。「独習できる入門書」としての性質は、たとえば大学通信教育課程の学生諸君や、大学生以外の一般の方々が独学で民法を学ぼうとする場合にも適合すると思う。なお、姉妹書『スタートライン債権法』の読者のために、本文中に同書の記述箇所のレファレンスを付した。

最後に一つだけ新しい情報を書き加えておこう。わが国で2009年以降進行中の民法（債権関係）改正の審議では、「契約」の部分を中心に民法の債権関係を修正するという議論がされている。「契約」については、ウィーン売買条約などによって国際的なルールの統一化が図られているところであり、明治時代に作られた現在の民法をわかりやすくすると同時に、そういう国際基準に調和させる観点も重要と考えられている。そのような趣旨で「契約」を中心に民法改正を考えるということから、現在は、債権法の改正だけでなく、民法総則の中の、意思表示、法律行為、代理、時効なども検討の対象となっている。最終的にどのような改正になるかはまだわからないものの、「民法総則を学ぶのに契約から入る」という本書の2006年の初版以来の構成が、この民法（債権関係）改正の議論の方向性と調和し適合していることは確かといえよう。少なくとも、本書の構成で学んでおけば、民法が新しくなった場合の学習に戸惑うことはないと思われる。なお本書では、上記のウィーン売買条約など、契約ルールの国際基準と考えられるものについても言及しておくことにした。現代の民法学習の新しいモデルを本書が提示することになれば、これに勝る喜びはない。

本書をまとめる上では、初版に引き続いて、日本評論社編集部の加護善雄氏と室橋真利子氏に大変お世話になった。ことに、室橋さんは、私の慶應義塾大学法学部のゼミの教え子である。さらに第2版では、同じく卒ゼミ生の奥村由佳さんと、慶應義塾大学法科大学院修了生の松倉香純さんにもお手伝いをいただいた。お2人にも心からの感謝を申し上げたい。多くのご縁の重なりに、教師としての至福を思うばかりである。

2011年11月

池 田 真 朗

スタートライン民法総論〔第 4 版〕

Q1　なんでこの本のタイトルは『民法総論』なんですか。『民法総則』という本はよく見かけるのですが。

　1冊で民法全体をという意味で「民法総論」としています。民法典は、総則編、物権編、債権編、親族編、相続編の5部編成でできています。ですから大学の1年生は、最初の「民法総則」から授業が始まるわけです。けれども、民法総則は、その後の物権編、債権編の共通規則が書かれているところなので、ここだけ勉強しても民法の全体像はわからないし、一般的な規定が多いので具体的な面白い学習になりにくいのです。

　ですから、「**民法学習を面白くする**」「**民法の全体像をつかむ**」ために、民法総則を中心にしながら、物権、債権、親族、相続の概略もわかるテキストにしたのです。

Q2　なんでこの本は14課構成になっているのですか。

　最初によく気が付きましたね。良い質問です。現在の大学の授業では、90分授業16回（最終回は期末試験とすると15回）で2単位、100分授業のところは14回（最終回は試験中心とすると13回）で2単位を与えます。2単位科目は前後期制でいうと前期か後期の半年で終わりますし、4学期制のところは週2コマ授業をすればその1学期つまり4分の1年で終わるわけです。ですから、90分制のところで15回、100分制のところで13回、の授業回数の間をと

って14課にして、**大学テキストとしての適性を高めている**わけです。もちろん、独学用にも適するようになっていますから、ご自分の自由に読んでくださってもかまいません。

Q3　なんでこの本の記述の順番は民法典の条文の順序と一部変わっているのですか。

　これも大変良い質問です。この質問ができるということは、君はすでに六法を持って民法のところを見ているというわけですよね。それだけでほかの人より一歩進んでいるので、ほめてあげなければいけません。

　条文の順序と一部入れ替えているのは、Q1のところで書いたように、大学1年生が民法総則から勉強することを意識し、かつ**民法総則で「民法はあまり面白くない」と思うことを避ける**ためなのです。ですから、第2課で「民法総則予告編」を勉強した後は、いったん、民法典のほかのところを概観する旅に出て、また戻ってきて第5課から第12課で民法総則の勉強をするように作ってあるのです。それゆえ、この本をテキストとしてお使いになる民法総則ご担当の先生は、第3課と第4課は自分で勉強しておきなさいと言って、第5課に飛んでもいいのです。

Q4　この本を最初に読むと、本当にいいことがあるのですか。

　人それぞれですから、「絶対にいいことがある」とは申し上げられません（実際、「絶対に儲かる」などという表現は、消費者法の関係では禁じられています）。ただ、たとえば読者からこういうお手紙をもらったことがあります。私はこの本を大学法学部で（あるいは他学部で）民法を最初に学ぶ人を対象に作ったのですが、その読者の方は法科大学院の未修者コースの1年生でし

た。法科大学院は法曹を養成する機関なのですが、未修者コースというのは、入学試験では法律の試験はせずに、論文や他の専門の大学の成績などによって選抜するのです。ところが、その方はまったく法律の素養なしに法科大学院に入ったところ、与えられたどのテキストを読んでも難しくて何もわからない。それが、この『スタートライン民法総論』を読んで初めて理解ができた、というお礼状をくださったのです。こういう経験をされる人を1人でも増やしたい、というのが私の願いなのです。

> Q5　この本は大学の授業を聞いていなくても理解できますか。

　この本は、いわゆる「独習用」にもなるように作ってはあります。ただ、**大学の授業が受けられる人は、必ず授業に出てください。**そして、わからないところをこの本に頼る、あるいは、この本で予習をしてから授業に出る、というふうに使っていただければありがたいのです。それに、この本は情報量を厳選していますから、授業ではこの本に書かれていないことを担当の先生が話されることもあろうと思います。

> Q6　この本を入り口に、1人で法律の勉強を始めたいのですが。

　「1人で法律の勉強をする」こと自体をお勧めしません。早くお友だち、勉強仲間を作ってください。できれば2人の仲間を作って、3人で勉強してください。3人いるとうまい具合に意見が分かれたり、逆に誰かが良い発言をして皆の理解が早まったりします。
　法律は、理解し解釈し評価し説得をする学問です。独りよがりにならないように、そして友だちにしっかり説明をして納得させられるように自らを訓練することが、法律学習では大変重要なことなのです。

　私が学生諸君にいつも言っていることは、「**楽しく学んで人生を変える**」ということです。法律は、いろいろな資格試験にも直結しますし、就職活動でも役に立つ業種は多いです。

　そして何より大事なことは、できあがっている法律（ルール）を覚えるのではなく、ルールの作り方を学び、**ルールを創れる人になる**、ということです（「創」の字は、クリエイティブな「創出」という意味を込めて、「作」と区別して使っています）。この場合のルールとは、法律や政令や条例などばかりを言うのではなく、会社の定款、就業規則、もっと身近にいえば、マンションの管理組合の規則、町内会や同窓会の取り決めなども含まれます。企業や市民が結ぶ契約も、当事者間のルールなのです。

　そういう、「ルールを創れる人になる」という意識を持って、法律学習を始めてください。

第1課　ガイダンス

　春が来た。ちょうど桜が満開になった大学のキャンパスは、新入生でにぎわっている。まっすぐに前を見つめ、法学部のガイダンスの教室に向かうA子さんがいる。彼女は弁護士になるつもりだ。真新しい服が板につかない新入生の人の流れに、サークル勧誘の上級生たちが盛んに声をかける。そんな華やいだ喧騒から少し離れたベンチに、B男君が1人で座っていた。彼は法学部の2年生。サークルの勧誘に動員されたのだけれど、サークルにも勉強にも身が入らない。1年前の俺って、あの子みたいな感じで希望に燃えていたのかな、と、A子さんを見ながらぼんやりと思っている。そのB男君の横を、図書館に向かう経済学部3年のC夫君が通りすぎた。C夫君は、経済よりも法律が面白くなってきて、今年から本格的に法律の勉強を始めようと思っている。

　そんな3人の軌跡が交わったその時、会社に向かう電車の中にD子さんがいた。どうしても起きられなくて、今日は遅刻の電話をした。さっき、大学のある駅で勢いよく隣の席を立っていったのが、A子さんだった。D子さんはこの大学の文学部を卒業して3年目の春。仕事にも、会社の人間関係にも、疲れていた。……隣の子、履修案内を一生懸命読んでいた。法学部の新入生だったよね。私もこれからやり直せるかなあ。

▶1　読者へのメッセージ

　本書は、民法という科目全体について短期にその輪郭をつかみ、そのうえでいわゆる民法総則の部分を効率的に学習するためのものである。具体的に大学の授業でいうと、「民法Ⅰ」「民法総則」「民法総論」「導入科目・民法」などという名前がついている科目のテキストや参考書となるものである。

　世の中には民法学習のための書物は多数存在するが、本書では、明確なターゲット、つまり本書を読んでいただくべき読者層の設定をしたい。それは、以下のような形である。①大学法学部に入って法律学を専門的に学ぼうとする１年生。これには、大学法学部の通信教育課程などで独習を始める人も含む。②大学法学部の２年生以上で、どうしても民法が不得意で、もう１度民法にはじめから再挑戦したいと思っている人。③政治学、経済学や商学、さらには理工学や文学など、法律以外の他の専門を持っていて、民法を学ぼうとする人。ことにそれらの中で、法科大学院への入学を目指す人。④その関連で、実際に法科大学院に入った法律未修者の新入生（もちろん既修者の新入生でも、本書を基礎事項の確認チェックに使ってほしい）。さらには、⑤法律以外の他の専門を持っていて、国家公務員試験や不動産鑑定士、公認会計士などの国家試験を目指していて選択科目としての民法を学びたいと思っている人。そして最後に、⑥法学部以外の学部を出て、法律に興味を持ち、できたら本格的に法律を学んでみたいと考えている人。これらの人々を本書の主

たる対象としたい。

　本書では、これらの読者を「想定」するだけでなく、実際にそれらの人たちになるべく個別に対応できるアドバイスをしていきたい。そこで、とりあえず、法学部系、他学部系、社会人、というグループ分けをして、読者の皆さんへのアドバイスをすることにする。

　このような設定をする理由が私自身にも１つある。実は私は、高校生の頃は文学を志し、大学では経済学部を卒業したという経歴を持っている。もっとも、入学後試行錯誤の末に経済学部在籍のまま法律の勉強を始めたので、卒業間近の段階では学習内容的にはまったく法学部生のようになっていたのだが、それでも、経済学など他分野の学問を学んでいる人が法律学に対して感じる取り付きにくさや、学習を始めた段階でも持つであろう学問上の発想の違いから来る違和感などは、他の教員よりもよく理解しているつもりである。

　そのような経験を生かして、読者の皆さんの法律学に対する抵抗感や誤解を取り除きながら、専門とする民法の面白さを伝えたいと思う。実際、民法学は本当に面白い学問である。そして、法律学の文字通り基礎をなす学問でもある。したがって非常に重要な学問である（どの大学の法学部も、設置科目の単位数が一番多いのは間違いなく民法である）。それゆえ、民法を勉強して損は絶対にない。そして、こういうひたすら実利的な目的で以下の民法の学習を始めていただいて結構である。しかし、後述するように私法分野の一番の基本法である民法は、われわれ市民の社会生活それ自体を広範に対象とするゆえに、大変人間的な学問である。最終的に民法をマスターする頃には、実利も得たけれどそれ以上に人間を知った、人間の不完全さと、それでもより

よい社会になるよう努力している人間の姿を見た、という感じが少しでもするようになっていてほしい、というのが、私のひそやかな願いである。

早速、グループ別アドバイスの第1号である。

法学部系の諸君へ

プライドと「プロ」の気概を持ってほしい。確かに民法は私法分野の基本法であり、最大の単位数を配当されている科目である。だから、法学部を卒業するためにはこの科目ができなくては大変困る。けれども、そういう理由で民法を勉強するのではない。君たちは、選んで法律学を専攻する学生になったのだ。法律を学ぶ「プロ」の学生として、最大の基本科目「民法」は、「できて当たり前」と思ってほしい。

さらに法科大学院進学希望の諸君へ

本書を、いわゆる「基本書」を使った学習に入る前の基礎固めに使ってほしい。「基礎的知識で抜けているところはないか」「間違った発想で理解しているところはないか」を短期間で確認してほしいのである。基本書では、条文や判例の十分な説明をする前に著者の自説が展開されているものがある。それでは初学者は正しい情報の摂取ができない。本書に従って、「まず条文、そして足りないところを判例」という順序で基礎を徹底しよう。

他学部系の諸君へ

理由は何であれ、君たちが民法を学ぼうという選択をしたことを、私は称賛し、応援したい。それは何よりも、私自身が大学生になって、試行錯誤して必死に道を見つけ出そうとしていた頃のことを思い出すから。

他の法律を学ぶにも、この民法の学習が基礎になる。自分たちの専攻する

注のマークについて
　♡……まったくの初心者向けの注（補足
　　　説明）
　◇……少し民法の勉強をしたことのある
　　　人向けの注
　♣……ひと通り民法を学んだ中級者向け
　　　の注
　♠……かなり民法の勉強の進んでいる上
　　　級者向けの注ないし課題

学問分野との基本的な考え方の違いを意識しながら、本書を読み進めてみて
ほしい。その中で、自分と法律学との「相性」といったものを測ってもらえ
るとよい。
　社会人の諸君へ
　過去に法律を学んだことのある人も、そうでない人も、この本を手に取っ
た「理由」や「動機」を大事にしてほしい。おそらく何よりもそれが、現役
学生にはない、「学習を推進する強い力」に結びつくはずだから。それに、
法律は世の中のしくみや人々の利害のぶつかりあいを知る「大人」の学問。
法律を学び始めるのに、遅すぎるということは決してない。
　本書では、考えられるさまざまな手段を尽くして、君たちの目標の実現を
支援したいと思う。本書のコラムでの折りにふれてのアドバイスを確認しな
がら、とにかく最後まで読み切ってほしい。

▶2　学習の準備

(1)　民法学習に入る精神的準備・民法のイメージ

　まず、民法学習を始めるにあたって、法律に対する先入観を捨てて、頭を
リラックスさせていただかなければならない。
　それはどういうことか。まだ法律を体系的に学んでいない人の場合、法律
というのは何かお上が決めた絶対のもので、国民が守らされる（守らなけれ
ばいけない）ものだ、というイメージを持っている人が多いのではないかと

（♡1）民法その他の法律用語では、「意志」（物事をなしとげようとする積極的な志）ではなく、考え、思いの意味で「意思」を使う。日常用語でいえば、「意志が強い」かどうかではなく、「意思の疎通を図る」ほうが問題とされるのである。法律を学んでいくと、いろいろ日常の用語と異なる用法の専門用語が出てくることがあり、そのような用法を法律家がひとり合点しているのは困ったものであるが、ここではいわば日本語を正しく使い分けているものと思っていただきたい。

ここが **Key Point**

民法の中でも、債権法の契約関係の部分などは、ことに「守らなくてもいい」法律である。つまりその意味は、条文に書いてあることよりも、当事者の決めたことが優先するのである（いわゆる罰則規定は、法

考えられる。しかしその考えは、こと民法に関してはほとんど誤った先入観であると言っておきたい。

いささか極端に言うと、民法は（全部ではないがかなりの部分は）「守らなくてもいい法律」なのである（法律の中には、社会の安全などの大きな目的のために、規定通りに国民に守ってもらわなければ困るものももちろん多数存在する。たとえば道路交通法は、守ってもらわないとあちこちで交通事故が起きて国民生活の安全が図れない。そのために警察の取締りがある。けれども、民法は、基本的に「守らなくても〔周囲とのトラブルを生んでしまう場合はありうるが〕お巡りさんには捕まらない」つまり原則として罰則のない法律なのである）。それはなぜかといえば、民法の最大の目的が、近代市民社会において望まれる「市民」を支援し、補助することにあるからである。近代市民社会において望まれる市民とは、他人にあれこれ命令されて行動する人ではなく、自分の意思（♡1）で周囲の人々との社会生活関係を築き、その代わり自分の決めたことに責任を持つ、つまり現代の言葉で言えば、「自己決定、自己責任」の考え方を実践できる人なのである（⇧ここが Key Point）。

そこから、民法は、われわれ個人の「意思」を最も大切なものと考える。判断力のある一人前の市民に、自分たちの自主的な意思でお互いの社会生活関係を形作ってもらおうというのが、民法の基本的なねらいとするところなのである（→後述の▶6の意思自治の原則を参照）。それゆえ民法が定めている規定には「絶対」でないものがたくさんあり、当事者が自分たちの自由な意思で民法の条文と違うルールを作れば、それが最も優先するルールになる、という分野もたくさんあるのである（→後述の▶6②の任意規定と強行規定を参照）。したがって、民法を学習する際は、「強圧的」とか「堅苦しい」とか

人のところに例外的に１つだけあったが、これも平成18〔2006〕年の改正で民法からは削除された）。このことは、これから民法のかなりの部分を理解するための文字通りの「鍵」となる（ただし、物権という、周囲の人に影響する、物に対する排他的な支配権などは、勝手に作り出すことはできないし、結婚が認められる年齢などは、社会全体の秩序維持のために決められていて当事者の意思で動かすことはできない。→

後述▶6⑵を参照）。

「なじみにくい」とかのイメージをまず捨てていただきたいと思う。

⑵ 民法学習に入る物的準備

次に、１つだけ「設備投資」をお願いしたい。これから法律学の勉強を始める人は、まず自分専用の六法を持っていただきたいのである。六法というのは、言うまでもなく主要な法律を集めて収録してある本のことだが、六法とは主な６つの法律ということで、憲法、民法、刑法、商法、民事訴訟法、刑事訴訟法を指している。この６つをはじめとして、さまざまな法律を収録した本を「六法全書」と呼ぶわけである。今日「六法」というのは、その六法全書を略した言い方である。これを１冊購入していただきたい。

その際の注意をいくつか挙げておこう。

① 書店では「六法全書」を買うのではなく、もっと小さいものを買ったほうがよいのである。小さいものほど収録されている法律の数が少ないわけだが、標準は『ポケット六法』（有斐閣）（といってもポケットには入らない厚さである）とか、『デイリー六法』（三省堂）であり、当初の学習では、『法学六法』（信山社）などという小さなもので（民法やその他の基本的な法律を学ぶ場合は）十分である。「六法全書」という名前のもの（たとえば『六法全書』〔有斐閣〕）を買ったら、重くて家まで持って帰れないかもしれないし、何より学習の際にたびたび引照することを絶対しなくなってしまう。それでは初学者には意味がないのである。

② それから、六法は必ず自分用のものを購入していただきたい。先輩からもらった古いもので済ませるとか、会社に置いてあるものを利用する、というのはやめていただきたい。昨今の状況では、民事については法律

の改正が頻繁なので、1年前のものでも条文が違っていて使い物にならない場合がある。さらに、そのような実際上の理由以上に、これから法律学を学び始めるときの心構えとして、そういう姿勢では問題だと思われるからである。これほど安い設備投資（おそらくサークルの1回のコンパ代より安い）を惜しむようでは先々の成果も期待できないと思われる。

③　なお、特に大学生の諸君に。市販されている六法には、条文と一緒に判例が収録されているものがある。これは学習には便利かつ有益なのであるが、大学の法律科目の学年末試験などで六法が持ち込める場合にも、判例付きの六法の持ち込みは許されていないのが普通である。しかし、将来法科大学院を目指そうとする人なら、日常の学習から『判例六法』（有斐閣）など、判例付きの六法を使うのが有益であるし、判例学習に重点を置くことは必要なことである。一般論としても、今後も法律科目を本格的に学ぼうという人であれば、学習用と学年末試験用の2冊を備えるくらいの心掛けを望みたい。

▶3　民法の対象範囲

　民法は、なじみにくいものではなく、われわれの日常生活に最も密着した身近な法律である。そしてそれゆえに大変重要な法律ということができる。
　具体的に、人の一生と民法のつながりを見ていってみよう。人はこの世に生を受けたその日から、1人の人間として社会生活を営むための基本的な力（権利能力）を認められる。そして、自分の自由な意思を他人に伝達して、他人との社会関係をつくっていく（意思表示）ことになる。しかしまだ子供

のうちは、十分な法的関係を作る能力（行為能力）を持たないから、その意思による社会関係の形成は、親の同意など、一定の形態での保護を必要とする（制限行為能力者の保護）。そして人は徐々に、自分自身で自由に使ったり処分したりできる物を持つようになる（物権）。また、他人と自由な意思を合致させて結んだ一定の法的効果を発生させる約束（契約）の中で、他人に一定の行為を要求できる権利（債権）を得ることもある。また中には交通事故などに遭い、損害の賠償を請求する人もあろう（不法行為）。もっとも、人間は万能でないし、有限の存在だから、他人に一定の行為を要求したり賠償を請求できるといっても、時間的な限度はあると考えられるだろう（時効）。そしてやがて人生の伴侶を見つけることになる人も多い（婚姻）。結婚して子宝に恵まれる人もあれば（親子）、ほかの人の子を自分の子にする人もある（養子）。こうして、精一杯生きてその人生を終えると、財産を配偶者や子供が受け継ぐが（相続）、生前に財産の処分の方法等を書き残して死者の最終意思を実現させる場合もある（遺言）。

　以上述べたことが、全部民法の守備範囲なのである（カッコ内が民法の用語である）。民法は、われわれの社会生活に本当に身近なことを対象としているのだということが、実感していただけたであろう。

▶4　民法典の概観

(1)　民法典の構成

　さて、六法を開いてみよう。ほとんどの六法は、憲法・行政法関係から配列され、その後に民法関係が収録されているものが多い。民法は1000条を超

える大部の法典で、条文は確かに多いのだが、それは先述したようにわれわれの社会生活を広範に対象とするゆえ仕方のないことであって、実は１つひとつは常識的な規定が多いのである。それゆえ、条文の多さだけではじめから敬遠をしないでいただきたい。

　わが国の民法典（大部の法律を法典と呼ぶ）は、総則、物権、債権、親族、相続、という５編からなっている。このうち、前の３編を学習上の呼び方として**財産法**、後の２編を**家族法**（昔の言い方だと身分法）と呼んでいる。まず総則は、名称からすると民法全体に共通する規則のようだが、実際の内容は、ほぼ後続の物権・債権の２編にかかわるもので、実際には財産法に共通な規則と表現するのが適切である。

⑵　物権と債権

　はしがきにも述べたように、「総則」では、「物権」編と「債権」編に共通する規則が定められている（前頁の例では、権利能力、行為能力、制限行為能力者の保護、意思表示、時効などが総則に含まれる。たとえば、第**11**課・第**12**課で学ぶ時効というものは、物権にも債権にも存在するので、総則に置かれるのである）。

Grade up　　　以下、「物権編」と「債権編」の内容を簡単に紹介しておく（第**3**課と第**4**課で学ぶので、ここではレストランのメニューを見る程度のつもりで、中身はわからなくてよい）。「物権」編では、「人の、物に対する直接の支配権」を規定している。代表的な（完全な形の）物権というのが所有権である。所有権者は所有物を自由に使用し、収益を挙げ、また自由に処分できる。物権は世の中の誰に対しても主張できる絶対的・対世的権利であるので、物権の種類は民法

（♡ 2）「講学上（こうがくじょう）」とい
うのは、聞き慣れない言葉かもしれないが、
法律の授業ではよく使われる表現で、法律
が条文などで定めている概念ではないのだ
けれど、「法律学を講じる上で」このよう
に言う、という使い方をされる言葉である。

（♡ 3）2004年の現代語化についての参考
文献として、池田真朗編『新しい民法──
現代語化の経緯と解説』（有斐閣、2005
年）を挙げておく。この本で、改正内容の
ほか、学習上の留意点や民法典の編纂史な
どまで学ぶことができる。

で定められており（物権法定主義と呼ばれる）、われわれが新しい種類の物権を勝手に作り出すわけにはいかない。また「物権」編の後半部分は単なる「物に対する支配権」ではなく、人が、人に対する債権を保全するための手段として物の交換価値のみを支配する、いわゆる「担保」としての物権について規定している。続く「債権」編では、前半で債権の持つさまざまな性質や、債権の発生から消滅までのプロセスについて規定し（この部分が債権編の「総則」であり、ここを講義するのが債権総論である）、後半でその債権の発生原因について規定している（この部分は講学上債権各論と呼ばれる）（♡ 2）。債権とは「特定の人が特定の人に対して一定の行為などを請求できる権利」であるが、債権の発生原因は4つあり、その最大のものが契約である（ほかに不法行為等がある）。債権は当事者間だけに有効な、相対的な権利であり、われわれは自由な契約によって、さまざまな内容の債権を（反社会的な内容のものでないかぎり）自由に作り出すことができる（契約自由の原則、債権の自由創設性という問題である）。

⑶　民法典の成立と沿革

わが国の民法典は、明治29（1896）年に公布され、明治31（1898）年から施行されているもので、家族法の部分（725条以下）は第二次世界大戦後の昭和22（1947）年に全面的に改正されているが、前3編の財産法の部分（現在は724条の2まで）は、長い間ほとんどがその公布以来の姿のままであった（条文は片仮名の文語体で書かれていて、濁点も句読点もついていなかった）。それが、平成16（2004）年12月公布の改正法によって現代語化された（平成17〔2005〕年4月1日施行）。現在の若い世代の学生諸君には、大変読みやすい形になったと思われる（♡ 3）。

（♡ 4 ）民法典編纂の歴史については第14
課でより詳しく述べる。

　最初に総則を置くという編別は、**パンデクテン・システム**といって、**ド イ ツ民法**（正確にはその草案）にならった形態である。ただし、日本民法の内容は、必ずしもそれほどドイツ民法的とはいえない。大まかに言って、ドイツ民法の影響と**フランス民法**の影響がほぼ半分ずつあり、場所によっては明らかにフランス民法の影響のほうが強い部分もある、と考えておいていただきたい。

　日本で最初に作られた近代民法典は、明治政府に招聘されたフランス人法学者**ボワソナード**（来日当時パリ大学アグレジェ〔正教授への指名を待つ教授〕であった）によって、フランス民法（1804年にできたナポレオン法典）を範として作られた、いわゆる**旧民法典**である。この旧民法（明治23〔1890〕年公布）は、かの法典論争のため施行が延期されたまま葬られたが、現在ある日本民法の前 3 編は、それの修正という形でできたので、修正段階で当時最新の立法例だったドイツ民法草案を参考にし、編別の形式などはドイツ民法型になったものの、内容としてはボワソナード旧民法の条文がそのまま残っている部分も多数存在する。なお、この修正には、穂積陳重（ほづみ・のぶしげ）、富井政章（とみい・まさあきら）、梅謙次郎（うめ・けんじろう）の 3 人が携わり、 3 名のうちの 1 名が責任者として原案を起草し、それを 3 名で合議して草案を法典調査会に提出するというやり方（分担起草・合議定案）で立法がなされた（♡ 4 ）。

　こうして、明治29年公布の現在の民法典ができあがり、そしてこの明治民法典の財産法部分つまり第 1 編総則、第 2 編物権、第 3 編債権の部分は、細かい改正は受けながらも大枠は今日まで使われてきたのである。それがこのたび平成29（2017）年に債権法を中心に大改正を受けることとなった。詳細

17

（♡5）以下本書で、法律名を示さずに条
文番号を掲げるときは、民法の条文である。

は第14課で再説するが、本書で「改正法」と表記するのはこの2017年制定の
改正民法を指す。また基本的に本書では条文は改正後の現行法のものを使い、
改正前の条文を掲げる場合はその旨を明記することにする。

▶5　法体系の中の民法の位置づけ

⑴　私法の基本法としての民法

　次に、法体系の中の民法の位置づけを見ておこう。この世の中には、たく
さんの法律があるが、憲法や行政法のような法律は、大まかに言うと国の体
制や、国と個人の関係に関するもので、**公法**と呼ばれる。これに対して、個
人と個人の生活関係を中心として規定するものを、**私法**と呼ぶ。もっとも、
法律の世界では、会社などの団体のことは、その活動を法が人になぞらえる
という意味で法人と呼ぶ。それゆえ、会社について規定する会社法など商法
関係の法律も、私法に入る。この私法分野には多数の法律があるのだが、そ
の一番基本になっているのが民法であり、民法は私法の基本法である、とい
われる。

⑵　一般法と特別法

　民法が私法の基本法、というのはどういうことを意味しているのか。たと
えばわれわれがある物をお金を出して売り買いする約束をしたときのことを
考えてみよう。これは民法でいう**売買契約**である（→契約については第2課と
第3課で説明する）。売買契約の規定はまず民法にある（555条以下）（♡5）。
しかし、その人が商人あるいは会社であり、その営業のために売買をしたと

いうときは、同じ売買契約でもまずは商法や会社法の問題になる。また、買主がわれわれ市民でも、たとえばセールスマンがわれわれの家に物を売りに来て売買契約をした、というときは、同じ売買でもまず**特定商取引法**（2000〔平成12〕年に改正と名称変更がされるまでの訪問販売法）という法律の適用対象になる。こういうように、同じ売買でも当事者を商人に限定するとまず商法の問題になり、訪問の形で売買するとまず特定商取引法の問題になるというとき、民法を、商法や特定商取引法に対する**一般法**であるといい、商法や特定商取引法を民法の**特別法**であるという。そして、特別法が一般法に優先して適用されるのが、法の世界全体に存在するルールである。まず特別法を使い、規定がなければ一般法の原則的な規定を使うというわけである。

　したがって、先の例でも、商法に規定がないときは民法の原則に戻る、特定商取引法に規定がない部分は民法の売買の規定を使う、ということになる。この例でもわかるように、民法は、私法の基本法として、私法分野に属する多くの法規の基礎ないし考え方の出発点となっている。それゆえ、私法の勉強は、結局みな民法の勉強から出発していると言っても過言ではないのである。

　もちろん、以上の説明は、商法などの学問よりも民法の学問が優位に立つということを意味するものではない。たとえば民法と商法はそれぞれ異なった特徴を持つ。商法のほうが民法よりも高度な技術性を持つし、商法は商業取引形態の発展につれてどんどん進化するが（現在では会社法は商法典から独立した）、民法にはそのようなダイナミズムはない。また、民法は基本法として、多くの特別法の発想の基本となっているものである以上、そもそもあまり頻繁に変わるべきではないともいわれてきた（しかし今日ではその民法が

（♡**6**）公序良俗とその違反については次の第**2**課で学ぶ。

（♡**7**）ちなみに、契約自由の原則は債権法の最も基本的な規定だが、わが国の民法典では、2017年の改正法で初めて条文化された。

変わる時代になっているが）。したがって、それぞれの法律ごとに、勉強する場合に必要とされる資質や考え方もおのずと異なってくるのである。

▶**6** 民法の特徴——意思自治（私的自治）の原則

(1) 意思自治の原則と契約自由の原則

それではここで、民法の持つ大きな特徴について述べておこう。先に、民法が最も大切だと考えているのは、われわれ当事者の「意思」なのである、と述べた。つまり民法は、われわれ市民は他律的に決められたルールに従って生きていくのではなく、少なくとも「個人と個人の生活関係」を形作るうえでは、自分たちの意思でルールを作って、自律的に生活していくのが理想であると考えているのである。これを「**意思自治の原則**」とか、「**私的自治の原則**」と呼ぶ。そして、具体的に、個々のルール（債権関係）をこの世の中の公の秩序や善良の風俗（♡**6**）に反しないかぎりで自由に作れることを「**契約自由の原則**」（521条）（♡**7**）という。

さらに、ルールを自由に作れるばかりか、それらのルールは、ルールを作った当事者の間では、いわば法に代わり、民法の規定よりもそれらのルールのほうが優先するのである。たとえば、売買契約の中で、「もし品物に後で一見気がつかない欠陥のあることがわかったらどうするか」についての民法の規定がある。これを従来は長い間**瑕疵担保責任**（かしたんぽせきにん）と呼んできた。この瑕疵担保責任については、改正前の民法典では、品物に後で一見気がつかない欠陥のあることがわかったら、わかってから１年間は、買主は契約の解除や損害賠償の請求ができる、と規定していた。しかしこれ

も、当事者がその契約で条文とは別の約束をしていれば、そちらが優先し、そのような約束がされていないときだけ、民法のこの規定が適用されることになるのである。わかりやすい例で言えば、たとえば、バーゲンセールで、あるコートを「少々難アリ取替・返品不可」と書いて安売りをしており、買主がそれを承諾して買ったとすれば、これは瑕疵担保責任を免じる合意で（つまり、改正前の民法の規定を使わないという約束で）売買したということなのである。なお、改正後の民法では、瑕疵担保責任という表現は廃止され、「**契約不適合**」の責任となった（562条〜564条）。

⑵　任意規定と強行規定

　そんな、人の意思によって排除される法律ならあっても仕方がないではないかと思われるかもしれないが、決してそうではない。当事者がルールを決めておけばそれを使うが、当事者がルールを決めておかなかった部分、たとえば、値段は決めたけれど品物の運送費用はどちらが持つか決めなかったなどというようなところでは、民法の規定が当事者意思を補充する形で使われるのである。

　このように、条文の内容よりも当事者の合意のほうが優先する規定を**任意規定**という。これに対して、いくら当事者が別のルールを約束しても、法文のルール通りに従わなければならないものを**強行規定**という。民法の中の債権法は、この任意規定を大変多く含むのである。もちろん、民法の中でも、たとえば物権は、物に対する排他的な、つまり世間の誰に対しても主張できる絶対的な支配権であるため、そういう強い権利を勝手に作り出されては周囲の人間が困るので、われわれの意思で条文と別のルールを作るわけにはい

かない。したがってその種類なども法定されている。また、これから学ぶ民法総則では、共通ルールを定めているのだから、契約を取り消したときとか、時効を主張したときの結果は、法が定めた通りになる。けれども、少なくとも債権法の主要な部分においては、六法に書いてあることは絶対ではないのである。

　これは、公法分野に属する刑法や道路交通法のような法律とはまったく異なるところである。たとえば先にも述べた交通法規の場合には、赤は止まれで青は進めと法律が決めていたら、すべての国民にその通りに守ってもらわないと交通秩序が維持できず、事故が多発してしまう。したがって当然のことながら、自分たちでは青が止まれで赤が進めにしようなどと勝手に決めてはならない。しかし民法ことに債権法の場合は、「法を守らない」のではなく、「法よりも当事者の作ったルールのほうが強い」場面がいくつもあるのである。

　人と法のかかわり方において、法が絶対的なものとして位置しているのではなく、人々に自らの意思による「ルール創り」（♡8）の自由が広く留保されており、そのルールが決められていないときにだけ民法は補充的に現れる。これが民法（債権法）の最大の特徴である。もちろんこの「ルール創り」の自由は、契約当事者間のような、小さな世界での自由にすぎない。しかも、その限られた世界でも、近年は各個人が平等対等でないために、何らかの修正原理を持ち込まなければならなくなっているところもある。けれど、その基本的な発想において、個人の「ルール創り」を法が補充するという点は、民法を学ぶにあたって必ず意識しておくべき側面であるといってよいだろう。

（♡**9**）本課をはじめ、本書の一部には、著書の『民法への招待〔第6版〕』（税務経理協会、2020年）と重複する記述があることをお断りしておく。

▶**7　小括・民法の学習の考え方**

　民法は、もちろん法律として規範性を持っている。つまり、「かくあるべき」という部分がある。しかしその規範性は、いろいろな法律の中では最も小さいほうである。総則や物権法の部分は規範としての意義も大きいが、債権法の契約の部分などは、単に、従来から人々が行ってきた契約取引が、法典の中に吸い上げられて意思決定の判断基準として規定されていると表現してもよいだろう。当事者の意思が明らかならまずそれを尊重し、意思が明らかでない場合に、通常の当事者意思を想定して書かれた諸規定を適用するのである。そこにはルールの押しつけはない。

　その意味では、民法の学習は、「守らなければならないルールを覚える」のではなく、「民法が当事者の公平を図るために基準として示しているルールの意味を考える」のがポイントといえるだろう（♡**9**）。

　　A子さんがふっと息をついてノートをとり終えた。最初の授業にしては力が入りすぎたかもしれない。何でもかんでもノートしようとしてくたびれてしまったのだろうか。

　　次回は、民法総則全体の予告編になるのだが、教える側として民法総則の一番難しいところは、どうやってすでに教えたことだけで説明をできるか、というところにある。「ちょっと待って、教えたことだけで説明するなんて、当たり前でしょう。高校の数学なんかだって、定義の中にまだ知らないことが出てくるなんて、ありえないし。」と君たちに言われそうなのだが、実は、

これまでの民法総則の教科書では、そのへんがきちんと考えられていないものが多かった。というのは、民法総則というのは、民法典で後から出てくる物権や債権などについての共通規則を前に出して規定しているものなのだから、よほどうまくやらないと、どうしても教えていないことを例示して説明しなければならなくなってしまうのである。それを避けるという困難な課題に立ち向かう苦心が、次回から始まる。

　——確かにそれは困難な課題ではあるのだが、本書には「実績」がないわけではない。何年か前、ある私立法科大学院の未修者クラスに入った完全未修者（法律の学習をまったくしたことがない）の方から、お手紙をいただいた。それには、法科大学院で指定された教科書が難しすぎて困っていたが、この『スタートライン民法総論』を読んで初めて理解ができた、とうれしい感想が書き綴られていたのである。今回は、さらに改良を加えたつもりだが、感想やご意見を編集部あてにいただければ幸いである。

　それからここでもう一言、大学新入生の諸君の中で、A子さんのようには希望に燃えていない人に重要なメッセージがある。不本意な入学をしたとか、とりあえず流れでこのキャンパスにいる、という君に。今が、全部をリセットするチャンス、高校の時の君の立ち位置を変えるチャンスなのだ。法律の勉強は、人生を変えられる。私は多くの学生を指導してきて、その実例をたくさん目にしている。このタイミングで出会った本書をとにかく読み切って、君の「成功体験」へのスタートにつなげてほしい。

第2課　民法総則予告編

　新学年が始まり、Ａ子さんは、法律学研究のサークルに入った。今日はその新入生歓迎会だ。出席していた顧問の先生が、進路の希望を聞いてくれた。Ａ子さんは、弁護士になりたいんです、と意気込んで答えた。どうして、と聞かれて、だって、せっかく法学部に入ったんですから、と答えたら、意外なことに、厳しい返事が返ってきた。
　「そんな理由じゃ、やめたほうがいいかもしれないよ。」
　Ａ子さんの大学生活は、最初から悩みを抱えることになった……。
　（この話の続きは、次のコラムで。）

　本書は、いよいよここから民法の内容の学習に入る。ということは、編別の順序ではいわゆる「民法総則」から始まるのであるが、本書では、この課で民法総則の本当の要点だけを学習して、そこから少し、民法総則を後回しにして民法全体を概観する旅に出る。
　なぜそんなことをするのか。考えてみてほしい。君は川で魚を取ろうとするときに、まず素手で水の中に入ってはいかないだろう。釣り竿とえさを用意するだろう。もっとたくさんつかまえようとするなら、まず網を作るだろう。そういうことなのである。ことわざにいう「急がば回れ」、経済学では

（♡1）最初に総則を置くという編別は、パンデクテン・システムといって、ドイツ民法（正確にはその草案）にならった形態であることはすでに前課に述べた。この共通規則を前に出すというシステムは確かに論理的であるのだが、最初にこの総則を勉強すると、個々の具体的なケースについての処理を知らないうちに共通規則を学ぶ、ということで、話が抽象的に感じられたり、現実的な実感を伴わない学習を余儀なくさ れたりするのである。

> 「迂回生産の利益」という。つまり、大学生以前のレベルで言うなら、パソコンやスマホのアドベンチャーゲームで、敵を倒しに出掛ける前に、必要なアイテムを取ってパワーをつけて出発する、あれを思い浮かべてくれればいい。

▶1 民法総則予告編

(1) 民法総則の性質と学習の順序──民法学習の最大の問題

　具体的に民法の勉強に入るときに、どこから、どういう順序で勉強していけばよいのだろうか。実はこれが民法を学ぶうえでの最大の問題なのである。

　これから民法を初めて学ぼうとする人たちは、第1課で学んだ編別の通り、まず民法総則から勉強するのが普通である。そして、ほとんどの大学のカリキュラムでも、民法総則が民法の中では一番最初の学年に配当されている。ただここで、困ったことが出てくる。民法は、総則だけから勉強すると、正直に言って面白くないのである。それは、（学問的には総則は大変面白くまた重要なテーマを多く含むものだが）民法の編別の仕方に大半の責任がある。先に述べたように、総則は、財産法すなわち物権編・債権編に共通する通則を規定している。したがって、物権編・債権編を学ぶ前に通則だけを学ぶことは、往々にして具体性を欠くことになり、わかりにくいことになるのである（♡1）（後に述べるように、さらに規定の内容面に起因する高度な意味でのわかりにくさもある）。

　それをいかにわかりやすく伝えるか。これが、民法総則の入門書を執筆するうえでの最も重要なテーマなのである。

最近の教科書の多くが考えて実践しているのが、具体的な例を挙げることである。一例を挙げてみよう。民法総則の中には、たとえば、未成年者が法定代理人の同意なしにした法律行為は取り消せるという趣旨の規定がある（5条だが正確な条文は後に第5課で学ぶ）。けれども、ただそれだけのことを聞かされても、あまりよくわからないし、興味がわかないだろう。けれど、そこで、「高校生の息子が親に黙って高価な腕時計を買う契約をしたらどうなるか」という問題を出されたら、話はぐっと身近になり面白くなってくるだろう。それゆえ、民法総則から始めたらあまり面白くないという弊害をなくすためには、なるべく総則を債権や物権と関連づけて（具体的には、債権法の中に出てくる売買契約などの事例を使って）勉強していくことが必要ということになる。

　ただ、ここまでは、講義の上手な大学教員ならば、誰でもそれなりに実践している。そして、もし総則の勉強でピンと来ない印象が残ったら、物権・債権の勉強をひと通り済ませた後で、もう1度総則を勉強してみるといいということもよくいわれる（けれども、わからないままにひと通り済ませる、というのではいかにも無駄が多い）。

　私は、本書ではもう1歩「わかりにくい」「面白くない」理由に踏み込んでこれを解消する努力をしてみたい。それは、私の経験では、①学習の順序を抜本的に工夫することとともに、②「なぜこういう規定が置かれるのか」「なぜこういう勉強をしなければいけないのか」という疑問に納得できる答えを出していくという点にかかるという気がする。その後者の点について、上記の例で説明してみよう。

（♡**2**）第**5**課89頁に説明するように、
2022（令和４）年４月施行の民法改正で、
成年年齢は20歳から18歳に引き下げられた。
だから、一般に高校３年生で誕生日が来る
と18歳になるので、「高校生の全部が未成
年者」ではないことに注意したい。

⑵ 「理解」する学習

　これはすなわち前の課の最後に書いたことの実践である。まずは、「未成
年者が法定代理人の同意なしにした法律行為は取り消せる」ではなく、「高
校生（の多く）が親に黙って買った時計は返してお金も返してもらえる」と
いうルールで考えてほしい。どうしてこういうルールを作る必要があるのか。
それは、前課に述べた、民法の基本的発想からなのである。「判断力のある
一人前の市民なら、意思による自治、つまり自己決定・自己責任の考え方で
処理してほしい」ということは、裏を返せば、「判断力の不十分な子供（あ
るいは大人でも精神の病いなどで十分な判断力を持てない人）などでは、意思自
治といっても難しいから、法律が保護してあげなければいけない」というこ
とになる。だから、こういうルールを置くのである。まず、このように、ル
ールの置かれる「理由」や「必然性」を理解してほしい。
　次に、それをルールとして一般化するためには、そのルールの中に含まれ
る「概念」をきちんと決めておく必要があることを理解してほしい。つまり、
「高校生とか中学生とか小学生とか」を表す概念として「未成年者」という
概念を使う。しかし高校に進学しない人もいるのだから、属性ではなく年齢
で決めないと一般的なルールにならない。そうすると、未成年者とは何歳ま
での人をいうか、という定義が必要になる（現在は18歳である）（♡**2**）。次に、
「お金を出して物を買ったり借りたり」という行為がどういうものかという
ことで「契約」という概念が必要になる。実はこのまま「契約」という言葉
を使ってもいいのだが、法律的な効果を発生させる行為として、相手のある
「契約」だけでなく自分１人でできるもの（たとえば遺言）もあるのでそれら
を含めた概念として「法律行為」という概念がドイツや日本の民法では定め

られている。そうすると、この「法律行為」の定義もしておく必要がある。さらに、「品物を返してお金も返させる」というのは、いったんあった契約をなしにすることなのだが、これについて「取消し」という概念を考える。そうすると、最初からまったくなかったこと（いわゆる「無効」）とはどう違うのかということで、この取消しを定義する必要も出てくる（◇1）。最後に、親に黙って、といっても、親のない未成年者で祖父母が代わって育てている場合はどうなるのか、というところから、そのような場合も含めた「法定代理人」という概念が必要になる。

　したがって、今挙げた例を理解するだけでも、「未成年者」「法律行為」「取消し」「法定代理人」という概念を学ばなければならない。そしてこれはみな、民法上の共通概念として、「民法総則」に規定されるものなのである。

　だから、わかっていただきたい。後々の正確な理解のために、最初に基本的な概念や定義を正確に頭に入れる必要はどうしてもある、ということになる。ただし、ここを間違えないでいただきたい。概念や定義は確かに大事なのだが、民法（さらには広く法律）を学ぶことは、概念や定義を覚えることではない。「18歳未満の人が親に黙って買った時計は返してお金も返してもらえる」というルールを必要なルールと認めて理解するために、概念や定義の勉強が必要になる、というだけのことなのである。大事なのは、どうして「18歳未満の人が親に黙って買った時計は返してお金も返してもらえる」ことにする（なる）のか、ということを理解することにあるのである。

　なお、「規定の内容面に起因する高度な意味でのわかりにくさ」については、この先さらに学習の進んだところで説明しよう。

（♡**3**）したがって、『民法総則』という科目の場合は、次の第**3**課と第**4**課の内容は、（少なくともそれを中心に問う問題としては）テストには出ない、と思っていい。しかし、テストに出るかどうかではなく、理解のために必要かどうか、という問題なのである。また、『民法』『民法総論』（つまり民法全体を範囲とする科目）の場合は、第**3**課も第**4**課もまさに試験範囲として勉強しておくこと。

③ 本書の提案

　さて、以上のことをわかってもらったうえで、もう1度学習の順序の話に戻る。民法総則をわかりやすく学ぶポイントの1つは、まさに先に書いたように常に具体的な事例を頭に思い浮かべながら学んでいく、ということであるが、もう1つ大事なのは、民法総則に出てくる共通規則が、民法全体の中でどういう意義や位置づけを持っているものなのかを理解しながら学んでいく、ということなのである。しかしそうはいっても、そのつど、これは民法全体の中でどういう位置にあるなどと説明されても、民法の全体像が見えていなければ理解できるはずがない。

　そこで本書では、思い切って、民法総則を理解するのに必要な範囲で、まず民法典全体を概観することにした。以下には、民法総則の学習のいわば予告編だけを示して、そこから民法各編の概説に入る（♡**3**）。

④ 民法総則のポイントと学習の手順

　前課の記述を思い起こしていただきたい。民法は、われわれの意思による自治を第一義的に重視するものである。そこで、民法総則の規定の中では人の持つ「意思を表示できる能力」、そしてそれによって「法律的な人間関係を発生させる行為をすることができる能力」をまず第1に学んでいただきたい。そこでは、一人前の判断力のない人については、誰かがその意思表示を補助することによってその人を保護するという方策がとられている。

　第2には、一人前の判断力を持つ人が意思を表示しあって法律関係を結ぶ際に出てくるさまざまな問題を学んでいただきたい。この部分がおそらく民法総則では最も重要である。つまり、一人前の判断力を持つ人でも、間違っ

（♡4）平成16（2004）年の現代語化民法典では、この2か条に「第1章　通則」という表題を付した（それまでの民法典ではこのような表題はつけられていなかった）。しかしすでに述べたように、民法総則の規定全部が物権法や債権法の通則なのであって、ここだけ通則というのは適切ではない（また第1編総則についてだけの通則という意味にもならない）。したがって、この表題の意味はあまり深く考えなくてよい。

て意思表示したり、だまされたりして本心とは異なる意思表示をさせられたりした場合にどうなるのかという問題の処理が規定されている（具体的には、無効とか取消しという効果が規定されている。ちなみに、民法などで「**効果**」というのは、ある規定や制度が使われることになった場合にどういう結果になるか、ということであって、効き目という意味ではない）。また、自分以外の人に意思表示を代わってしてもらう、代理という制度もここに規定されている。

　第3には、いわゆる時効の問題を学んでいただく。物権についても債権についても時効が考えられるので、民法は総則に時効の規定をまとめて置いているのである。

　そして、第4には法人の問題である。実はこの点は、総則の規定としてはいささか異質な内容が含まれるので、一般の法学部生であっても、総則の学習の最後に回したほうがよいと私は考えているのだが、経済学部や商学部で、企業について学び、商法関係の法律に関心の高い人たちには、あるいは法学部生よりも取り付きやすい部分かもしれないし、将来の学習とも関係が出てくるところかと思われるので、これは最後でもしっかり学んでおこう。

⑤　民法総則の最初の規定

　以上の学習ポイントを頭に入れたうえで、民法総則の最初に出てくる規定、つまり民法典の**1条**と**2条**について簡単に説明をしておこう（♡4）。ここには、いわゆる理念の規定と、他の規定だけでは対処しきれない場合に活用される基礎的・一般的な規定が置かれている。

　①理念規定　　前者の理念規定1条①項の「私権は、公共の福祉に適合しなければならない」、2条の「この法律は、個人の尊厳と両性の本質的平等

（◇ 2 ）権利濫用を認めた有名な判決は、ある山のAの所有地のごく一部に、上部から他人Yの温泉を通す管が通っていることを見つけ、その土地をAから買い取ったうえでその引湯管の除去を求めたXに対し、所有権（→第 4 課で学ぶ）が侵害されてもこれによる損失が言うに足りないほど軽微であり、しかもこれを除去することが著しく困難で莫大な費用を要するような場合に、不当な利益を獲得する目的でその除去を求めるのは、権利の濫用にほかならないとしたものである（宇奈月温泉事件と呼ばれる。大判昭和10・10・ 5 民集14巻1965頁）。

を旨として、解釈しなければならない」は、重要ではあるが、具体的な解釈論にはあまり関係してこない。なお、私権は公共の福祉に適合しなければならないというのは、本来の個人の権利の自由な享受・行使が社会の適正な発展と調和すべきことを述べているものであって、公権力が個人の権利を勝手に制限できるなどということを述べているものではない。 2 条は、今日では改めて宣明する必要もない当然の規定である。

　②信義則と権利濫用　　一方、後者の 1 条の②項と③項（②項が信義誠実の原則、③項が権利濫用の原則と呼ばれる）は、個別の事案に対する規定ではなく、一般論を述べているものだが（こういうものを「**一般条項**」と呼ぶ）、現実の解釈論上では個々の具体的な規定で対処しきれない場合の、いわば問題解決の最後の調整手段として使われる。**権利濫用**は、いかに法律上認められた権利であってもその行使が濫りに（みだりに）なされることを禁じるものであり（◇ 2 ）、また信義則（**信義誠実の原則**）は、実際にはかなり頻繁に出てくるし、法技術的にはどこまでこのような一般条項に頼ってよいかなど、重要な問題を含むものであるが、ここでは概略的な理解だけしておけばよいだろう（また最後の第14課で触れる）。

　ちなみにこれらの規定は、昭和22（1947）年に民法第 4 編・第 5 編の親族法・相続法の部分が全面改正になった際に総則編の最初に追加されたものである。

⑥　意思表示と法律行為

　それでは、先に述べたように、民法総則の詳しい学習を後回しにして民法全体の概観に進むことにするが、そこで具体的な契約等の概念を理解する最

低限の情報として、意思表示と法律行為という、2つの概念を簡単に見ておこう（これらについては、後に第5課で再度詳しく学習する）。

①**意思表示**　最初に、意思表示という、民法で大変よく使われる用語を学んでおこう。自分の意思を相手に伝えて、つまり表示して、一定の法律関係を作ろうとするものが意思表示である。ここで注意したいのは、一定の法律的な関係を作り出すという効果を持っているものが民法でいう意思表示であるから、思っていることを相手に伝えることがすべて民法上の意思表示になるわけではないということである。たとえば、恋人に自分の愛情を表現する言葉を伝えたとする。これは、いくら重大決心をして口に出したものであっても、たとえば、「君が好きだ」と言うだけでは、ここでいう意思表示ではない。逆に、駅の売店で100円を出して「このガムをください」と告げた場合、これは立派な意思表示である。なぜなら、それは、法律的には「100円でガムを買う」という、ガムの売買契約（「契約」についてはすぐ後に説明する）を発生させるための申込みで、売主がそれを承諾すれば売買契約が成立して、ガムの売主と買主という法律関係ができあがり、双方に債権債務が発生するからである。「このガムを100円で買います」という申込みも意思表示、それに対して、「はい、売ります」と承諾するのも意思表示、ということになる（→**用語解説**）。

②**法律行為**　さて、次に法律行為という言葉を学ぼう。民法の勉強では頻繁に出てくる用語だが、これもそれほど難しいものではない。上に述べた意思表示を法律要件（法律的に評価できる構成要素）として、つまり、意思表示によって、その意思に従った法律効果を発生させるものを法律行為と呼ぶのである（この定義も第5課で理解してくれればよい）。

（♡5）ここにも「民法らしさ」を見出し
てほしい。つまり、いわゆる「悪いこと」
をした場合に「罰」を与えるのは民法の仕
事ではない。反社会的な法律行為（契約な
ど）がされた場合に、民法はそれを認めな
い（つまり法律的に何の効果も発生させな
い）という趣旨で「無効」であるとするの
である（したがってこれは誰からでも主張
できる絶対的な無効である→第6課▶2
の中の3も参照）。

　したがって、法律行為の代表的なものは、先に挙げた**契約**である。契約は、
たとえば、それをいくらで売りましょう、それをいくらで買いましょう、と
いう、反対の向きで一致した2つの意思表示によって構成される法律行為、
ということになる。法律行為にはほかに、遺言のような**単独行為**、つまり遺
言では、遺言者が自分1人で遺言書の中でこれを誰々に与える、というよう
な意思表示をして、その通りの法律効果が発生するのであるから、こういう
ものを単独行為という。それから法律行為の中にはもう1つ、**合同行為**とい
う種類がある。これは、会社の設立のように、何人もの人がいわば意思表示
の矢印を1つの同じ目的に向けて合意するというものである。したがって、
法律行為という言葉の中身は、契約と単独行為と合同行為、ということにな
るが、大部分は契約であると考えてよい。このように、民法総則の基本的な
規定を学ぶ段階で、すでに、具体的に債権法の中の契約の問題などを念頭に
置いて勉強しなければならないことがわかる。

　③**公序良俗違反の法律行為**　　これもすでに述べたように、契約自由の原
則により、われわれは、自由な内容の契約をしてさまざまな債権を作り出す
ことができるが、ただ、反社会的な内容の契約はできない。この点を民法は、
総則の**90条**で、**公序良俗**（公〔おおやけ〕の秩序、善良の風俗）**違反の法律行
為**は無効であると表現して規定している（♡5）。

　90条違反の具体例を考える場合に注意してほしいのは、たとえば麻薬を吸
うこと、などというのは、確かに公序良俗には違反しているが、意思表示を
要素としている法律行為ではなく、単なる行動、事実行為であるという点で
ある。法律行為の代表的なものは契約だから、今、公序良俗違反の契約とい
うことで具体例を考えてみると、たとえば人にお金を渡して犯罪行為をさせ

（◇3）「動機の不法」と呼ばれる。賭博に使われると知ってした金銭消費貸借契約（お金を貸し付ける契約）を公序良俗違反とした判例として、大判昭和13・3・30民集17巻578頁がある。

（♣1）それではこういう賭博の負け金等を実際に払ってしまった場合にはどうなるか。これは債権各論の「不法原因給付」（708条）で勉強してほしい（返還請求に法が助力をしない、という結論になる→『スタートライン債権法』第11課参照）。

る契約とか、禁じられている麻薬を売り買いする契約などがみな公序良俗違反の例となる（つまり、90条違反の例として、「禁制の麻薬を吸うこと」を挙げるのは誤りで、「禁制の麻薬の売買契約をすること」は正解ということになる）。賭けマージャンなどの賭博の契約も公序良俗違反である（賭博の契約をするだけでなく、賭博に使われると知ってお金を貸すのも公序良俗違反である（◇3））。また、金銭を貸し付ける契約で不当に高い利息を取るいわゆる暴利行為も公序良俗違反とされる。なお、ことに良俗に違反する契約としては、一夫一婦制に反する妾（めかけ）契約などが挙げられる。

　こういう契約は無効（法律的に何の効果も発生しない）なので、無効な契約からは債権も債務も成立しない。したがって、たとえば賭博をして負けて金銭を支払う約束をしたとしても、法律的に支払いの債務は発生しないわけである（♣1）。

　とりあえず、君はこれだけの情報を手に、民法全体を概観する旅に出る。旅の目的は、民法総則を理解するために必要な知識をすべて入手してこの場所に帰ってくること。何やらコンピューターゲームのようだが、これは遊びではない。ただ、一種の知的な冒険として楽しく学んで帰ってこられれば、何よりというものである。

　ところで、A子さんのような、「せっかく法学部に入ったのだから」という理由での司法試験志望や法科大学院進学は、是非考え直してほしい。君は、「せっかく東京行きの電車に乗ったのだから」という理由で、東京に何の用事がなくても東京にまで出かけていくのか。司法試験や法科大学院は、その先の、法曹になるために必要であるということから受けるものである。まず

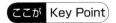

は、君が法曹三者（裁判官、検察官、弁護士）のどれかに、どういう理由でなりたいのかを語ってほしい。それがしっかりしたものであるならば、そこで初めて、その進路に必要だからということで司法試験や法科大学院を考えることになるのである。

　それからもうひとつ、公務員になりたいので法学部に来ました、という人へ。確かに法律の知識や考え方は、公務員の仕事に必要なものと思われる。しかし公務員の採用試験で、法律の専門知識がしっかり問われるのは、国家公務員（総合職、一般職、財務専門官、国税専門官、裁判所事務官などを含む）や、地方上級公務員（都庁・県庁など）だけである。一部の政令指定都市を除いた市役所レベルの地方公務員や、警察官、消防官などの公務員採用試験では、法律の専門の問題はほとんどなく、出題されるのは圧倒的に一般教養の問題なのである。だから公務員志望者で法律までしっかり学ぶ気持ちのある人は、是非地方上級公務員以上の公務員を目指してほしい。

▶2　本書の使い方のガイダンス

　熱心な法律の初学者ほど陥りやすい間違いは、何か難しいことを勉強し始めたという快感（？）から、さまざまな学説の議論に魅かれていくことである。私は、「学説よりも判例、判例よりも条文」ということをしっかり頭に置いてほしいと思う。法律の学習は、野球の練習が常にキャッチボールから始まるように、常に条文の学習から始まるのである（⇧**ここが Key Point**）。

　本書では、そのことを実践するクセをつけるために、民法典の中の少なく

（♡**6**）121条の2などというのは、条文
の追加によってそれ以降の条文番号がすべ
て変動すると不都合なので、追加条文にこ
のような条文番号の付け方（枝番〔えだば
ん〕という）をするものである。

とも民法総則の部分の条文は、本書を読み終わるまでにひと通り目を通し、
しかもそうしたことの証しを残すことができるようにするということを考え
た。具体的には、以下のようにしてみたい。

　民法総則の部分の条文が初めて出てきたところでは、その条文の数字を太
字にする（**1条**とか**121条の2**というように表記する）（♡**6**）。この太字の条文
番号が出てきたら、お手持ちの六法のその条文に印をつけてほしい。書き込
みをすると学年末試験で使えなくなるという大学も多いが、マーカーで傍線
を引くなどという程度は許してもらえるだろう。

　そうすると、本書を読み終わった時には、民法の1条以下のかなりの重要
条文について、印がつくことになる。これを励みにもしてほしい（早速本課
で扱った**1条**、**2条**、**90条**について実行してみよう）。

　なお、条文に印をつけて読む際に注意してほしいことがある。

① 　条文番号の前の「見出し」も法文の一部である。平成16（2004）年の
　　民法現代語化改正以前の民法典には、見出しがなかった（したがってそ
　　れ以前の六法で民法典の条文につけられていたのは、六法の出版社が考えた
　　見出しで、法文ではない）。それを平成16年改正で加えたものである。

② 　本人、相手方、第三者などと登場人物がある場合には、それらにA、
　　B、C等の記号をつけて、関係図を書いて理解すること。たとえば、
　　「AがBに物を売って、CがBの法定代理人で……」というケースであ
　　れば、ノートにAからBへ矢印を書いて、Bの隣にCと書いて……と図
　　で理解していくのである。くれぐれも、最初から条文の文章をそのまま
　　暗記しようとするなどという間違いをしないこと。

第3課　債権法の概観

　駅から教室に向かう並木道で、Ｂ男君を勢いよく追い越していった女子学生がいた。気合いが入ってるな。あのガイダンスの日の子だ。頑張って授業に出ているんだろうね。俺も去年の今頃は……。でも、俺のせいじゃない。去年の授業はどれもつまらなくてさ。教え方が悪いんだよ。

　そう独り言を言いながら、Ｂ男君の足は自然とＡ子さんの後を追っていた。どうせ部室でごろごろしてるんだったら、あの子の教室に出てみようか。ちょうど民法総則の時間だよな。去年と違う先生だから、何か違う話が聞けるかもしれない……。

　Ｂ男君、今は動機は問わない。授業に出てみよう。ちょうど今日は２年生向きの債権法の内容をやる。なぜかと言えば、ことにその中でも、契約についての学習が、民法総則の理解に役に立つからである。

　といっても、「民法総則」を学んでいる１年生の諸君へ。この第３課と次の第４課は、実際の授業内容との関係で、読んでいて負担に感じたら、さっさと飛ばしてしまってかまわない。後で必要を感じたら戻ってくればよい。無理をして勉強するのはやめよう。

🔧**アイテムマークの説明**

このページから、🔧アイテム**1**〔債権〕のような表示が現れる。これは、その◯◯の中の用語の意味を知っておくことが、民法総則の学習に有用である、ということを意味する。アイテムは、第**4**課の終わりまでで13個現れる。すべてを頭に入れて第**5**課からの民法総則の学習に立ち向かってほしい。

▶**1** 債権法の概観

1 人に対する権利としての債権 🔧アイテム**1**〔債権〕

民法は、私たちの持つ権利を物に対する権利と人に対する権利に分けて規定している。後者が民法の中の第3編債権の部分で、債権法と呼ばれる。条文の順番では、物に対する権利のほうが先に出てくるのだが、民法は何よりも人と人とのかかわりあいを規定する、社会生活関係の基本法なのだから、この、人に対する権利から説明しておこう。そしてこの債権は、多くの場合、当事者間の合意つまり「契約」から生じるということが重要である。

債権は、明治の初めにヨーロッパ（最初はフランス）から近代民法典を輸入しようとした時に、当初「対人権」と訳されたことからもわかるように、特定の人が特定の人に対して何らかの行為などを請求できる権利である。「行為など」と書いたのは、通常は金銭の支払いであるとか品物の引渡しであるとかの「**作為**」（何かをすること）を指すが、場合によっては「同一業種の商店を開業しない」とか「夜は騒音を出さない」とかの「**不作為**」（何かをしないこと）を指す場合もあるからである。またこれらの作為不作為等をまとめて「**給付**」という用語を用いる場合もある。債権の目的となる給付は、通常は何らかの経済的価値を持つものだが、民法は、必ずしも金銭に見積もることができないものでも債権の目的となるとしている（399条。ただし、まったくの心理的・道徳的な内容の給付は債権とは呼べないだろう。たとえば「毎年故人の法事を行え」というのは債権になるが、「毎朝一心に祈れ」という内容で

（♡1）なお、債権法で債権の「目的」というときは、給付の「対象」を指しており、給付することのねらいや意図を指しているのではない。

あれば債権として評価できないと考えられる）（♡1）。このような債権の性質とか発生原因とかを学ぶのがこの債権法である。

2　債権の基本的な性質

　まず注意しよう。債権は、特定の人が特定の人に何らかの給付を請求しうる権利であるのだから、基本的にはその当事者の間だけで効力を有する、相対的な権利にすぎない（**債権の相対性**）。またそれだからこそ、当事者間では、公序良俗に反しない範囲で、千差万別の内容の債権を自由に作り出せるという、**自由創設性**を持っているのである。これは、この後で学ぶ物権が、世間の誰に対しても主張できる排他的・絶対的な権利で、そのためにその種類を法が定めているのと対照的である。また債権は物権のような排他性を持たないし、物権のところで出てくる一物一権主義（1つの物には1つの物権しか成立しえない）に対応する制限もない。たとえば、Aという歌手が、まずB劇場と出演契約を結び、さらにC劇場とも同じ日の同じ時間に出演契約を結んだとする。この場合は、両方の契約とも有効だから、B劇場がAに対して持つ、出演して歌わせる債権と、同じくC劇場のAに対する同様の債権は両方とも問題なく成立してしまう。もちろん、歌手Aの体は1つしかないので、このままでは実際には一方にしか出演できないが、出演できなかったほうの劇場の債権は、なくなってしまうわけではなく、この後で述べる、Aの債務不履行によって損害賠償債権に変わるだけのこととなる。

　このように、債権は相対的な権利なので、基本的には相手方に対する請求力・訴求力（訴訟によって実現する力）を持つだけで、他の第三者から邪魔をされても、基本的にはその第三者の妨害を排除できず、ただ上の例のように、

債務不履行として賠償を求める力があるのみである（♣1）。

3　資産としての債権

　経済学や会計学を学んでいる人たちにはよくわかることと思うが、ある人なり会社なりの持っている資産（財産）の中には、モノつまり不動産や動産以外に、貸金や預金の形での債権がある。売掛金（うりかけきん）といって、品物を売ってまだ代金をもらっていない状態の債権も、世の中には多数存在する。

　民法の世界でも、かつてはモノを持っていること、つまり所有権などの物権を有していることが重要視されたが、近代そして現代と時代が下るにつれて、この債権が優越的な地位を占めるようになってきた。それは、債権の財貨性の承認の歴史と符合している。ローマ法の初期には、この債権というものは特定の人と特定の人を結ぶ「法の鎖」であるとして、第三者に勝手に譲渡したりできなかった。それがローマ法中期以降、徐々にその譲渡性が認められ、近代民法ではどこの国も債権の権利としての譲渡性を自由に認めている（日本民法では債権譲渡は466条以下に規定がある）。その結果、債権に資産としての価値が生まれ、今日では不動産などよりも容易に換価・流通しうる資産として、取引社会での重要性が増してきているのである（◇1）。

4　債権の種類

　金銭の給付を目的とする、つまり、○○円を払え、という請求ができるのが**金銭債権**である。金銭債権には普通、利息の約定（やくじょう）がつけられるが（**利息債権**）、民法では、お金は置いておけば利益を生むものという

（◇2）改正前の法定利率は民事取引の場合が年5分、つまり5％（改正前404条）、商事取引の場合は年6分であった（商法旧514条）。現在これは、一般の市中金利とかけ離れてしまっているので、改正法では、まず法定利率を年3％とし、その後は3年を1期として、1期ごとに利率を変動させる変動金利を採用した（404条②項〜⑤項）。商事利率は廃止された。

（◇3）ここで注意したいのは、似た用語で、特定物債権と種類物債権というものがあり、前者は、誰々の描いたこの油絵とか、住宅1軒とか、特定した物を給付の対象とする債権のことをいう。これに対して種類物債権というのは、代替性のあるもので、あるメーカーのこういう名前のビール10本、というようなものを給付の対象とするものである。

前提で、約束の日に支払わなかった場合などは、利息についての特約がなくても、法定の利率での損害金が発生すると考えられている（◇2）。

　特定の給付を目的とする、つまり頼んだ事務をせよ、とか、注文した家を建てよ、という請求ができる債権を、金銭債権との対比で、**特定債権**ということがある（◇3）。

　なお、債権は「**債券**」ではないので、書き間違えないように注意しなければいけない。債権というのは、前記のように特定の人の特定の人に対する、一定の請求ができる権利であって、目に見えるものではないのだが、債券という場合は、金銭債権などを証券（紙）に表章させて（つまり、債権がその紙に載っているという概念）、その証券に金銭支払請求権が存在していることになる（したがってその紙の持ち主が債権者となり、紙を誰かに譲ればその新しい持ち主が債権者になる）ものをいう。

5　債権の発生原因

　すでに第1課で概略を述べたが、民法第3編債権の第1章総則は、債権というものの性質や、その発生から消滅のプロセスについて規定し、これが、講学上は「**債権総論**」と呼ばれる部分になっている。また第2章から第5章は、契約・事務管理・不当利得・不法行為という、4つの債権発生原因について規定しており、これを講学上は「**債権各論**」と呼んでいる。

　ここでは、民法総則を学ぶための必須アイテムとして、まずは債権各論の中の契約と不法行為の概略だけ学んでおこう。つまり、大事なのは、「債権がどうやってできるか」であるからであり、さらに4種類の債権発生原因のうち、最大のものが契約、その次に多いのが不法行為であるからである。た

だし損害賠償など、一部については債権総論の範囲を契約法の説明に織り込むことにする。

▶2　契約法の重点学習

1　契約の成立　アイテム**2**契約

(1)　契約の定義

　債権を発生させる原因として最も多いのは**契約**である。先に述べた通り、近代民法は、いわゆる「**契約自由の原則**」を認めており、われわれは公序良俗に反しないかぎり、契約によって千差万別の形態の債権を創出できる。これは、債権が当事者だけを拘束する相対的な効力しか持たないものだから自由に創出してよいのだ、ということもすでに学んだ。

　そこで、まず**契約の成立**からもう少し詳しく学ぼう。先に第**2**課で学んだ用語を用いて定義すれば、契約とは、「２人あるいはそれ以上の当事者が、お互いの申込みの意思表示と承諾の意思表示を合致させて一定の法的な権利義務関係を作り出す法律行為」ということになる。たとえば売買契約であれば、AがBにこの品物を５万円で売ろう、と言い、BがAにその品物を５万円で買おうと言った時に契約は成立する。２人あるいはそれ以上としたのは、通常は２人のことが多いのだが、複数の債権者や債務者が１つの契約に参加するということも可能だからである。

⑵ 債権契約

　また、われわれが普通「契約」というときは、何らかの債権債務関係を発生させる**債権契約**を考えている。たとえば売買契約がその代表である。売買では、代金債権と目的物の引渡債権が発生する（もっとも売買では、それに伴って、この次の課で述べる、目的物の所有権〔物に対する支配権である物権の代表〕も移転する。ただ、債権債務を発生させる契約に物権の移転という要素も含まれているものも債権契約と考えてよい）。

　それでは物権だけを発生させる契約というものはないのかというと、たとえば次の課で学ぶ地上権などを設定する設定契約のように、物権を設定するそれだけの約束が内容となっている契約を**物権契約**という。また、これも次の課で出てくる、婚姻のような家族法上の法律関係を作り出す合意は、**身分契約**と呼ばれる。ただ、以下本書で「契約」というときは、債権契約の意味である。

⑶ 契約の部分の規定の意味

　なお、契約自由の原則によって、契約はさまざまな内容を持ったものができうるわけだが、民法ではその中で一応世間でよく使われるだろうという13種類の契約を選んで規定を置いた（これらは、**典型契約**とか、名前があるので**有名契約**とか呼ばれる）。けれども、繰り返して強調しておくが、民法の中でも債権法は、われわれが、個人と個人の自由な意思に基づく約束によって、自分たちでお互いの間のルールを自由に作ることができるという「**意思自治の原則**」「**私的自治の原則**」を前提に考えられているので、これらの規定も、当事者が細かいルールを定めておかなかったときにだけ補充的に使われる、

任意規定ということになる。

⑷　契約の種類

　ここで契約（債権契約）の一番基本的な種類の説明だけをしておこう。売買契約であれば売主には目的物を引き渡す債務があり、買主には代金を支払う債務がある。こういう、当事者の双方に債務ができる契約を**双務契約**という。これに対して、贈与契約のように、一方の当事者だけが目的物を渡す債務を負い、もらうほうは何もする義務はないという契約を**片務契約**という。また、売買契約のように、買う目的物に対する代金を支払うというような、対価がある契約を**有償契約**といい、贈与のように反対の対価がない契約を**無償契約**という。これは、ただの「分類」ではなく、双務契約に特有の規定が置かれていたり、有償契約と無償契約ではいろいろと規定に差がつけられていたりするので、是非この種類だけは覚えておいていただきたい。

2　契約の効力・拘束力と相対効

　契約の効力についての基本的な規定は、実は日本民法には置かれていない。契約の基本的な効力としては、まず、当事者の合意を根拠に、当事者間に拘束力が発生する（契約は守られなければならない）。したがって、相手が守らないときは、裁判所に訴えて強制的に履行させるか、当初の約束の行為をする代わりに損害賠償をさせることが可能である（もちろんこれも契約の中で当事者が特別に強制執行はしない、などという合意をしていたときは別ということになるが）。さらに、契約の効力は、相対効といって、原則として契約当事者だけを拘束するものである。ただ、たとえばＡＢ間の売買で代金を第三者

のＣに直接支払う約束を付け加える、というように、当事者以外の第三者に利益を与える契約はできるが（**第三者のためにする契約**。537条以下）、これも第三者に勝手に義務を負わせるような合意はできない。

3 債務不履行 ✎アイテム3 債務不履行

(1) 総説

それでは、もし上に述べたように拘束力のある契約を相手が守らず履行をしてくれなかったらどうすればよいか。もちろん裁判所に頼んで強制的に実行してもらうこともできるが（**強制履行**という）、もう間に合わないとか、相手がそもそも目的物を失くしてしまったりして履行が不能になったという場合は、どうすればよいか。この場合、民法上、方法は2つある。1つが**債務不履行**による損害賠償を請求すること、もう1つが、債務不履行を理由に契約を解除することである。日本民法では、この解除と損害賠償はどちらを選んでも、また両方してもかまわない（545条④項）。

(2) 債務不履行の種類

伝統的な考え方では、まず、民法上債務者が債務不履行の責任を負うためには、債務者に**帰責事由**（きせきじゆう）、つまりその人の故意や過失などの責めに帰すべき事由がなければならないとしていた。これに対して、最近の考え方は、債務不履行の責任は、契約をしておいて守らないことから来るものであって（契約の拘束力の重視）、後述の不法行為と異なり、故意や過失などの帰責事由は要件としなくてよいという。改正法では、この考え方が採用された。ただ、その場合も、不可抗力その他、債務者が想定していないリス

（♡2）クリーニング店主がお客と契約して衣類を預かった場合、店員がアイロンがけを失敗して衣類に焼けこげを作ったら、店主が債務不履行責任を負う、ということである。

クについてまで債務不履行の責任を負うわけではない（415条①項ただし書参照）。したがって、地震や火山の爆発のような自然災害で履行ができなくなった、という不可抗力の場合はこの意味の債務不履行にはならない。また債務者には、債務者の履行を手伝う**履行補助者**も含まれる（♡2）。そして債務不履行には、①履行が約束の期日から遅れたという**履行遅滞**、②履行がもうできなくなってしまったという**履行不能**、③期日に何らかの履行はされたのだがそれが約束の内容を持っていなかったとか、不完全なものだったとかいう**不完全履行**、の3つの種類がある。

③ 損害賠償

　履行遅滞のときは、遅れても結局履行されたというのであれば、その遅れた間に生じた損失を賠償してもらうことになる（これを**遅延賠償**という）。履行不能のときは、給付されるはずのものに代わる金銭を賠償してもらうことになる〔これを**填補賠償**〔てんぽばいしょう〕という）。損害賠償の範囲については、日本民法は416条で、**通常損害**と**特別損害**というものに分け、通常当然に生じるべき損害はそのまま賠償の範囲に含まれ、特別な事情で生じた損害については、当事者にその特別な事情についての**予見可能性**があったかどうか（あらかじめ想定できたか否か）で分けて、予見すべきであった部分だけが賠償すべき範囲に入るとしている（416条②項）。何が通常損害で何が特別損害かは個々のケースで決めていかなければならないが、たとえば家を買って引渡しが1か月遅れたため、1か月間アパートを借りなければならなかったという場合はその家賃は通常損害と認められることが多いと思われる。しかし、その家を買ったらすぐに別の人に高く転売できる約束があったのに、

引渡しが遅れてしまったので転売ができなくなり、その転売差益を賠償請求する、というのであれば、これは（買主が一般人であれば）特別損害になると思われるので、買主がそういう転売をすることを売主が予見すべきであった場合にだけ、賠償の範囲に入ることになる。

⑷　契約の解除

　もう１つの対処の方法である契約の**解除**は、債務不履行をされた側の債権者が、債務者に対して、一方的な意思表示で契約を最初からなかったことにすることである（したがって解除は法律行為の分類でいうと、１人でする単独行為ということになる）。この意思表示をすると、当事者には**原状回復**という効果が生じる（原状とは最初の状態という意味）。つまり、契約する前の状態に戻す義務が発生する（545条①項本文）。ただし、原状回復効は、第三者の権利を害することができない。つまり、解除される前にさらにその品物を買主から買って対抗要件も得ているような第三者があれば、その人の得た権利を害することはできないとされている（同条①項ただし書）。

　解除の方法は、まず履行遅滞の場合は、原則としていったん期限を決めて再度履行を促し（**催告**という）、それでもだめなら解除できる（541条）。もっとも、契約の中には**定期行為**と呼ばれる、その時点に履行しなければ意味のないもの（たとえば結婚式の披露宴の料理の注文など）があり、そういう場合には催告せずにただちに解除できる（542条①項４号）。履行が全部不能になった場合や、債務者が全部の履行を拒絶すると明確に表示した場合などは、催告をしても意味がないので、催告なしにただちに解除できる（同条①項１号、２号）。

（◇4）このように、当事者の合意によってではなく法の定めによって発生する債権を「**法定債権**」と呼ぶことがある。不法行為の損害賠償請求権のほかには、**事務管理**による費用償還請求権（697条以下）、**不当利得**に基づく返還請求権（703条以下）がある。事務管理はここではまだ知らなくてよいが、不当利得については、第**9**課の無効・取消しの効果のところで問題になる。とりあえず、不当利得というのは、悪いことをして利得するものではなく、法律上の原因がない利得（つまり自分が得る法律上の理由がないのに他人が得るべきものを得てしまったもの）と理解しておこう（→『スタートライン債権法』第**11**課参照）。

▶3　不法行為法の重点学習　🖊アイテム**4** 不法行為

1　基本イメージ

　契約に次ぐ債権発生原因が**不法行為**である。ここで一番知ってほしいのは、民法と刑法の違いである。酒に酔って車を走らせ、信号無視で歩行者をはね、大怪我を負わせた、という場合に、この運転者は「悪い」から「罰」を与える、というのは、刑法や道路交通法の仕事であって、民法の仕事ではないということである。この場合に民法がするのは、運転者に、「不法行為」と呼ばれる制度によって、怪我をさせられた歩行者に対して「損害賠償」のお金を払わせることなのであるが、この損害賠償は、運転者が「罰」として払うのではない。歩行者が怪我をしたために、治療費がかかったり、商売を休んで、得られたはずの儲けを得られなかったりした場合に、その治療費や得られたはずの利益（逸失利益〔いっしつりえき〕という）を、公平の見地から、怪我の原因を作った運転者に填補（てんぽ）つまり穴埋めさせるのである。そのための損害賠償請求権という債権が発生することになるが、この債権は、契約当事者が合意によって発生させたものではなく、法の定めによって発生するのである（◇4）。

　先に学んだ契約法の世界では、意思による自治が基本である。しかし契約のない、不慮の事故等による損害発生を規律する不法行為法の世界では、損害の公平な分担が基本になる。このような根本の発想の違いも十分に理解しよう。

2　不法行為とは

　不法行為というのは、故意または過失によって他人に違法に損害を与えた
場合、その損害の賠償をさせる制度で、被害者には加害者に対する損害賠償
請求権が発生することになる。709条は、「故意又は過失によって他人の権利
又は法律上保護される利益を侵害した者は、これによって生じた損害を賠償
する責任を負う」と規定している。2004（平成16）年の民法現代語化改正ま
での条文の表現では「他人ノ権利ヲ侵害シタル」となっていて、古くは、権
利といえないものを侵害したら不法行為にはならないのか、ということが問
題になった。その後この点は、「違法に他人に損害を与える」という意味と
解釈されるようになり、2004年改正で上記のように「又は法律上保護される
利益を」という表現が加えられたわけである。

　したがって不法行為の具体例は大変幅広く、交通事故や公害、医療過誤な
どのような**事実的不法行為**と呼ばれるものだけでなく、営業利益の侵害（顧
客を奪う）とか契約の横取り（**積極的債権侵害**という）のような**取引的不法行
為**もある。賠償の対象となるのは、財産的な損害ばかりでなく、精神的な損
害（いわゆる**慰謝料**）も含まれる。

3　不法行為の損害賠償の発想

　先に述べたように、民事上の損害賠償と刑事上の刑罰（罰金も含む）とは
まったく別のものであり、不法行為は、加害者に対する罰として損害賠償を
させるものではない。あくまでも、損害の公平な分担ということで、加害者
に、被害者に与えた損害を経済的・精神的に穴埋めさせるものである。した

（◇**5**）これは、不法行為の成立要件と個々の犯罪の構成要件が異なる場合があるからであり、そのことは、先に述べた制度の考え方の違いからしても、当然のことなのである。たとえば、車でわざと人をはねて怪我をさせた場合は、不法行為が成立し被害者から治療費や働けなかった間の逸失利益を損害賠償請求されると同時に、刑法上の傷害罪にもなるだろう。しかし、犯罪として規定されていないことをしても刑法上の罪には問われないが、その場合でも他人に損害を与えていれば不法行為の損害賠償は成立しうる。逆に、刑法上の罪を構成することをしても、他人に財産的・精神的に損害が発生していなければ、不法行為にはならないのである。

がって、ある行為が刑法上の犯罪になり、同時に民法上の不法行為になることもあるが、犯罪が成立しても不法行為にはならない場合とか、逆に犯罪にならなくても不法行為が成立する場合も当然ある（◇**5**）。

4　不法行為の成立要件

　①**成立要件**　709条に示された一般的不法行為は、①加害者の故意・過失、②加害行為の違法性、③損害の発生、④加害行為と損害の間の因果関係、という4つの成立要件がそろって成立する。まず第1の故意・過失であるが、ここには、民法の3大原則の1つといわれる、「**過失責任の原則**」が存在する。つまり、故意や過失の有無を問わずに責任を負わされるというのでは個人の活動の発展が阻害されるので、個人の活動の自由を確保するためにも故意・過失のあった場合のみ責任を負わせる、という考え方である。この考え方は基本的には今日も生きているが、取引社会が高度化し、さまざまな局面で損害が発生するようになった現代では、部分的には無過失責任の考え方も導入されてきている。なお、**過失**の概念については、かつては主観的に個々の加害者の心理的な不注意をいうと考えられていたが、今日では、あらかじめ予見ができて注意すれば防げたと考えられる結果について、回避する義務を怠ったという、客観的に判断できる**結果回避義務違反**ととらえられている。その他の成立要件については、債権各論の授業で勉強してほしい（→『スタートライン債権法』第**12**課）。

　②**責任能力**　これは成立要件というのとは少しニュアンスが異なるが、不法行為の損害賠償責任を負わせるためには加害者に**責任能力**（不法行為責任を負うだけの能力）があることが必要である。つまりその者が、自分の行

為のもたらす結果を見極められる知能ないし判断能力（責任弁識能力などという）を備えていることが必要で、それがない者は**責任無能力者**として責任を免除されることになる（♡3）。

　民法が規定している責任無能力者は、未成年者のうちで自己の行為の責任を弁識するに足りる知能を備えない者（712条）（♡4）と、精神上の障害により行為の責任を弁識する能力を欠く状態にある者（713条）である。前者は、1人ひとり個別的に判断しなければならないが、大体12歳前後が一応の基準と考えられている。したがって、たとえば幼稚園児がいたずらで線路に置き石をして脱線事故を起こしても不法行為責任は問われないが、高校生が同じことをすれば、未成年でも（責任弁識能力ありとして）責任を問われる。

　そして、712条や713条によって行為者が不法行為責任を免れる場合には、誰も責任を負わなくてよいというのではなく、714条によって、これらの者を監督する義務のあった者（子供ならば法定代理人たる親など）が、監督義務に違反があったとして代わって不法行為責任を負うことになる。

5　不法行為の効果

(1)　金銭賠償の原則

　不法行為によって、被害者に損害賠償請求権が発生する。その賠償方法は**金銭賠償**が原則であるが（722条①項）、名誉毀損の場合には、損害賠償に代えて、または損害賠償とともに、新聞紙上の**謝罪広告**等、名誉を回復するのに適当な処分が判決によって命じられることもある（723条）。

⑵ 過失相殺

交通事故などで、被害者側にも落ち度があった場合、裁判所はそれを考慮して賠償額を決めることができる。これを**過失相殺**という。たとえば損害が100万円で、それだけの損害の発生については被害者側にも3割方の過失（落ち度）があったと認定された場合には（交通事故で、運転者の前方不注意が主たる事故原因だが被害者にも急に車道に飛び出したという落ち度があって、その結果総計100万円の損害が発生したという場合など）、過失割合が7対3と算定され、賠償額は70万円と判決されるわけである。これは民法総論で教えるには詳しすぎる話かもしれないが、不法行為の最初で説明した、「損害の公平な分担」というのはここに端的に現れていると言える。

▶4　債権総論の概観

1　債権総論の内容

すでに述べたように、債権総論とは、債権というものの性質、効力や、その移転や消滅について規定する部分である。民法典では第3編債権の第1章総則の部分がこれにあたる。民法はそこでまず債権の目的という節を置くが、ここで目的というのは、すでに注記した通り、動機や意図ということではなく、債権の内容、対象という意味と考えればよい。次の債権の効力の節には、債権が持っている基本的な債権者債務者間を拘束する力が破られたり破られそうになったりした場合の規定が置かれている。具体的には、債務の強制履行、債務不履行の損害賠償、そして責任財産の保全という問題が含まれる

（このうち債務不履行の損害賠償については、すでに一部説明を済ませている）。
３番目の節が、多数当事者の債権債務関係に関するもので、ここでは債権者
または債務者が複数になった場合の問題を扱う。次の第４節は、債権の譲渡、
つまり契約による別の人への債権の移転の問題を扱い、さらに第５節が債権
の弁済などによる消滅の問題である。しかし、債権総論は、取引社会では非
常に重要なところだが、民法総則を学ぶうえではまだ知らなくても大丈夫で
ある。したがって、ここでは、債権総論の詳細な内容には言及せず、別の機
会に学んでもらうことにする（→『スタートライン債権法』第13課以下参照）。

2　債権総論の規定の意義──取引実務上の重要性

　ただ、少しだけ上級者コースの話をしておこう。債権総論は、次の課に出
てくる物権法の中の担保物権法とならんで、取引社会の一番複雑な利害関係
を反映する分野である。したがって、そのような取引の実際がわかってくる
と、学習の意味がなおよく理解される。債権の担保、管理、移転、回収とい
う、いわゆる企業法務において重要な事柄のほとんどが、この債権総論と担
保物権法にかかわっていることに注意しておきたい。

　担保というのは、たとえば人にお金を貸す場合に、返してもらえないとき
のために、債務者または第三者の何らかの財産に、優先的に行使できる権利
を得ておくことである。具体的に担保の設定の仕方について言えば、債務者
が持っている動産や不動産を担保に取るやり方（**物的担保**という。次の課で触
れる）と、債務者以外の誰かの持っている財産全体を担保にする、**人的担保**
がある。この人的担保の代表が、債権総論に出てくる保証である。人的担保

（♣2）だから保証人になる契約は比較的
簡単にできてしまうのだが、個人が他の個
人や会社などの金銭債務の保証人になるの
は非常に危険であることを覚えておこう
（平成16〔2004〕年の民法改正では、書面
のない保証契約は無効としたほか、個人の
負担が過大にならないよう、いくつかの規
定を新設している）。詳しくは、『スタート
ライン債権法』第20課参照。

（♣3）債権の譲渡担保というやり方が多
いが、これはもう少し後で学ぼう（→『ス
タートライン債権法』第21課）。

は、担保になる人の財産がそのつど増減するので、物的担保と比べると不安
定である。しかしながら、物的担保のほうは登記をしたり物を引き渡したり
と手続が面倒なのに対し、人的担保は契約書1つで、つまり当事者が合意し
て契約書面を作るだけでできる簡便さがある（♣2）（⚖）。なお、債務者
が持っている特定の債権を担保にすることもできる（♣3）（⚖）。

> ⚖ **ルール創りの観点から──保証人になることの警告**
>
> 　それでは、はしがきにも書いた、「ルール創りの観点から」という、本書
> の新しいコンセプトを示すコラムを始めよう。
>
> 　民法は、個人が他者の債務の（ことに会社などの事業債務の）保証をする
> ことを慎重にさせるため、保証債務（446条以下）の改正を繰り返し、保
> 証契約には契約書が必要とし、期間や極度額（最高限度額）の定めがないも
> のは無効として、さらに最近では個人が他者の事業債務（金額が大きくなる
> ことが多い）を保証する場合は、公証役場というところで保証意思を確認さ
> せる規定も置いた。これらのルール改正は適切なものとはいえるのだが、と
> にかく、著者としては、個人で保証人になる（他者の債務を保証する）とい
> うことは、他人の借金を代わりに払う、という約束をすることなので、その
> 危険を考えたら、頼んできたのが恩人でも家族でも、おやめなさい、と忠告
> しておく。ことに、「連帯保証人」になった場合は、本人が払えなくなった
> ときだけ払う責任ができるのではなく、最初から本人と同等の債務を負うこ
> とになるので、期限が来たら、債権者は、本人が払えるかどうかを別にして、
> ただちに保証人に全額請求できる、ということを覚えておいてほしい。

⚖️ ルール創りの観点から──債権譲渡の目的

　この４半世紀つまり1990年代の後半から現在に至るまでに、民法の中で一番発展した部分が、債権譲渡（466条以下）であるといえる。ここは、2017年の改正で、規定がかなり複雑で難解になってしまったのだが、初学者には以下のことだけお伝えしておこう。

　物権と同様に債権も譲渡できる（446条）わけで、品物や土地・建物を売買したり人に贈与したりできるのと同じように、たとえば人に物を売ってまだ回収していない代金債権を譲渡したり、これから先何年かにわたって入ってくる家賃債権を譲渡したりすることもできる（現在発生していない将来債権も、発生するかどうかのリスクはあっても譲渡できる）。

　そこで初学者に理解していただきたい大事なことは、人は何のために債権譲渡をするのか、を考えることである。何条にどう書いてあるかを覚えるよりも、「なぜ人はその行動をするのか」を考えてほしい。

　昔の債権譲渡は、借金が返せなくてその代わりに売掛債権を譲渡する、というような、苦し紛れの取引が多かった。現代ではそうではなく、個人や企業が、事業資金を調達するために、将来債権を含む多数の債権をまとめて譲渡する（あるいは譲渡担保にする）という、資金調達のための取引が大幅に増えているのである。いわば、危機対応型のあまりほめられない債権譲渡から、正常業務型の大掛かりな（経済的意義の大きい）債権譲渡に成長した、というわけである。だから、2017年の、債権譲渡に関する民法改正は、私法の基本法としての民法というより、いわば民法の金融取引法の側面を考えた改正となって、しかもその内容が適切かどうかがいろいろ議論されている

のである。

　このように、今日の債権総論は、民法の取引法化、金融法化を象徴していると考えていただきたい（だから本書では後回しにするのだが、それだけ実務の重要度が高い分野といえるので、大学の法律学科生は、是非、２年生以上でしっかり債権総論を勉強してほしい）。

　Ｂ男君、大学生の１年目はどうやら大した収穫なしに終わってしまったようだね。この課では君のことも意識して、通常は２年生や３年生で詳しく学ぶ部分を駆け足で話してみた。民法のイメージが少しは変わったろうか。ついでにおせっかいをするのだが、このまま民法総則の授業に続けて出てみないか。去年やった、といっても、まだ身についていないんだろう。絶対新しい発見があるから、だまされたと思って続けて来てほしい。ただし、あまりＡ子さんのほうは見ないで、教壇に意識を集中してほしいのだけれど。

第4課　物権法と親族・相続法の概観

　先に述べたように、この課は後回しにしていい前提で説明する。前の課では、債権、つまり人の人に対する権利を学んだ。そこでこの課では、「物」の定義をしたうえで（ここは民法総則の範囲の学習である）、物権、つまり人がそういう「物」に対して持つ支配権を学習する。一応、物権法の全体像は見るが、あくまでも民法総則を学ぶうえで必要な知識を獲得することをねらいとする。そこで、学習に入る際のイメージだが、とりあえず、物権というものはサッカーボールのようなものだと思ってほしい。どうしてそうなのかは読んでのお楽しみだが、ただし、これはあくまでも私が皆さんの理解を助けるために挙げている「たとえ」なのだから、くれぐれも、テストの答案に「物権とはサッカーボールのようなもので……」とは書かないように。

　さらに、民法第4編・第5編の親族法・相続法についても、この課でごくごく簡単に学んでおこう。

　教室の隅に経済学部のC夫君がいた。前回の授業で、資産としての債権、という説明に興味を持ったようだ。

　法律の教科書を読んでもあまりそんなことは書いていない。この先生は経済もかじってたみたいで面白いかも、と思って続けて来てみたら、今度はサッカーボールかよ。まじめにやってくれよ。

（♡1）「物」の読みはモノであるが、法律家や立法担当官は、「者」と区別するためにブツと発音する人が多い。ただ、「ブツ」というのは、一般に「金品などの現物」を意味する隠語としても使われてきた言葉である。私はよほど区別をする必要のあるとき以外は、モノと読むことをお勧めしたい。

（♡2）たとえば、この定義では、固体だけでなく水や油などの液体や、酸素や窒素などの気体も含まれるのであるが、「電気」は物ではない。ただ取引の対象にはなるのだから物に含めよという学説もある。ちなみに刑法では、電気を財物とみなしている（刑法245条）。さらに今日的には、いわゆる**無体財産権**（**知的財産権**）が大いに問題になる。プログラム（ソフトウェア）を入れたディスクは物だが、中のソフトウ

▶1　物権法の概観

1　資産の中の「物」と物権　✍アイテム5 物権

　民法は私たちの持つ権利を物に対する権利と人に対する権利に分けて規定している。前者が民法の中の第2編物権の部分で、物権法と呼ばれる。ただし、そこでいう「**物**」についての定義は、民法総則にある。民法総則での「物」（♡1）の定義は、厳格というかかなり狭く、今日では必ずしも現実社会でのイメージに一致していないところもある。

　ここでも、経済学や会計学を学んでいる人たちにもわかりやすいよう、資産の話から入ろう。ある人の持っている資産（財）には、土地や建物という不動産や、家具や宝石類や絵画等の動産があり、さらに株券や現金、加えて貸金や売掛金や預金の形での債権がある。この中で、不動産や動産のような**有体物**を民法では「物」というわけである（**85条**）。この「有体物」を「物」とする定義は、今日的にはある意味で時代遅れなものであるが（♡2）、人のそういう「物」に対する直接の支配権を「**物権**」というのである。したがって、物権法の部分では、資産としての物そのものを論じているのではなく、人が、民法総則で定義された「物」に対してどういう形の支配権を持つか、を規定しているのである。

ェアは物にはならない。これらについての権利は、**特許法**や**著作権法**などそれぞれの法律で保護されることになる。ただしそれらの権利を勝手に使えば、民法の不当利得や不法行為（それぞれ債権法で学ぶ）の問題になるのは当然である。

2 民法総則における「物」の定義

(1) 物、不動産と動産

　民法総則で物を規定しているのは、形式的には、第2章と第3章で「人」および「法人」という権利の主体を規定したので、第4章で権利の客体として「物」を規定したということである（より実質的には、民法総則に置いた理由は、物権では物が直接の対象となるのはもちろん、人に対する権利である債権でも、たとえば、お金を払ってその物を買う場合なら、品物を引き渡せという債権の中に間接的に物の問題が含まれるから、つまり物権、債権に共通な権利の客体〔対象〕となるからだという説明ができる）。ただしそれで形は整うが、機能的には、物の定義も物権法の先頭に置いたほうがわかりやすいと思われる。

　ともかく、最初に民法総則での「物」の定義をひと通り見ておこう。まず、前述のように「この法律において『物』とは、有体物をいう」（85条）とするのに続けて、不動産と動産の定義をしている。**不動産**とは「土地及びその定着物」である（**86条**①項）。そして、その他の物はすべて**動産**ということになる（同条②項）。

　そうすると、不動産について、土地はいいとしてその「**定着物**」とは何か、ということが問題になる。基本的に、駐車場の舗装のアスファルトのように、土地に一体化してしまっているものはまさに「定着物」なのだが、それ以外に、建物がここに入る。しかし、日本では土地と建物は別の不動産とされていることに注意したい（それぞれ別々に所有権が考えられている。370条参照。なお外国では土地と建物を一体化して考え、別の所有権を認めていない国も多い）。

⑵　主物と従物、元物と果実

つぎに、民法は、ある物が別の物に従属して、同一の運命をたどる場合を考えた。たとえば、家屋の所有者が、その家屋の日常の使用のために、自分の所有する建具（襖など）を入れたというような場合に、その家屋を**主物**（しゅぶつ）と呼び、建具のほうを**従物**（じゅうぶつ）と呼ぶことにした（87条①項）。そして、従物は主物の処分に従うとしたのである（同条②項）。つまり、従物は原則として主物の法的運命に従うということで、たとえば主物が売られれば従物も一緒に売られたことになる。この場合、主物と従物は同一の所有者に属するものでなければならないし、従物は主物とは独立したものでなければならない（たとえば、取り外せる内部の襖は従物であるが、建物と外部を隔てるドアや雨戸は、主物たる建物から独立したものとはいえないので、主物の構成部分として、主物の中に含まれる）。

また、物から生ずる経済的収益物を**果実**といい、果実を生む物を**元物**（がんぶつ）という。注意したいのは、果実といってもいわゆる果物だけを指すのではなく、元物の経済的用途に従って自然的・人工的に収取されるものを**天然果実**（卵、果物、羊毛、石材、鉱物、土砂など）と呼び（88条①項）、元物の使用の対価として受けるべき金銭その他の物を**法定果実**（家賃や利息など）と呼ぶ（同条②項）ということである。

3　物権の定義と物権法定主義

すでに物権の定義については概略の説明をしているが（→第1課▶4⑵）、たとえば自分の腕時計を持っている場合に、その腕時計を自由に使用したり、それによって収益を上げたり、それを自由に処分したりできるというように、

（♡ 3）民法で「絶対性」とか「絶対的」
とかいう場合は、（「相対性」「相対的」の
反対だから）誰に対しても効力を持つとい
う意味で使われる。

「人が、ある物を直接に支配できる権利」を「物権」という。そうすると、
ある物を直接に支配できる権利としての物権は、当然、その物の支配につい
て、ほかの人から邪魔をされない性質、世間の誰に対しても主張できる性質
を持つことになる。これが物権の**排他性**とか**絶対性**（♡ 3）といわれるもの
である（さらに、個人の所有権を国家権力などによって勝手に取り上げられない、
という意味で「**不可侵性**」ということもいわれる）。そうすると、このような世
間の誰に対しても主張できる権利は、周囲の人間に影響を与えるわけだから、
特定の当事者に勝手に作り出されては困る。したがって、民法は175条で、
「物権は、この法律その他の法律に定めるもののほか、創設することができ
ない」と定めた。これは、契約等によって、民法その他の法律の定めたもの
とは異なる種類の物権を作り出すこともできなければ、物権の内容を民法そ
の他の法律に定められているものとは違ったものとすることもできない、と
いう意味である。これを**物権法定主義**という。したがって、物権の種類およ
び内容に関する規定は、当事者の意思によって変更することができない強行
規定ということになる。これは、債権が契約等によって自由に作り出すこと
ができるのとまったく異なるところである（債権については、公序良俗に反し
ないかぎり、契約によって千差万別の形態の債権を自由に創出できる。これは債
権が当事者だけを拘束する相対的な効力しか持たないものだからである）。

4　物権の種類　✎アイテム 6 [所有権]　✎アイテム 7 [占有]

①**所有権**　さて、それでは民法の定める物権の種類（人の物に対する支
配権のタイプ）について見てみよう。いうまでもなくその代表は**所有権**であ
る。時計の所有者はその時計を自由に使えるだけでなく、飽きたら捨てても

よいし、人に売ってもよい。腕時計ではそういうケースは少ないかもしれないが、自動車や家ならば、人に貸して賃料を取るということもできる。つまり、所有者は、その物の使用・収益・処分をすべて自由勝手にすることができるのである。この所有権というものが、いわば完全で包括的な形の物権である。そして、1つの物には所有権は1つだけある（1つの物を2人で共有する、ということはあるが、それは2つ所有権があるのではなく、1つの所有権を2人で割合を決めて持ちあっているということである）。

　そこで、サッカーボールの話である。サッカーボールというのは、デザインによって異なるが、表面に五角形やプロペラ形などの何枚かの革が張り合わせられて球形になっている。あれがいわば「所有権」だと思っていただきたい。1つの物には1つの所有権しかなく、その所有権はいわば完全な球形をしているのだが、物権法では、そのボール状の所有権を構成している革の1枚1枚にあたる部分的な権利を、他人に切り与えることができるのである。その革は数と形が法によって決められていて、勝手に作り出すわけにはいかない。これが先に述べた物権法定主義であり、そこで決められた所有権以外の限定的な支配権としての物権を、**他物権**とか**制限物権**などという。それがこれから説明する、地上権以下のものである。つまり、たとえば、地上権という、「土地の上を自由に使える物権」を所有権から切り分けたら、所有権者の持つサッカーボールは、地上権の革の分だけ空白になるのだから、その人は土地の所有権は持っていてもその土地を使うことはできなくなるわけである（あくまでもたとえなのだから、そんなボールはありえない、とか、空気が抜けて蹴っても飛ばない、などとこだわらないように）。

　所有権については、この後で説明する権利移転の仕方（対抗要件主義）が、

民法総則における**虚偽表示**（94条②項）のところで問題になることを今から
記憶しておきたい。

②**所有権以外の制限物権**　たとえばＡさんが所有権を持っている物につ
いて、その物に対する権利の一部を他人のＢさんが持つ、ということができ
る。ここで注意してほしいのは、もともと１つの物については、所有権をは
じめとして、同じ種類の物権は１つしか存在しえないということである（**一
物一権主義**という）。そして、１つの物についての１つだけの所有権は、機能
として、使用、収益、処分等の権能を包括的にすべて含んでいるわけである
が、そのうちのいくつかの権能を切り離して他人が持つことができるのであ
る（土地の所有権者はＡなのだが、その土地を耕作するために使用する権利はＢ
が持つ、というように）。これが所有権以外の他物権とか、制限物権とか呼ば
れるものである。今はこれらを覚える必要はないが、以下には簡単に概略だ
け書いておこう。

ⓐ用益物権　所有権以外の他物権の種類としてまず民法が定めているの
は、他人の土地を、その上に建物などの工作物を築造したりして自由に使え
る**地上権**（265条以下）や、自分の土地の便益のために他人の土地を通行した
り水を引いたりというように利用できる**地役権**（ちえきけん）（280条以下）な
ど、いずれも土地に関して、他人の物を利用する４種の制限物権である。こ
れらは、一般に**用益物権**と呼ばれる。つまり、用益物権は、他人の所有物を
使用・収益する内容の、その限りに限定された、またその限りで所有権を制
限する、制限物権ということになる（◇1）。

ⓑ担保物権　これに対して、他人が所有権を持つ物を実際に使用するこ
とはしないで、ただその物の価値だけを支配するという内容の制限物権も定

（◇2）法定担保物権としては、留置権（295条以下）と先取特権（さきどりとっけん）（303条以下）があるが、今はまだ知らなくてよい。

められている。実際には、債権者が、債務者にお金を貸したりする際に、自分の債権を回収する担保として、債務者の所有物の価値を掌握するというもので、これは**担保物権**と呼ばれる（つまり、債務者がお金を借りるときに自分の財産に担保を設定し、期限にお金を返せなかったら、債権者はその担保に提供されていた物を売り払って、その売上金の中から貸金を回収する、というようなやり方をするのが担保物権である）。民法の定める担保物権は、さらに2種類に分かれ、当事者の契約によって発生する**約定担保物権**と、一定の状況に立ち至ったときに、法が与えてくれる**法定担保物権**とに分かれる。約定担保物権としては、**質権**（342条以下。多くの場合には動産に設定されるが、不動産や債権などにも設定できる）と、不動産つまり土地や建物についての**抵当権**（369条以下）がある（◇2）。

　③**占有権**　そしてもう1つ、物権の仲間に入るものに、**占有権**という権利がある。しかし注意していただきたい。これは、例のサッカーボールには含まれないのである。しいて言うならば、「サッカーボールを抱えていること」なのである。そもそも、物権編の最初に置かれているのは、所有権についての規定ではなく、占有権なのだが（180条以下）、これは他の物権とは性質が異なる。というのは、所有権以下の物権は、みな、包括的か部分的かにせよ、人がその物に対して持っている法律上の実体的な権利（本権）を表章するものなのだが、占有というのはそうではなく、実体的な権利者かどうかはさておいて、とにかく現在その物を支配しているという事実状態を保護しようとする制度である。だから、グラウンドにサッカーボールを抱えた人がいるというときに、そのサッカーボールの真実の持ち主がわかるまでは、その抱えている人に何らかの権利があるはずだと考えておこう、というくらい

（♣1）少し難しいことを言えば、わが民法の認める占有制度は、フランス法的な概念と、ドイツ法的な概念が混合したものだといわれる。前者は、すでに述べたような、その物を支配しているという事実状態に対して一定の保護が与えられる、という側面を表し、後者は、それぞれの物に対して事実上支配している支配権（支配力）の表れとして法が評価するというもので、日本民法の占有制度には、その両方の見方が反映されているというのである。

のものとイメージしてほしい。（また後の**6(3)**で触れる）（♣1）。

　いずれにしても、重要なことは、「占有権」という権利は「**占有**」という事実と切り離せないものであるということである。占有という事実に基づいて占有権が発生し、占有が移れば占有権も移転し、占有がなくなれば占有権も消滅する、という関係である（そして本当の所有者が出てくれば、もちろん占有権者は負けてしまう）。

　そして、最も肝心なことは、なぜここで占有権を学んでおかなければならないか、ということである。それは、大分後になるのだが、時効の学習をする時に、特に所有権の**取得時効**を理解するために必要だから、なのである（→第**12**課）。

5　物権法の構成のまとめ

　したがって、民法の物権編は、この占有権に始まって、所有権、それ以外の用益物権、そしてその他の担保物権、という順序で規定されている。このうち、最初の占有権から、所有権、そして用益物権までの学問分野を狭義の**物権法**とか**物権法総論**などと呼ぶ。残りの担保物権についての学問分野は、それだけを独立させて**担保物権法**と呼ばれる。物権法総論の部分は、内容として比較的理論的な要素が強く、また規定としてはその強行規定性に特徴がある。これに対して担保物権法は、その機能性・技術性に特徴があり、金融取引等の実務で大変重要な部分と言える（金融実務ではこの担保物権法と債権総論の部分が最も頻繁に問題にされる）。

6 物権法総論の重点学習

⑴ 物権的請求権

すでに述べたように、物権は、排他的・絶対的な物の支配権であるから、世間の誰に対しても主張できる。それゆえ、もしその権利が他人によって侵害されたら、物権の持つその基本的性質からして、その侵害を排除し、他人に取り上げられた物については返還を請求し、またそういう侵害が起こらないように請求できる。これを**物権的請求権**と呼ぶ。この物権的請求権は、契約などに基づいて人が人に対して一定の請求ができる（たとえば売買契約に基づいて代金を請求するなどの）債権的請求権と異なり、その物権を持っていることから発生する権利である（条文には書かれていないが当然に認められる権利である。またこの場合、物権侵害の状態が客観的に違法なものでありさえすればそのような請求権を行使でき、侵害者の故意や過失の存在は必要とされない）。

⑵ 物権変動

物権法総論の中で最大の論点は、この**物権変動**、つまり物権を人から人へ移転する場合の問題である。ここには多数の議論があり、さまざまな学説が展開されている。ただ、初学者の場合は、それらの議論に振り回されて、肝心な大筋の構成を見失ってはならない。ここでは、日本民法の規定の基本的な構造をしっかり押さえておこう。要するに、当事者間では合意だけで権利が移転するが、ただ世間の第三者にそれを主張対抗するには、法の定めた対抗要件というものを具備しなければならない、という2段階の考え方をするのである。

　①公示の原則　まず、物権は世間の誰に対しても主張できる権利なので、逆に言えば、周囲の人が、何らかの方法で、誰が権利者なのかを認識できなければ困る。したがって、物権については何らかの方法で公にその存在を知らせる、いわゆる公示方法がとられる必要がある。このように、物権の変動には必ず公示を伴わせるという考え方を、**公示の原則**と呼ぶ。この公示が必要とされる点は、今日では諸外国でも共通なのだが、問題はその公示の持つ意味である。

　②対抗要件主義　アイテム**8**[対抗要件]　アイテム**9**[登記]　日本民法が物権変動について採っている基本的な主義つまり権利移転の基本構造は、通常の債権の移転についても同様なのだが、**対抗要件主義**というものである。これは、当事者の間では物権は当事者の意思表示だけで移転する（176条。物権変動の**意思主義**という）。しかしそれを当事者以外の世間の誰に対しても主張対抗するためには、法の定めた対抗のための手続、すなわち対抗要件を備えなければならない、というものである。日本民法では不動産についての対抗要件は登記であり（177条）、動産についての対抗要件はその物の**引渡し**である（178条）（なお、念のために言えば、占有権は先に述べたように物権といっても物支配の事実状態の保護にすぎず、所有権などの具体的な物権とは異なるので、不動産を占有していても占有権の登記などはできない）。

　つまり、たとえばＡさんがその所有する土地をＢさんに売ったりするときは、売りましょう買いましょうという意思表示が合致して契約が成立しただけで、ＡＢの間では、Ａさんの土地はＢさんのものになる。しかし、それがＢさんのものになったのだとＢさんが周りのＣさんやＤさんやＥさんに主張し、対抗できるためには、Ｂさんが登記をＡさんから移してもらわなければ

（♣2）これは、フランス式の考え方である。これに対して、ドイツ式の考え方では、意思表示だけでは物権は移転せず、不動産であれば登記を移転して初めて物権の変動が起こると考える。ということは、ドイツでは登記は対抗要件ではなく、物権変動の成立要件ないし効力要件になる。実は登記のやり方はフランス（人を中心に編成する）とドイツ（不動産を中心に登記簿を作る）では違いがあり、日本の登記法は、登記のやり方についてはドイツ法の物的編成主義を採用している。そのようなこともあって、また、ドイツのやり方なら登記のあるところに必ず権利があるということでわかりやすい、ということもあって、日本の学者には、物権変動についてもこのドイツ型の解釈を主張する説もある。そこで議論が難しくなっているのだが、日本民法の規定は、あくまでもフランス型の対抗要件主義を採っているということを覚えておこう。

ならない、ということになる。ここでは、登記がＢさんの名義に変わることによって、Ｂさんは自分が権利者である、という公示ができるわけである。したがって、日本では、物権の公示方法は不動産については登記、動産については引き渡されたものを占有していること、ということになるが、そもそも物権の変動自体は当事者の意思表示によって起こっており、登記を移すことや引渡しをすることはあくまでも対抗要件として要求されていることになる（⇧ここがKey Point）（♣2）。

　もう１つ、不動産の権利移転の対抗要件である登記について重要なことは、日本法における不動産登記は、登記されている人が権利者であるということの**推定力**は持つが、とにかく登記を信頼して取引すれば必ず権利を取得するといういわゆる**公信力**は持っていない、ということである（◇3）。つまり、真実の実体的権利関係に合致していない登記には効力がない。虚偽の登記を信頼して取引した者までは本来は保護されないのである。ただそうすると、他人の土地の登記を勝手に自分の名義にして、それを買主に見せて売却してしまう、などというケースでは、買主が不当に不利益を被るおそれもある。ここが、民法総則の虚偽表示（94条②項）のところで問題になるから、覚えておきたい（→第6課）。

　③**対抗問題**　✏アイテム10 対抗問題　　さて、そうすると、Ａが自分の所有していた土地をＢに売却する契約がされれば、その段階で土地の所有権はＡＢの間ではＢに移る。しかし、まだ登記はＡのままで、Ｂに移転登記をしていない状態であれば、Ｂは世間の人に対して自分が権利者になったと対抗できない。この状態で、Ａが同じ土地をＣに売ってしまったとしよう。こういう二重売買は望ましくないことだが、さまざまな事情から実際にはかな

（◇3）「比喩的にいえば、登記は洋服のようなものだ」というのは、物権法の大家である、私の畏友鎌田薫教授の表現である。私はこの比喩が最もわかりやすく登記を説明していると思う。鎌田教授は、以下のように述べる。「つまり、〔ある者が不動産物権を取得した場合〕登記をしていない限りは裸のままであるから、身内（当事者）の前はともかく、他人（第三者）の前には出ていくことができないが、登記という洋服を着れば他人の前にも出ていけるようになるということができる。このように、登記がない物権変動を第三者に対抗しえないものとすることによって、登記されていない物権変動は存在しないであろうという消極的な信頼を保護することが民法177条の最も重要な役割となっている」（鎌田薫『民法ノート物権法1〔第4版〕』〔日本評論社、2022年〕25頁）。

り起こりうる。このような場合、もし後から譲り受けたＣのほうが先にＡから登記の移転を受けてしまうと、Ｃのほうが、世間の人に対して自分が権利者だと主張できることになり、土地はＣのものになってしまう。この例の二重譲渡のように、両立しえないはずの権利を主張する者が複数出てきてしまった場合は、対抗要件によってその優劣が決定され、劣後者の権利取得は否定される。こういうものを**対抗問題**と呼んでいる。

　ただし、上記の例のＣという人が、すでにＡＢ間の売買契約が結ばれているということを十分に知っていて、Ｂから横取りしようという意図で契約し、登記を移転したというケースであれば、そこまでＣを有利に扱うのは問題なので、判例は、そのような場合のＣは**背信的悪意者**である、として、こういう背信的悪意者に対しては、例外的に、第1譲受人のＢは登記を備えていなくても自分が権利者であると対抗できる、としている。

　Grade up　　なお、学者は、そもそも二重譲渡は理論的にどうして可能なのか、最初にＢに売った段階でＡは無権利者になるはずだからもうＡにはＣに対しては売るべき権利がないのではないか、などと議論し、この点を説明するいくつもの説が出されている。学理的には大変な難問である。とりあえずは、対抗要件主義の規定のもとでは、ＢはＡから買った段階で確定的に権利を取得するのだが、この権利は他の第三者に対してはまだ確保できない（その意味で不完全な）もので、別のＣが両立しえない権利について対抗要件まで備えて現れた場合には、Ｂへの権利帰属が否定されてしまうという構造だけを確認しておこう（もちろん、結果的に権利を取得できなくなったＢは、契約の観点から、Ａに対して債務不履行の損害賠償を請求したりすることはできる）。

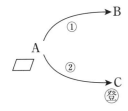

---

③ 動産における占有と即時取得 　✍アイテム11 [即時取得]

　先に占有権について述べた。つまり、占有権というのは、その人が本当に物権を持っているのかどうかわからなくても、その物を支配しているという事実状態に対して一定の保護が与えられる、という権利である。188条は、占有者が占有物の上に行使する権利はこれを適法に有するものと推定する、と規定している。つまり、たとえばある人がある物の所有者としての権利をその物について行使していたら、とりあえずその人を所有者と推定するのである。ただし、注意してほしいのは、法律用語で「**推定**」というのは、反対の証明をすれば覆すことができるというものである（これに対して「**みなす**」という場合は法がそう決めるということで、反証は許されない）。したがって、自分が所有者なのだ、と名乗り出た人がいて、その人が、自分の所有権を証明できれば、占有者の権利は否定されることになる。

　けれども、動産の物権変動については、占有がさらに強く保護されることが規定されている。これが**即時取得**の規定である。

　即時取得について192条は、「取引行為によって、平穏に、かつ、公然と動産の占有を始めた者は、善意であり、かつ、過失がないときは、即時にその動産について行使する権利を取得する」と定めている。これは、動産取引は日常頻繁に行われているので、場合によっては、買主が知らずに処分権限のない人から買い受けたりする（たとえば、売主は実はその品物の所有者ではなく、所有者から預かっているだけだったのに、自分がさも所有者であるかのようにふるまって売ってしまった）というようなことが起こりうる。こういう場合には、売主の外観を信頼した買主を保護する必要がある。そこで民法は、取引の安全の配慮から、動産の場合は、買主が善意で（ここでの「善意」は、

みなす・推定する　「みなす」という場合は法がそう決めるということで、反証は許されない。「推定する」という場合は反証を挙げて覆すことができる。

（◇4）このことは、第6課▶2の2の虚偽表示のところで問題になるので覚えておこう。

（♣3）即時取得は動産の取引だけに特別に認められる。公信の原則という考え方は、取引に入った者の安全（動的安全という）を重視する、偏ったルールである。

（◇5）このバランスを図る本来の外観信頼保護法理については、第8課の表見代理で学ぶので、覚えておこう。

単に事情を知らない、という意味よりも、相手が正当な権利者であると信じている、という意味と理解される）買って占有を始めたような場合には、売主が正当な権利者でなくても、その引き渡された途端に権利（売買ならば所有権）を取得する、と定めた。この考え方は、**公信の原則**として知られている（ただしこれが認められるのは、動産に限ってのことで、不動産については認められない。民法は、不動産の取引については、真の権利者の権利をより保護し、権利者でない者から買っても有効にならない、つまり虚偽の外見を信頼しただけでは権利は移転しないとしたのである（◇4））。信頼して占有を得た者の保護を図るわけだが、実はこの公信の原則というのは、本来の権利者の側の権利を（その者の帰責事由等の有無にかかわらず）一方的に犠牲にしてしまう、ある意味では偏ったルールなので、民法中ではっきり認められているのはこの規定のみである（本来は外観を信頼して権利を得る人とそのために権利を失う本来の権利者のバランスを図ることが必要なのである）（♣3）（◇5）。

　なお、192条にも例外があり、盗品と遺失物の場合は、本来の所有者が当然に権利を失ってしまうのは行き過ぎなので、被害者または遺失主は、盗難または遺失の時から2年間は、占有者に対して返還請求ができる（193条）。

7　担保物権法の重点学習

(1)　担保の概念

　担保物権法の詳細は次年度以降に学ぶとして、ここではまず、「担保」の概念を理解しておこう。人は誰かにお金を貸すときに、返してもらえなかったときのために何らかの手当を考える。それが担保である。すでに第3課でも触れたように、第三者の財力を当てにするのが人的担保としての保証であ

るが（債権総論で学ぶ）、物的担保と呼ばれるのが、債務者の所有する物（動産）を手元に確保したり、債務者や第三者の所有する土地や建物（不動産）を引き当てにする（お金を返せなければその土地や建物を売ってその売上金から回収する）権利である。

　民法第2編物権の後半の、担保物権法と呼ばれる部分では、契約で物に担保を設定する約定担保物権（質権と抵当権）と、一定の状況で法が債権者に債権回収のために与えてくれる法定担保物権（留置権と先取特権）が規定されている。

⑵　抵当権の概観

　担保物権の中でも最も重要な抵当権（369条以下）について概観しておこう。抵当権は、債務者または第三者の所有する不動産に設定して登記をし、債務者が期限に返済できないときはその抵当権を実行して競売にかけ、その売上金から優先的に回収を図れる権利である。不動産を担保に提供した債務者または第三者は、その不動産を自由に使用し収益を上げることはできる。つまり抵当権は、物権であっても、物を直接に支配して使用したりするのではなく、その物の価値を把握する権利ということになる。金融法務では大変重要なものであるが、以下詳細はここでは省略する。

▶2　家族法の意義と位置づけ

　前課までに学んだ、民法総則、物権法、債権法は、民法の中の財産法と呼ばれる部分である。これに対して、親族法（民法の第4編親族）と相続法

（◇6）同性婚については、世界では2023年8月の段階で30か国以上の国が合法としているが、わが国ではまだ法律的には認められていない。しかし地方裁判所レベルでは、同性カップルが家族になる法制度がないことについて「違憲状態」と判断する判決も現れている。

（同第5編相続）の部分は、合わせて**家族法**の分野と呼ばれる（以前は身分法という言い方もされた）。家族法の分野は、もちろん市民生活の中では大変重要な部分なのであるが、今日、各種の国家試験などでは、財産法の分野と比較すると、出題される割合はかなり低い。ただし、相続法の部分では、内容的に財産法に関係するところも多く、親族法の一部にも財産法の問題とつながる箇所がある。さらに、最近では、社会の高齢化に対応したり、男女平等の理念を実現したりする改正が頻繁に行われて、重要度が増している分野でもある。以下では、これらのことに留意しながら、家族法の部分について、特に民法総則を学ぶうえで知っておくべきポイントに限定して、ごく簡潔に解説しておこう。

▶3　親族法の概観

1　婚姻

(1)　婚姻の成立

　一般にいう「結婚」は、法律用語では「**婚姻**」という（◇6）。婚姻については、**法律婚主義**といって、婚姻届を役所に届け出ることによって初めて夫婦と認められることになる（739条）。したがって、婚姻の成立には、まず当事者の間に婚姻をする意思があることが実質的成立要件として必要であり（婚姻も1つの契約である）、さらに形式的成立要件として婚姻届の提出・受理が必要ということになる。教会や神社などで式を挙げ、盛大な披露宴をしても、婚姻届出をしていない夫婦は法律上は内縁という関係にすぎない。わ

（♣4）再婚禁止期間に関連して、俗に「300日問題」と呼ばれる問題があった。本文後掲の改正前の772条の②項では、婚姻の解消もしくは取消しの日から300日以内に生まれた子は、婚姻中に懐胎したものとして、前夫の子と推定されてしまったのだが、改正によって、離婚後300日以内に子が生まれた場合であっても、再婚後に生まれた子は、再婚後の夫の子と推定されるようになった。

が国では、**婚姻適齢**として、男女とも満18歳にならなければ、婚姻をすることができないと規定されている（令和4〔2022〕年4月施行の民法改正による731条。改正前は女性は満16歳とされていた）。また**重婚**は禁止されている（732条）。その他、法は、男女ともに一定の近親者との婚姻の禁止（734条①項等）を定める。

なお、このほかに民法には、明治の制定時から、女性には離婚後の「再婚禁止期間」の規定があった（生まれた子について父親の決定に問題が起こらないようにするためである。旧733条①項）。しかしこの規定は、2024（令和6）年4月1日から廃止されることになった（♣4）。（⚖）

> ### ⚖ルール創りの観点から──再婚禁止期間の廃止
> 　明治時代から、女性には6か月の再婚禁止期間が定められていたが、これが2016（平成28）年に100日に短縮され、この度2022（令和4）年12月10日に成立した民法改正法によって、完全に廃止された（2024年4月1日施行）。再婚禁止期間は、女性だけに婚姻の自由を制限するもので、性による差別といえた。離婚後に生まれた子の父親がわからなくならないように、というのは確かに理屈ではあるが、現代ではＤＮＡ鑑定などの技術も進歩している。法の下の平等にまた一歩近づいた改正といえよう。

⑵　夫婦間の契約

夫婦間でした契約は、婚姻中、いつでも、夫婦の一方からこれを取り消すことができる。ただし、第三者の権利を害することはできない（754条）。つまり、たとえば夫が妻に洋服を買ってあげると約束した場合、夫はその契約

（♡4）法律用語で「推定する」というの
は、先の用語解説に掲げた通り、反対の証
明を許す（違うという証拠があれば覆せ
る）、ということで、「みなす」とあれば反
証を許さないでそう決める、ということで
ある。

をいつでも取り消す（撤回する）ことができるが、妻がその前に洋服屋さん
と売買契約を結んでしまっていたら、第三者である洋服屋さんの権利を害す
ることはできないから、その洋服の売買契約は履行しなければならない、と
いうことである。

2　親子

　親子関係について言えば、婚姻届出をしている法律上の夫婦の間に生まれ
た子は**嫡出子**（ちゃくしゅつし）と呼ばれ（772条①項）、届けを出していない
男女の間に生まれた子は**非嫡出子**と呼ばれる。かつてはこの両者には、法定
相続分（後述の、遺言がない法定相続の場合に法が定める相続分）について差が
設けられていたが、2013（平成25）年の法改正によって平等化された。

　実親子関係、つまりこの父母から生まれた子という自然血縁関係について
は、母子の場合は分娩という事実によって容易に証明できる場合がほとん
であるが、父子関係は確認が容易でない場合も多い。そこで民法には、嫡出
の推定（♡4）の規定があるが、これも前述の（再婚禁止期間を廃止した）民
法改正で修正された。2024年4月からの新しい772条①項は、妻が婚姻中に
懐胎した子は、当該婚姻における夫の子と推定するという規定に、婚姻前に
懐胎した子であって婚姻後に生まれたものも同様とすると加え、同条②項で
は、婚姻成立の日から200日以内に生まれた子は、婚姻前に懐胎したものと
（つまり現在の夫の子と）推定し、200日経過後または離婚の日から300日以内
に生まれた子も、婚姻中に懐胎した子と（つまりその婚姻中の夫の子と）推定
する、という規定を置き、さらに同条③項で、①項の場合（婚姻中の出生）
において、懐胎から出生までに2つ以上の婚姻をしていたときは、その子は、

（♡5）直系卑属とは、子や孫など、自分
より後の世代の血族をいう。父母や祖父母
は直系尊属という。

その「出生の直近の婚姻」における夫の子（つまり再婚していればその再婚した夫の子）と推定する、としたのである。そして、その推定を覆す「嫡出の否認」については、774条に詳細な規定を置いた。大変わかりにくいが、これからは、女性は離婚後すぐに婚姻ができ、再婚後に生まれた子はまず現在の再婚した夫の子と推定される、ということである。

　また、逆に子が出生した時に母が婚姻していなかった場合に、**認知**という制度を設けている。父であるという者が自ら任意で父子関係を認めるのが任意認知であり、この場合認知した者が父と推定される（779条。条文は母の認知も規定するが、これは棄児や迷子などのように、母が懐胎・分娩の事実を立証しえない特殊な場合のための規定である）。また、子、その直系卑属（♡5）またはこれらの者の法定代理人は、認知の訴えを提起して父子関係を裁判上で形成してもらうこともできる（787条。強制認知という。なお、法定代理人については、第**7**課で学習する）。

3　養子

　血のつながりのない他人の子を、当事者の合意で法律上自分の子とする制度が**養子**である（792条以下）。養子は嫡出子の身分を取得するが、養子のもともとの父母やその親族との親族関係は断絶しないので、養子は4人の親を持つことになる。けれども、さまざまな事情から、生まれたばかりの幼児も含めて、他人の子供を自分の子として育てたい、そして実の親との親族関係は消滅させたい、というケースもある。それらを子供の福祉の観点から叶えるために、日本でも1987（昭和62）年に**特別養子縁組**の制度が定められた（817条の2以下）。これは、現在では原則として15歳未満の子について、家庭

（◇**7**）悲しいことだが、近年、児童虐待が社会問題化し、2011（平成23）年には、これを防止する観点から親権の規定が改正された。親権を制限するには親子関係を断つしかなかった旧制度を変更し、親権を最長で2年間停止できる新制度を創設した。民法には、従来から親権を親から奪う「**親権の喪失**」の制度がある（834条）。ただ、家庭裁判所への請求をためらうケースも多く、虐待防止の有効な手段として機能していなかった。改正法では、「親権の行使が困難又は不適当であることにより子の利益を害するとき」に、2年以内の範囲で**親権の停止**ができるようにした（834条の2）。親権喪失が認められる場合についても「虐待又は悪意の遺棄がある」「子の利益を著しく害する」などの条件を明確にした（改正834条）、また、虐待された本人や未成年後見人でも親権の喪失や停止を請求できるようにした。

裁判所の審判によって養子縁組を成立させるものである。特別養子の場合は、養子と実親との関係はなくなり、戸籍の記載についても、通常の養子と異なる記載方法が採用され、養子であることを容易には知りえないように工夫されている。

4　親権　✎アイテム **12**〔親権〕

⑴　親権と親権者

　成年に達しない子は、**親権**に服する（818条）。つまり、親の監護教育や財産管理に服するということである。

　親権を持つ者（**親権者**）は、未成年者の父母である（818条①項）。実親だけでなく、養親も親権を有する（同条②項）。養親が親権を有する場合には、実親は親権者でなくなるのか、それとも養親の親権が優先するにすぎないのかについては学説が分かれる。また、すべての父母が親権者になれるわけではなく、父または母自身も未成年者であるときは、父または母の親権者（または後見人）が代わって親権を行う（833条、867条①項）。なお、親権を行う者がいない場合は、未成年後見人が置かれる（838条以下）（◇**7**）。

⑵　親権の内容

　親権の内容は、第1が**身上監護**（看護と書き間違えないように）つまり監督保護と教育を行うことであり、これは親の権利であり義務である（820条）。またその第2が財産管理、すなわち子の財産を管理しその財産に関する法律行為についてその子を代表するということである（財産管理権。824条）。ここから先は、民法総則の行為能力や代理のところで一緒に学習しよう。

（♡**6**）保佐を補佐と書き間違えないように。保佐とは、保護し、助けるという意味である。

5　後見・保佐・補助　✎アイテム **13** 後見・保佐・補助

　現代の家族法の課題は、子の保護、配偶者の保護とともに、家族内の高齢者の保護にある。高齢化社会を迎えて、後見や保佐（♡**6**）の問題が新たな観点から問い直され、補助の概念も新設された。高齢者を単純に保護するのではなく、可能な範囲では自己決定をさせ、またできるだけ通常の市民生活が送れるようにという趣旨の法改正が平成11（1999）年にされた。これがいわゆる**成年後見**の問題である。後見以下については、親族法の838条以下に詳しい規定があるが、次の第**5**課で民法総則の規定と一緒に学習しよう。

▶**4**　相続法の概観

1　相続による権利・義務の承継

　人は死亡すれば権利能力を失う。つまり、所有権者でも債権者でもなくなる。そこで、個人の資産については、それらの権利が誰か新しい権利者に承継されることを考えなければならない。また、マイナス資産である債務についても、新しい債務者に承継されなければ、債権者の保護が図れない。それらのルールを定めるのが相続法（民法第**5**編相続）である。死者の権利・義務を承継することになる人を**相続人**、相続される死者のほうを**被相続人**と呼ぶ。なお、個別特定の所有権や債権・債務を契約によって移転させるのと異なり、相続はそれらを包括的に承継させる制度ということになる。

（♡7）遺言は、一般には「ゆいごん」であるが、法律家は「いごん」と読む。

この遺言について、是非とも覚えておいていただきたいのは、遺言の有効性に関して一番大事なのは「日付」であるということである。遺言は、法が死者の最終意思を尊重し、その実現を図る制度である。したがって、その真正性を確保するためにいくつかの遺言の方式が定められており、かつ、前に作った遺言の内容を後の遺言で覆すこともできる。そのため、日付が明確に書かれていないと有効にならないのである。

2 遺言相続と法定相続

相続の基本的なルールは2つある。1つが、遺言（♡7）相続である。すでに学んだ意思自治、私的自治の原則の帰結として、人は、自己の死亡後の財産のあり方についても、原則として自由に決定することができる。その方法が、単独行為（これもすでに学んだ）としての**遺言**である。そこで遺言者はたとえば全財産を誰か血縁のない人に贈与したりどこかに寄付するという内容の遺言もできるわけだが、日本では、**遺留分**（いりゅうぶん）という制度を置いて、一定の制限を加えている（遺言者の配偶者、子などは、遺産の一定割合について権利を保障される）。しかしこの遺留分の請求がなければ遺言がそのまま有効になる。

もう1つが、死者の財産を一定の親族に一定の割合で配分することを法律が定める**法定相続**である。日本民法では、遺言相続と法定相続の両者を認めている。そのいずれを原則と考えるべきかは、学説上争いがあり、意思自治の観点から遺言相続こそが原則であり、遺言による指定がない場合に補充的に法定相続となるという見解も強い。しかしわが国の実際としては、遺言書が作成されることはまだそれほど多くないので、法定相続が一見原則のように見え、法定相続通りの分配を望まない場合に遺言が作成されるという一般の認識がある。

相続法の細かいルールについては、民法総則を学ぶ前に知っておく必要は特にないと考えられるので、ここでの紹介はこの程度にしておこう。

本当にとりあえず、なのだけれど、これだけ学んで民法総則の学習に戻ることにする。手にしたアイテムがどこでどう使われ、どう生きるのかを楽しみにしていてほしい。

　もっとも、前書きで述べたように、これはゲームではない。本書では諸君の学習効果を考えていろいろやっているが、私の真意は、ここまで学んだところで、諸君が民法の全体像のイメージをつかみ、その広さと深さを少しでも実感してくれれば幸い、というところにある。

　つまり、民法という法典は、社会における人間の行動の一部のみに対する規律ではない。人間の営為すべてに関する法典なのである。崇高な愛の営みから、弱者に対する手助け、せちがらいお金の取引、醜い財産の取り合い等々のすべてにかかわり、そして人が生まれてから死ぬまでのすべての場面にかかわる法典なのである。

　だから、一番身近な法律でありながら、本当は、18歳や19歳の大学1年生にはすべてがわかるはずのない、深遠な法律でもある。しかもそれを、共通ルール（特に財産法部分の共通ルール）を抜き出したものである民法総則から学んで、たやすく理解できたらおかしいのである。それでも、初学者は何とかこの民法総則を理解しなければならないし、だからこそ、教える側は、何とか理解させなければならないということになる。

　さあ、民法総則の旅に戻ろう。そして、この時点で覚えておいてほしい。民法は、法律を山にたとえれば、登山家を志して一番最初に登り始める山であり、一番最後まで登り続ける山なのである。

第5課　意思表示と法律行為・人の法律上の能力

　今日からまた本格的に民法総則の内容になる。教室の一番前には、いつものようにＡ子さんが座って、まっすぐに教壇を見上げている。そして右の列の真ん中あたりにＢ男君がいた。ちなみに、ちょうど、Ａ子さんを見ているのか教壇を見ているのか区別がつかない角度だ。そして左の前から５列目あたりには、すっかりこの授業が気に入ったらしいＣ夫君の顔も見えた。

　講義のはじめに私はマイクを握ってこう言った。「先週も言ったけれど、大教室ではなるべく前に座りなさい。特に後ろ３列は座らないという約束をしたはずだよ。一番後ろにいる人たち、前に移りなさい。遠慮しないでずっと前のほうまでおいで。」

　最後列に座っていた数人が前の席に移動する。その中に、戸惑ったようにおずおずと腰を上げた女性がいた。今日、会社の有給休暇を取って、初めて母校の法学部の授業に来てみたＤ子さんだった。──私が学生の時はこんなことを言う先生はいなかった。なんだかこの教室は活気があるみたい。もぐりだけれど、せっかく会社を休んできたんだから、成り行きで前のほうまで移動してこの授業を聴いてみよう。

▶1　意思表示と法律行為

1　はじめに

　民法は、人間関係のルールである、ということから、まず、意思表示と法律行為の問題の学習から始めよう。第2課の復習から入る。つまり、最初に述べた、民法における意思自治の原則は、近代市民社会では、判断力のある一人前の大人は、自分たちの意思で周囲の人々との社会生活関係を作ることが望まれるというものであった。それゆえ、民法は、十分な法律行為の能力を持った者については、その意思で示したことに法的な効果を与えて責任を取らせる一方で、十分な法律行為の能力を持たない者を保護する規定を置いた。それが、この次に述べる**制限行為能力者**の問題である。本当は、規定の順番ではそちらが先なのだが、ここでは、わかりやすく大筋を理解してもらうために、順序を逆にして説明する。

　したがって、**意思表示**は、判断能力のある大人が問題なくかつ適法にすれば、その意思表示通りの法的効果が発生する。この、意思表示によって、その意思表示通りの法的な効果を発生させるものが「**法律行為**」と呼ばれるものというわけである。

2　法律行為再論

　①**法律行為とは**　　そこでもう1度、「民法第1編第5章法律行為」のところの規定を見ていただきたい。そこには、「第1節総則」として90条から

92条の3か条が置かれ、次いで「第2節意思表示」として93条（心裡留保）からの規定が続いている。民法のこの部分の規定は、はなはだ不親切であってわかりにくい。内容として不適切というわけではないが、少なくとも、教育的配慮を大きく欠いているのである。その理由を説明しよう。まず第1に、法律行為と章の名称をつけながら、その法律行為を定義する規定がない。第2に、「第1節総則」とうたいながら、その内容は、少しも総合的中心的規則になっているわけではない。第3に、（第1に挙げたことと重なるのだが）法律行為と意思表示の関係がまったくわからない。第4に、「第2節意思表示」のところも、問題のある意思表示の列挙から始まっているので、いわば原則的な（問題なく有効性を持つ）意思表示ではなく、問題のある例外的な規定の学習から始まるということになるのだが、これもわかりにくい。

　私に言わせれば、ここは、何でも最初に「総則」をもってきて整理しようとする、パンデクテン・システムの弊害が現れている部分である。

　重要なのは、われわれはどういう意思の表し方で周囲の人々との法的な社会生活関係を築くのか、ということである。法律行為というのは、その類型の括り方についてつけた名称にすぎないのである。結論から先に言えば、われわれが周囲の人々との法的な社会生活関係を築くための意思の表し方（意思表示の仕方）には、大きく言って3種類ある。その第1が、「この品物を1000円であなたに売ります」「その品物を1000円であなたから買います」という、2人（あるいはそれ以上）の意思を反対向きに合致させて築く、「**契約**」である。その第2は、遺言書の中に「私が死んだらあの家は誰々にやる」と1人で書いておいて死後にその意思を実現させるような、「**単独行為**」と呼ばれるものである。さらにもう1つは、会社の設立などのように、

$$\text{法律行為} \begin{cases} \text{契　約} \\ \text{単独行為} \\ \text{合同行為} \end{cases}$$

何人もの意思を１つの共通の目的に（同じ向きに）一致させる「**合同行為**」と呼ばれるものである。その３種を１つのカテゴリーとしてまとめたものが、「法律行為」なのである。だから、法律行為という概念を使わずに、「契約と単独行為と合同行為は」という表現をしても足りるのである。その意味で、法律行為というのは、便利ではあるが、必ずしも必要のない抽象概念ということになる（この法律行為という規定はドイツ民法の考え方にならって採用したもので、現にフランス民法典の条文中には、法律行為という概念はない）。また実際のところ、法律行為のうちの圧倒的多数は契約であるから、理解のためには、法文の中の「法律行為」という文言（もんごん）は、「契約」と読み替えて理解してもまず誤ることはない。

　②**法律行為の定義**　　それでは、民法が定義してくれなかった法律行為の定義とはどういうものになるのか。実はそれによって、法律行為と意思表示の結びつきも明らかになるのである。これは、条文に規定がないので、解釈あるいは学説の問題になる。したがって、学者によって少しずつ表現に違いがある。

　従来の多くの説が示していた定義は、たとえば、「法律行為とは、意思表示を必須の構成要素とする法律要件である」というものであった。けれども私に言わせれば、それは定義として正しくても、初学者や一般市民にはわからない定義である（法律行為という概念を採用したために手に入れた便利さはあるが、そのために余計な用語の定義をしなければならなくなり、その難解さに苦しまなければならなくなったのも事実なのである）。

　仕方がないので説明すると、こういうことである。「**法律要件**」という言葉は、「**法律効果**」という言葉と組み合わせて理解する必要がある。何かの

（♡1）だから、いくら重大決心をして口に出しても、その通りの法律効果が発生しないものは、意思表示ではないし、法律行為にはならない。先にも述べたように、仮にB男君がA子さんに「君が好きだ」と告白しても、それによって何の法律関係も発生しないのだから、その告白はここでいう意思表示ではないのである（もちろん、「君が好きだ」だけでなく、「だから結婚してくれ」と言い、「はい、結婚します」と

いうことになれば、婚姻の申込みと承諾という意思表示がされたということになり、婚姻契約という身分法上の契約つまり法律行為が成立するということになるが、新入生の諸君の場合、そんな話は仮にあるとしてもまず当分先のことだろう）。

（♠1）さらに上級者向けに。法律行為をこのように定義すると、意思の伝達であってもそれによって権利が移転したり新しい

概念や制度にあてはまるには、これとこれが揃えば、というのが「**要件**」である（教科書によって、「もし……ならば」というのが要件、と書いてあるものがあるが、これは不正確ないし誤りである。「もし……ならば」というのは、「もし君が大学を卒業できたら」というように用いる表現であって、これは法律の世界では「**条件**」という）。そして、これとこれが揃えば、という「要件」が調って、ある規定が適用された場合の結果が「**効果**」である（「効果」というのはしたがって、「ダイエットに効果がある」というような「効き目」という意味ではない）。そこで、先の定義は、法律行為というのは、意思表示を構成要素とする法律要件、つまり、その内容となっている意思表示によって、その意思表示通りの法律上の結果を発生させる法律上の要件、ということになる（♡1）（この定義を理解させて「法律行為」という概念を用いるのと、「契約と単独行為と合同行為は」という少し長い表現をして済ませるのとではいずれが優るのか、私は民法の勉強を始めた頃に大きな疑問を感じたものである）。

したがって、たとえば売買契約では、AさんがBさんに「このガムをあなたに100円で売る」と意思表示し、BさんがAさんに「このガムをあなたから100円で買う」と意思表示することによって、それらの意思表示通りの法律効果、つまりAさんのBさんに対する100円の代金請求権が発生し、BさんのAさんに対するガムの引渡請求権が発生する、ということになるのである（♠1）。

③**法律行為の有効要件**　条文には書いていないが、法律行為が有効になるためにはどういうことが必要になるか。これは、契約の有効要件を考えてみればよい。一般には、①実現可能性、②内容確定性、③適法性（社会的妥当性）などが挙げられる。その他、個別に当事者の能力や、無効・取消しの

法律関係が発生したりするものでなければ、それは意思表示とは呼べず、法律行為にはならないはずである。たとえば、債権は当事者（譲渡人・譲受人）の譲渡契約だけで権利が移転するのだが、対抗要件を得るためにはそれを債務者に通知する必要がある（467条）。その場合の「通知」は、それによって権利移転を生じさせるものではないので、意思表示ではなく「観念の通知」と呼ばれ、こういうものを「**準法律行為**」と名づけることになる。つまり、「法律行為」という箱を作ったために、そこに入らないものを別の箱に入れなければならなくなったわけである。詳細は、池田真朗「準法律行為」池田ほか『マルチラテラル民法』（有斐閣、2002年）19頁以下参照。

原因のないこと等が必要になるのは当然である。

3　任意規定

　ついでに、第1節総則として規定される残りの90条から92条の3か条を説明しておく。90条についてはすでに述べたので、実際には**91条**、**92条**の2か条である。

　①任意規定と別段の意思表示　　任意規定と強行規定の区別については、すでに説明をしてある。そこでは、任意規定については当事者の意思によってそれを使わないことにしたり、それと違うルールを作ることができると述べたが、その後半部分の根拠規定が、91条である。つまり、同条は、法律行為の当事者が法令中の公の秩序に関しない規定（任意規定）と異なった意思を表示したときは、その意思に従うと定めているのである。

　②任意規定と慣習法　　さらに92条は、法令中の公の秩序に関しない規定と異なる慣習がある場合に、法律行為の当事者がその慣習によるという意思を有するものと認めるべきときは、その慣習に従うという規定を置いている。もちろんこのことは、当事者が「慣習による」という明らかな意思表示をしたときは、上記の91条から当然ということになる。そこで、この規定の意味はもう少し広く、任意規定と、それと異なる慣習とがある場合（具体的には、民法のある任意規定と、ある地方の一般に行われる取引慣習とが異なっているような場合）には、当事者が、民法の規定に従うという明示的な意思を表示しなければ、通常は一般に行われる慣習のほうに従う意思と考えられ、その場合は慣習を優先して適用する、という程度の意味と考えられる。民法の任意規定を普遍的に想定される基準とみて、慣習を特定の社会に妥当する基準と

（◇**1**）ただ、そうすると、胎児が出生する少し前に父親が死亡した場合、父の遺産を相続する権利はまだないことになり（相続については第**4**課で学んだ）、また、その父親の死がたとえば交通事故等の不法行為（第**3**課で学んだ）による場合でも、損害賠償を請求する主体となれないことになってしまう。そこで民法は、不法行為による損害賠償（721条）、相続（886条）および遺贈（965条）については、胎児をすでに生まれたものとみなすこととしている。

みるならば、このような理解をすることにはそれなりの合理性があろう。

▶**2** 人の法律上の能力

1 権利能力と意思能力と行為能力

すでに述べたように、人は出生した時から、当然に、１人の人間として、法律上の権利義務の主体となる資格を持つことが認められる（**3条**）。これを**権利能力**と呼ぶ（◇**1**）。しかし、自由に形成された自分の意思を他人に伝達して法律的な関係を作るためには、さらに自分自身で意思決定のできる能力を持っていることが必要で、民法はそういう能力を**意思能力**と呼ぶ。たとえば精神に異常があったりして正常な判断ができない人、つまり意思能力のない人のことを民法では**意思無能力者**と呼ぶが、意思無能力者が他人と契約をしたりしても、その契約は効力を持たない。つまりそれに基づく法律関係は発生しない（**3条の2**。本条は2017年改正による新設である）。

ただ、１つひとつのケースで、その特定の人が意思能力を持っているかどうかを個別に確認しなくてはならないとしたら、大変な手間もかかるし、判定が困難な場合も出てくる。そこで民法は、もう１つ、法律行為を自分の判断でできる能力という概念を考えた。これを**行為能力**と呼ぶ。そして、行為能力を持っている人とそうでない人を一定の基準で分類して、意思能力を欠いている人や判断能力が十分でない人を**制限行為能力者**とし、それらの人を保護する目的で、制限行為能力者が法律行為をすることを一部だけしか認めないことにしたり、誰かの同意や支援がないとできないことにする規定を置

（◇2）なお、すでに第3課で学んだ**責任能力**というのは、この行為能力（契約などの法律行為をすることができる能力）とは別で、不法行為の損害賠償責任を負わせるに足りる程度の判断能力（弁識能力）を指す。

いた（**5条〜19条**。なお、以下に述べる制限行為能力者も、行為能力が制限されているだけであって、権利能力に制限が加わっているわけではない）（◇2）。

　ただ、一面ではそういう制限行為能力者と知らずに契約した人などを保護する必要もあるので、そのための規定も置かれている（20条、21条参照）。

　ここで再度断っておくが、民法典は、「**権利の主体**」として、人と、人の集まりなどである**法人**を規定している（人のことを法人との対比で「**自然人**」と呼ぶことがある。これは決して野生児などのことを指すのではない）。したがって、法人についても行為能力等が問題になる。けれども、法人というのは法が考えた技術的な概念であり、議論の中心は今日では権利主体の問題というより団体や組織についての問題になる。本書では法人の説明は一番最後に回し、もっぱら自然人たる人のことだけ先に勉強してもらうことにする。

2　制限行為能力者

　具体的に民法が制限行為能力者として定めているのは、**未成年者**（令和4〔2022〕年4月施行の民法改正後の**4条**により満18歳未満の人）（⚖）、**成年被後見人**、**被保佐人**、**被補助人**の4種である。

⚖ ルール創りの観点から——成年年齢引き下げ

　世界的にみれば、18歳を成年とするのは、現在ではごく普通の多数派のルールである。選挙権や婚姻年齢もほぼ連動する（ただし婚姻年齢については国によっていろいろ条件が付いたり違う定めのある場合もある）。ただ、それだけ若年層には自覚が必要になる。後述する未成年者取消権（未成年者が親などの法定代理人の同意なしにした契約を取り消せる権利）は、以前は

（♡2）すでに第4課で述べたように、本
人の意思や自己決定権の尊重、さらに障害
のある人も家庭や地域で通常の生活をする
ことができる社会を作ろうとするノーマラ
イゼーションの理念も考慮されている。

大学生になっても20歳未満であれば使えたが、18歳成年となったので、大
学生にはまず未成年者取消権はない。ということは、アパートの賃貸借契約
やクレジットカードの契約などが自由にできる一方で、不用意な商品の購入
契約などをしても取り消せないことになった。それゆえ高校生からの消費者
教育、金融教育が必要になる。

　この点、民法は、制定以来平成12（2000）年4月までは、行為無能力者と
いう呼び方で、未成年者、禁治産者（きんちさんしゃ）、準禁治産者の3種を
規定していた。禁治産者というのは、自分の財産の処分や管理を禁じられる
人、という意味である。準禁治産者は禁治産者に準じる程度の人、というこ
とになる。しかしこれらの用語は、いささか強い表現で適切さを欠き、また
宣告を受けたことが公示方法として戸籍に記載されるなど、制度としてそれ
らの対象となる人々の保護に欠ける点もあった。さらに、社会の高齢化に伴
い、加齢によって判断力を欠いてくる老年者の保護を図る必要も強まった。
このような見地から、高齢者や障害者の生活に対する法の配慮を改善する趣
旨で（♡2）、**成年後見制度**を創設する民法改正が行われたのである（平成11
〔1999〕年12月成立、同12〔2000〕年4月施行）。この改正によって、行為無能
力者の語は、制限能力者に改められ、さらに平成16（2004）年の民法現代語
化改正によって、制限行為能力者に改められたのである。
　改正後の制限行為能力者としては、未成年者のほかに、禁治産者は成年被
後見人に、準禁治産者は被保佐人に改められ、さらに被補助人の制度が新設
された。たとえば、精神上の障害によって物事の判断能力（法文では事理を
弁識する能力という）がない状態の人について、家庭裁判所が、本人、配偶

者その他の近親者などの申請によって、後見開始の審判をした場合、その審
判を受けた人を成年被後見人といい、成年後見人がつけられて、成年後見人
は成年被後見人のした法律行為を取り消すことができる（**7条〜9条**。取消
しの意味については次の**4**で述べる）。また、成年被後見人ほどではないが物
事の判断能力が著しく不十分な人については、保佐開始の審判によって被保
佐人とされて保佐人がつけられ、法の定める一定の行為に保佐人の同意を要
し、同意なしにした行為は取り消すことができる（**11条〜13条**）。さらに軽度
に判断能力を欠く人の場合は、審判によって被補助人として、補助人をつけ、
当事者が選択した特定の法律行為をするのに補助人の同意が必要とすること
ができる（**15条〜17条**）。（△**ここが Key Point**）

3　後見・保佐・補助（←✍アイテム**13**〔後見・保佐・補助〕）

　ここで、第**4**課で予告しておいた、親族法からの説明を加えて、先の記述
を補足・整理しておこう。

　①**後見の意義**（←✍アイテム**12**〔親権〕）　　後見とは、親権による保護を
受けることのできない未成年者と、成年被後見人（旧法の禁治産者）を保護
するために設けられている制度であり、それ自体は民法の親族編に規定があ
る。後見の職務を行う者を**後見人**という。したがって、未成年者にはまず**親
権者**が法定代理人としてつき、親権者のいない場合または親権者が管理権を
持たない場合に**未成年後見人**がつく。成年被後見人には必ず**成年後見人**がつ
く。すなわち、後見人という用語は、未成年後見人と成年後見人の総称とい
うことになる（**10条**）。後見人も法定代理人である。また、後見人を監督す
る**後見監督人**というものも置くことができる（**848条以下**）。

（◇3）これも第4課注（◇7）で述べた、児童虐待防止の法改正の一環である。複数の個人や養護施設などの法人でも選任できるようにしたのである。

②**後見の開始**　後見は、未成年者に対して親権を行う者がないとき、もしくは親権を行う者が財産管理権を有しないときに、または、成年被後見人について後見開始の審判があったときに、開始する（838条）。

③**後見人・後見監督人の選任**　未成年後見人は、親権を最後に行う者が遺言で指定することができる。また、親権を行う父母の一方が管理権を有しないときは、他の一方が未成年後見人を指定することができる（839条）。これらの指定がなかったときは、家庭裁判所が未成年被後見人またはその親族その他の利害関係人の請求によって未成年後見人を選任する（840条）。未成年後見人は、かつては、1人でなければならない（旧842条）とされていたが、2011（平成23）年の法改正によって842条を削除し、複数の個人でも法人でも選任できるようになった（◇3）。成年後見人のほうは、家庭裁判所が、後見開始の審判をするときに、職権で選任する。そして、成年後見人が選任されている場合でも、必要があると認めるときは、成年被後見人もしくはその親族その他の利害関係人もしくは成年後見人自身の請求によって、または職権で、さらに成年後見人を選任することができる（843条）。

　後見監督人については、未成年後見監督人は未成年後見人を指定できる者の指定または家庭裁判所の選任による。成年後見監督人は家庭裁判所の選任による（848条以下）。

④**後見人・後見監督人の職務**　未成年後見人は親権者とほとんど同一の職務を有するが、若干の制限がある（857条）。成年後見人の職務は、成年被後見人の生活と療養看護に関する事務と、法定代理人として成年被後見人の財産を管理すること（858条、859条）である。それらを行うにあたっては、成年被後見人の意思を尊重するべきことが平成11年法で追加された（858条）。

（♡3）民法で無効という場合は、最初から何の効果も発生しない、ということであるが、取消しのほうは、取り消されるまでは一応有効で、取り消されたときに、初めから無効だったものとみなすことになる（121条）、つまり、遡って当初から何の効果もなかったことにされる、ということになる（これを遡及効〔そきゅうこう〕がある、という）。

後見監督人の職務は、後見人の事務を監督すること、後見人が欠けた場合に、遅滞なくその選任を家庭裁判所に請求すること、等である（851条）。

　⑤**保佐の意義**　　保佐は、被保佐人（旧法の準禁治産者）を保護するための制度であり、その職務を行う者を保佐人という。注意したいことは、保佐人は、旧法では、旧法の準禁治産者が一定の行為をする際に同意を与えるだけの権限しかなかったが、現行法では被保佐人が同意を得ずにした行為に対する取消権も持ち、さらに当事者が選択した特定の行為については代理権も与えられるようになったという点である。

　⑥**補助の意義**　　現行法では、旧法で保護の対象とならなかった軽度の精神上の障害により判断能力が不十分な人々を対象とする補助の制度も新設された。この補助人にも、当事者が申立てにより選択した特定の法律行為について、審判により代理権または同意権（取消権）を付与することができる。

4　制限行為能力者の保護

(1)　制限行為能力者の行為の取消し

　制限行為能力者を保護する具体的な手段としては、制限行為能力者のした法律行為を取り消せるという規定が置かれている。**取消し**というのは、後述のように、一応有効だったものを遡って最初からなかったことにするというものである（取消しの詳しい説明は、第9課の無効と取消しのところまで待ってほしい）（♡3）。

　①**未成年者の場合**（←☞アイテム**12**〔親権〕）　　まず未成年者について、第2課での説明をより正確にしてみよう。もし、高校2年生の子供がセールスマンにすすめられて何十万円もする品物を買う契約をしてしまったときに

（♡4）ただし、単に未成年者が権利を得、
または義務を免れる法律行為については、
このかぎりでない（つまり、法定代理人の
同意を要しない〔5条①項ただし書〕）。

どうしたらいいか、という例で考えてみると、**5条**①項本文により、未成年者は、契約などの法律行為をするには、**法定代理人**（法の定める代理人。代理については第7課で学ぶ）である親（親権者。親権者がいない場合は後見人）の同意を得なければならず（♡4）、同意なしにした場合は、同条②項により、本人や親が、それを取り消してなかったことにできるということになる（**未成年者取消権**。取り消せる人すなわち取消権者については、後掲の120条が、制限行為能力者本人とその代理人、承継人もしくは同意権者であると定めている）。親権者は法定代理人であるから、本人の財産を管理する権利を持つだけでなく、本人の財産に関する法律行為（契約など）を本人を代理してすることができる。

　もっとも、親が何に使いなさいと目的を定めて処分を許した財産や、小遣いのように目的を定めなくても処分を許した財産は、未成年者が随意に、つまり自由勝手に処分できる（5条③項）。したがって、小学生がお小遣いでコンビニでお菓子を買うなどという場合には、売る側は契約の取消しを心配しなくてよい。なお、すでに学んだように、2022年4月施行の民法改正で成年年齢が18歳に引き下げられたため、18歳、19歳でした契約には、未成年者取消権がないことに注意したい。また、未成年者が営業つまり営利目的でする独立の事業をすることを許された場合には、未成年者はその許された営業に関しては、成年者と同一の能力を有すると法が認める（**6条**）。これはたとえば、高校を中退してすぐに店を持ったりした場合であり、他人に雇われて働くのは営業にあたらない。

　②他の制限行為能力者の場合（←✍アイテム13 後見、保佐、補助）

　次に、他の制限行為能力者について述べる。

（♡5）ここでは、「状況」ではなく「常況」と書く。本文に説明があるように、「通常はこういう状況にある」という意味である（ごくまれに判断力が戻る時もあるというニュアンスが含まれる）。

（◇4）この具体例を含めて、以下、被保佐人、被補助人の具体例や、各制度の区別の基準は、私が勝手に考えたものではなく、立法担当官の解説によるものである。小林昭彦ほか『一問一答　新しい成年後見制度』（商事法務、2000年）91頁等参照。

　ⓐ成年被後見人の場合　　まず、すでに述べたように、**成年被後見人**には法定の代理人として**成年後見人**がつく（**8条**）。後見の制度は、精神上の障害（認知症・知的障害・精神障害等）により判断能力（事理を弁識する能力）を欠く常況（♡5）にある人、つまり、通常は判断能力を欠く状況にある人を保護の対象とする制度である（**7条**）。成年被後見人の制度の対象者と考えられる具体例は、①通常は、日常の買い物も自分ではできず、誰かに代わってやってもらう必要がある人、②ごく日常的な事柄（家族の名前、自分の居場所等）がわからなくなっている人、③完全な植物状態にある人、などが挙げられている（◇4）。(⚖)

> ### ⚖ルール創りの観点から──成年後見制度と行動立法学
>
> 　この規定は、一見問題がないようにみえる。基準としては、それなりに明確だろう。けれども、実際の運用を考えるとどうなるか。7条は、「精神上の障害により事理を弁識する能力を欠く常況にある者については」家庭裁判所が後見開始の審判をすることができると規定している。ということは、たとえば認知症の人の場合、完全に症状が進んだ状態になってしまってからでないと、後見開始の審判は受けられない。高齢者支援の実務界では、それでは遅すぎる、という声が強い。まだ判断力のあるうちに対処したいのであって、実際にこの条文の示すルールでは成年後見制度は使いにくいし、本人の望む環境になるかどうかわからない、というのである。法律を作る際には、どういうルールを作ると人はどう行動するのかを事前に十分にシミュレーションをして、「使われる法律」を作らなければならない、というのが、私の

（◇5）後見の制度と保佐の制度の境界は、判断能力を欠く状態が通常ならば後見、一定の判断能力が残存する状態が通常ならば保佐という点にある。

提唱する「行動立法学」の主張である。

　この成年被後見人のした法律行為も、本人に事理を弁識する能力がないのであるから、当然、取り消せる（**9条**本文）。しかし、9条ただし書は、日用品の購入その他日常生活に関する行為については、この限りでないとして、取消しの対象にならないとした。これは、平成11（1999）年の民法改正で加えられた規定で、禁治産者についての旧9条は、ただ禁治産者のした行為は取り消せるとしていたのみであった。これも、成年被後見人であっても、日用品の購入等の最低限の部分は、なるべく通常の行為能力者と同様に処遇したほうがよいという発想から加えられたもので、いわゆるノーマライゼーションの考え方の現れといえる。

　ⓑ**被保佐人の場合**　　**被保佐人**には**保佐人**がつく（**12条**）。被保佐人の制度の対象者と考えられる具体例は、①日常の買い物程度は自分でできるが、重要な財産行為は、自分では適切に行うことができず、常に他人の援助を受ける必要がある（誰かに代わってやってもらう必要がある）人、②いわゆる「まだら呆け」（ある事柄はよくわかるがほかのことはまったくわからない人と、日によって普通の日と痴呆症状の出る日がある人の双方を含む）の中で、重度の人、が挙げられる（◇5）。

　被保佐人の場合は一部の行為は自分自身でできるが、財産的に重要な行為をする場合は、保佐人の同意を得る必要がある（**13条**①項）。その同意なしに、あるいは同意に代わる裁判所の許可なしにそれらの行為をした場合は、やはり取消しができる（同条④項）。保佐人には、1999（平成11）年の民法改正によって、同意権の対象となる行為について被保佐人が勝手にした場合の

（◇**6**）その他は、贈与、和解または仲裁合意をすること（5号）、相続の承認もしくは放棄または遺産の分割をすること（6号）、贈与の申込みを拒絶し、遺贈を放棄し、負担付贈与の申込みを承諾し、または負担付遺贈を承認すること（7号）、602条に定める期間を超える賃貸借をすること（9号）である。いずれも被保佐人が大きな債務を負担する可能性があるものである。なおここに、それらの行為を制限行為能力者の代理人としてすること（10号）が改正法によって加えられた（これについては、第**7**課の代理人の行為能力のところを参照）。

取消権が与えられ（**120条**①項）、さらに当事者が申立てによって選択した特定の法律行為については審判により保佐人に代理権も与えられるようになった（これは本人以外の者の申立ての場合は本人の同意が必要。876条の4①項、②項参照）。この点は、旧法では保佐人は条文上、同意権はあるが取消権、代理権を持たない存在となっていたので、いわゆる法定代理人ではないと位置づけられていた。旧法が変更された点として注意を要する。

被保佐人の行為能力について定めた13条の詳細は以下の通りである。

被保佐人となると、重要な財産上の行為は単独ではできず、保佐人の同意が必要になる。しかし、成年被後見人もなしうる「日常生活に関する行為」を被保佐人が単独でなしうるのは当然である（13条①項ただし書）。その、被保佐人が保佐人の同意を得る必要のある行為は、13条①項に列挙されている。元本を領収し、または利用すること（同条①項1号）、借財または保証をすること（同2号）、不動産その他重要な財産に関する権利の得喪を目的とする行為をすること（同3号）、訴訟行為をすること（同4号）、新築、改築、増築または大修繕をすること（同8号）などである（◇**6**）。

なお、被保佐人の利益を害するおそれがないのに、保佐人が同意を与えようとしない場合には、被保佐人は、家庭裁判所に、同意に代わる許可を求めうる（13条③項。1999年改正法による新設規定）。前述のように、被保佐人が保佐人の同意を得ないで、かつ同意に代わる許可も得ないでこれらの行為を行った場合は、その行為を取り消すことができる（同条④項）。取消権者は被保佐人自身のほか、保佐人も含まれる（前掲の120条①項）。

ⓒ被補助人の場合　補助の制度の場合も、補助開始の審判を受けた者（**被補助人**）には、**補助人**がつく（**16条**）。被補助人の制度の対象者と考えら

（◇7）保佐の制度の対象者とは、判断能力が「著しく」不十分であるかどうかによって区別される。その判断は、基本的には、前掲の13条①項所定の重要な法律行為について、自分1人では適切に行うことができず、常に他人の援助を受ける必要がある状態にあるかどうかという点に帰着すると考えられている。

れる具体例は、①重要な財産行為について、自分でできるかもしれないが、適切にできるかどうか危惧がある（本人の利益のためには、誰かに代わってやってもらったほうがよい）人、②いわゆる「まだら呆け」の中で、軽度の人、などというものである（◇7）。

　この補助人にも、当事者が申立てにより選択した特定の法律行為について、審判により代理権または同意権（取消権）を付与することができる（**17条①項、876条の9①項**）。これも自己決定の尊重の観点から、本人の申立てまたは同意を要件とする。17条②項、876条の9②項）。そして、被補助人についてはより自己決定権を重視するべきなので、同意を得なければならない「特定の法律行為」も、前掲した13条①項に列挙された行為の一部に限られる（その中から選択する。17条1項ただし書）。また、日用品の購入その他日常生活に関する行為はもちろん補助人が単独で行うことができるのであって、同意権付与の対象にできない（保佐人の場合と同様で、すでに13条①項ただし書で除外されている）。

⑵　制限行為能力者とする手続としての審判

　ここで、制限行為能力者とする具体的な手続について述べておこう。いささか細かい話になるので、さっと読み飛ばしてもらってかまわない。

[Grade up]　　ある者を成年被後見人とするためには、**後見開始の審判**が必要である（**7条**。審判の取消しについては10条）。同様に、ある者を被保佐人とするためには、保佐開始の審判が、ある者を被補助人とするためには補助開始の審判が必要となる（**11条、15条**。取消しについてはそれぞれ**14条、18条**）。審判というものは、従来は家事審判法に基づいて行われてきたが、平成23年に新しく家事

事件手続法というものが定められ、これによることになった。家庭裁判所の裁判官が、場合によっては参与員というものを立ち会わせて、その意見を聴いたりして行うものである（旧家事審判法2条、3条、家事事件手続法39条、40条等参照）。

⑶　制限行為能力者の相手方の保護

それでは、うっかり制限行為能力者と契約をしてしまった相手方は、その制限行為能力者が契約を取り消すのかどうか、わからないままにずっと待っていなければいけないのであろうか。そうだとすれば、制限行為能力者と取引した相手方は、長い間不安定な状態に置かれることになる。そのような不利な状態を避けるために、民法は、相手方から制限行為能力者側に対して、契約を**追認**（ついにん。後から有効と認めること）してくれるのかどうかを催促できる規定を置いた。

ここで追認の意義について説明しておくと、取消しができる行為というのは、取消しされるまでは一応有効なものであるが、取り消されると、先に述べた遡及効によって、最初からなかったものとなる。したがって、追認というのは、そのような不安定な行為を、後から認めることによって有効に確定させるという性質を持つ意思表示である。この点、90条にいう公序良俗違反の法律行為が無効であるということと比較すると、無効の場合には、最初から法律上の効力は発生していない。したがって、これを後から追認で有効にするということは論理的にできないことになる。したがって、最初から無効な行為については、追認するのではなく、改めて新しい意思表示をすることになる（→第9課参照）。

まず、その制限行為能力者がその後能力者となった場合（たとえば契約時

（◇**8**）この20条④項には、未成年者や成
年被後見人は出てこない。理由は、そもそ
もこれらの者は、自分から単独で十分な意
思表示ができないというだけでなく、相手
方の意思表示を正しく受け取る能力もない
（後述の98条の2参照）とされるからであ
る。その結果、未成年者や成年被後見人に
追認の催告をしても、何の効果も生じない。

に未成年者だった者が成年に達した場合）は、それから1か月以上の期間内に
その取消しをすることができる行為を追認するかどうか確答せよという**催告**
をすることができ、もしその期間内に確答がない場合はその行為を追認した
ものとみなされるのである（**20条**①項）。制限行為能力者が制限行為能力者
のままであるときは、その法定代理人、保佐人または補助人に対してその権
限内の行為について同様に催告をすることができ、同様に確答がなければ追
認したものとみなされる（同条②項）。さらに被保佐人または17条の審判を
受けた被補助人に対しては、1か月以上の期間内にその保佐人または補助人
の追認を得てほしいという催告をすることができ、もしその被保佐人または
被補助人がその期間内に追認を得た旨の通知を発しないときは、その行為を
取り消したものとみなされるのである（同条④項）（◇**8**）。この20条につい
ては、①項・②項と④項の規定の仕方が逆である点が注意を引くが、つまり
単独で回答できる立場の者に催告した場合に確答がなければ追認したものと
みなし、自分単独で回答できる立場にない者に催告した場合には確答がなけ
れば取り消したものとみなすという形になっている。自分単独で回答できる
立場にない被保佐人または被補助人に不利にならないように配慮した規定と
いえる。逆に、相手方とすれば、契約を維持したければ、単独で回答できる
立場の者に催告するほうがよいということになろう（したがって、もし相手
方が契約を維持したくない、取り消されたほうがかえって都合がよい、というの
であれば、あえて被保佐人または被補助人に催告してみるということも考えられ
る）。

　また、制限行為能力者が、能力者であると相手方に信じさせるために詐術
を用いたときは、その行為を取り消すことができないと規定されている（21

条）。これは、制限行為能力者側が積極的に相手方をだまして（自分が能力者であると誤信させて）契約等を結ばせたというのであれば、相手方に取消しによる不利益を負わせるのは不適当であるという観点から置かれた規定である。

⑷　任意後見制度

　平成11（1999）年の民法改正と合わせて、「任意後見契約に関する法律」が成立し、同じく12（2000）年4月から施行された。これは、自己決定権の尊重という観点から、自己の判断力が十分なうちに、将来判断力が不十分になった時から後見事務をしてもらう人（**任意後見人**）を決めて、その人と契約をしておくものである。これは、当事者の意思自治が働く契約であるから、どのような権限を与えるかも法定の規則にしばられることなく、任意にその契約で決めておける。これを**任意後見制度**という。この契約は、本質的には、債権各論で学ぶ委任契約の一類型ということになる（委任契約については、『スタートライン債権法』第**10**課参照）。

> 　少し話が細かくて飽きたかもしれない。ただ、知っておいてほしいのは、現代は私法の基本法である民法までが変わる時代で、それはそれだけ社会が動いているからだ、ということなのである。その社会変化としては大きく3つ挙げることができる。社会の情報化（電子化）、国際化、そして高齢化である。つまり、ここで学んだ成年後見制度の制定は、まさに社会の高齢化に対応するものなのである。20歳前後の学生諸君には、自分が老いることは想像すらできないかもしれない。けれど、人にはそういう時期は必ず来る。

民法は「みんなの法律」なのだから、そういう局面にもしっかり対応しなければならない。

　キャンパスもすっかり変わっちゃったな。私なんか、もうおばさんだよね。やっぱり来るべきところじゃないのかな。D子さんがつぶやきながら中庭を横切っていく。
　いいえ、D子さん、ちっとも違和感はありませんよ。それに、君が気にするほど、周りは注目してません。それがいいんじゃないですか。本来、大学は、誰もが自由に自分自身を探せるところ。見た目の年齢というのも、もっぱらその人の気持ちの持ち方が決めるもののようです。夢を持ってる人って、若いですよ。有給休暇が余っているんだったら、どうぞまたいらっしゃい。

第6課　意思表示総論・各論

　この前、サークルの顧問の先生に、高校を出たての若い子に何がわかるか、みたいなことを言われてショックだったんですけど、考えてみたら確かにそうかもしれないなって思いました。私、小さい時からいわゆる優等生のいい子で、大学もすんなりと目標のところに入れて。でも、世の中のこと、何も知らないし、バイトもしたことないし、男の人とちゃんと付き合ったことだってないし。それなのに、周りの人に、Ａ子ちゃん、今度は弁護士か裁判官だねって言われて、何でもかんでも勉強しなきゃって思って。でも、少しずつ自分が見えてきましたから、あせらないで、１つひとつやります。

　──やっぱりＡ子さんは見どころがある。大学に入って２、３か月、勉強一筋で来てはたと気がついた学生が、サークルだ、コンパだ、おしゃれだ、と飛び回り始めるケースが多い。逆に雰囲気になじめなくなって授業に来なくなる学生もいる。自分を見失わずに、いや自分を見つけながら、一歩一歩、というのは、実は結構難しいことなのだ。

　第6課は、出だしはまた繰り返しか、と感じるかもしれない。でも私は、大事なことは何度でも繰り返す。いつも基本を忘れないように学習しよう。さて、今回の学習のキーワードは、「意思決定の心理学」である。いささか授業が長くなるが、ここが前半の山場である。ちょっとレベルを上げた「理

▶1　意思表示総論

1　はじめに

　何度でも繰り返すが、意思自治の原則の基本は、自分の自由な意思で周囲の人との法律関係を作っていくことにある。その能力の不十分な人については、前の課で学んだように、制限行為能力者として、誰かがその意思を補充してやらねばならない。それでは、判断力の十分な成年者のした意思表示であれば、すべてがその意思表示をした人の責任として処理されるべきなのか。たとえば、だまされて意思表示した場合や、まったくの間違いでした意思表示はどうなるか。それら、何らかの問題のある意思表示について、民法はいくつかの規定を置いた。この部分は、民法総則でも１つの大きな研究分野になっている。しかし、それらの規定を学ぶ前に、そもそも人が意思を表示するというのはどういうことなのかという、意思表示のメカニズムを分析する必要がある。民法は、そのメカニズムの評価によって、問題のある意思表示に対して民法が与える保護の程度や方法を異ならせているからである。

2　意思表示の構造

　①効果意思・表示意思・表示行為　　伝統的な民法学では、意思表示は人の意思決定からその表示に至るまでの心理的プロセスによって分析される。

それは、まず何らかの「**動機**」に導かれたうえで、「**効果意思**（内心の効果意思）」「**表示意思**」「**表示行為**」の３段階を経て成立するものとされてきた。「効果意思（内心の効果意思）」は何らかの法律効果を発生させようという意思であり、「表示意思」はその内心の効果意思を外部に発表しようとする意思であり、「表示行為」は、その効果意思の外部的表明である。たとえば、ＡがＢの売りに出しているワインを「買う」と申し込む意思があってそれをＢに伝えれば、ＡとＢの間には法律上「**売買契約**」が成立し、ＡはＢに代金を払う法律的な義務つまり債務が発生し、ＢはＡにワインを引き渡す債務が発生する。この場合、「Ｂのワインを買おう」というのがＡの内心の効果意思であり、それをＢに知らせようとするのが表示意思であり、Ｂに実際に手紙を出したり口頭で伝えたりするのが表示行為である。表示行為は、言語によるものとは限らず、たとえばオークション（せり売り）の会場では、手を挙げることが「買う」という意思表示の表示行為となる。

　「動機」については、また後の錯誤のところで述べるが、上記の例では、そのワインを買おうとする意思を持つに至ったのが、たとえば「世界に10本しかない名品のワインだから」とか、「家族への誕生日のプレゼントにしたいから」という場合、それらの「……だから」の部分が動機ということになる。

　②**意思主義・表示主義**　　上に掲げた、意思表示を構成する３つの要素のうち、どれを重視するかによって、**意思主義**（内心の効果意思を重視する）と**表示主義**（表示意思と表示行為を重視する）の立場に分かれる。これも古くからの民法学上の論点である。もちろん、いずれの立場に立っても、相手方なり社会なりへの表示行為自体は必要であるが、そこに至るまでの要素の必要

性についての評価が異なる。意思主義では、内心の効果意思と表示意思の両方がなければ、意思表示は成立しないと考える。これに対して、表示主義の立場からは、そのいずれも不可欠ではなく、相手方にとって表意者（意思表示をした人）が法的な効果の発生を意欲したと取引観念上考えられるような表示があれば、意思表示は成立する。内心の意思は、相手方にはわからないのが通常であるから、それが欠ける場合にも、表示行為から推断される効果意思（**「表示上の効果意思」**とも呼ばれる）を効果意思として意思表示は成立すると考え、そのうえで、意思表示の効力を問題とする（後述の錯誤などで処理する）のが妥当と考えるのが今日の多数説であり、通常はそれで適切な結果に至ると思われる。

　[Grade up]　　　具体例を挙げよう。オークションの会場で、見物人が友人に挨拶するつもりで手を挙げた場合に、それが購入の申込みの意思表示となるか。この場合は、表示行為はあるとしても、表示意思も効果意思もない。意思主義でいけば申込みの意思表示は不存在なので売買契約も不成立になるが、表示主義で考えれば、（魚市場のように登録番号のついた帽子などから競売参加の有資格者かどうかが判断できるような場合でなく、誰でも参加できる競売というのであれば）申込みの意思表示は存在するとみて契約が成立する。いささか不都合のようだが、表示主義ではこの場合、後述の錯誤で契約を取消しとすればよいとされる。このようなケースでは、端的に契約不成立としたほうが簡明でよいとも思われるのだが、売買の申込みの手紙を書いて封筒に宛名まで書いたが投函を迷っていたところで家人が切手を貼って相手に送ってしまったというケースでは、確かに表示意思はまだなかったが、表示行為（投函した手紙の到達）が完全にあり、相手方から見た表示上の効果意思（手紙の内容）を効果意思として契約は成立す

（♠1）これは債権各論のほうで学ぶこと
だが、契約の申込者と承諾者の間で、契約
解釈によって決まる表示上の効果意思は一
致しているのだが、内心の効果意思は食い
違っている場合がありうる。「東京丸」と
いう船を売る、買う、という意思表示がさ
れた場合で、売主は「第一東京丸」のこと
を言い、買主は「第二東京丸」のことを言
っていたという場合である。これは、「**不
表見的不合致**」（表に現れない不合致）と

して契約不成立とする立場と、契約は成立
として錯誤の問題にする立場がある。今日
では後者が多数説である。

るとするのが妥当であろう。そうすると、表示意思は必ずしも必要ではないということになる。

③意思表示の解釈　　先に述べたように、内心の意思というものは、相手方にはわからないのが通常である。そうすると、結局、意思表示の内容は、表示行為から推断される効果意思（つまり「表示上の効果意思」）がその内容であると解釈されることになる。これが、意思表示の解釈の問題である。多くの場合は、内心の効果意思がそのまま表示上の効果意思として把握されるであろうが、何を言いたいのか必ずしも明瞭でない場合には、内心の効果意思と、解釈によって決まる表示上の効果意思がずれることもある（♠1）。

3　問題のある意思表示

そうすると、上記のような意思表示の構造論からは、どんなケースが、問題のある（正しい生成過程を経ていない）意思表示ということになるのだろうか。そして、民法は、生成過程上でどのような問題を持つ意思表示を、どう処遇しようとしているのか。これが、93条以下の規定を理解するキーポイントになる。

「効果意思（内心の効果意思）」「表示意思」「表示行為」の3要素のうち、「表示意思」は必ずしも必要ではないと考えられることはすでに述べた。すると、残るは「効果意思（内心の効果意思）」と「表示行為」であるが、「表示行為」は意思表示の存在が相手方に（あるいは社会に）認識されるためには絶対に必要である。したがって問題は「効果意思（内心の効果意思）」の部分になる。

そこで明治29年にできた民法は、伝統的な意思表示理論を採用し、ⓐ内心

（♡1）欠缺（けんけつ）というのはなかなか読めない字で、平成16（2004）年の民法現代語化では、条文に出てくる「欠缺」は「不存在」に改められた。

ここが **Key Point**

明治の民法起草者たちは、意思表示の形成過程から表意者保護の程度を考えた。内心の効果意思がまったくないものを一番保護すべきとして最初から無効とし、意思表示はあるのだが瑕疵がある（詐欺や強迫によってされたものである）という場合には後から取り消して無効にできるとしたのである。この考え方が変わることになった。

の効果意思がないのに表示がされてしまった場合（これには内心の効果意思が表示に対応していない場合を含む）と、ⓑ内心の効果意思があってそれに対応する表示がされているのだが、実はその内心の効果意思の形成に問題がある場合、に分けて対応することにした。そしてその対応の仕方として、前者の、内心の効果意思がない場合（これを**意思の欠缺**〔けんけつ〕という）（♡1）には**無効**、後者の、内心の効果意思はあるにはあるのだがその形成過程に問題がある場合（これを**瑕疵**〔かし〕**ある意思表示**という）には**取消し**、という2つの効果を考えたのである。無効と取消しについてはまた後に詳しく学ぶが、とりあえず、無効というのは最初からまったく効力を持たないもの、取消しというのは、いったん有効とされるが取り消されると最初に遡って効力がなくなるもの、と理解してほしい。その意味では、無効のほうが強い効果で、より表意者（意思表示をした人）の保護に厚い処理ということになるのである（⇧**ここが** Key Point）。ただし、そのⓐⓑの分類とそれに対応させた無効と取消しという評価が適切なものかどうかは、近年ではいろいろと議論があり、後述の改正法に至るのである。以下にはこれら問題のある意思表示を民法の条文順に見ていくことにしよう。

▶2　意思表示各論（問題のある意思表示）

　ここから意思表示の各論（具体的な1つひとつの問題）に入るが、民法は、すでに述べたように、正常な意思表示ではなく、問題のある意思表示だけを規定していることに注意したい。問題がある、というのは、もともと思って

もいなかったことを外部に表示してしまったとか、だまされたりおどされたりして本心にないことを外部に表示してしまったなどの場合をいう。さらに民法は、自分1人で勝手にそういう意思表示をした場合と、相手の人と通謀（つうぼう）して、つまり相談しあってした場合を分けている。

　条文に出てくる順番だと、①1人でわざと嘘の意思表示をした場合、②相手方と通謀して嘘の意思表示をした場合、③完全に間違えて、思ってもいない意思表示をした場合、④だまされたり、おどされたりして本心でない意思表示をした場合、という順番である。ただ、本当はわかりやすいのは③④①②の順番かもしれない。どうしてそうなのか、考えながら読んでみよう。

　さらに、ここで第4課で学んだ物権変動と対抗要件の話が生きてくる。「迂回生産の利益」を実感していただきたい。

1　心裡留保

　①**意義**　まず、民法は一見すると最も単純な形態から規定している。1人でわざと嘘の意思表示をした場合、つまり表意者が表示行為に対する内心の効果意思がないことを知りながらする単独の意思表示を、**心裡留保**（しんりりゅうほ）という（♡2）。教科書によっては、単純に言えば冗談や戯れ言（ざれごと）のこと、などと説明するものがあるが、冗談や戯れ言がすべてここでいう心裡留保ではない。もともとここで問題にしているのは、一定の法律効果を発生させる意思表示なのであるから、これもすでに述べたように、たとえば、「君が好きだ」というような感情表現にとどまることは、いくら本人が重大決心をして口にしたことであっても、意思表示とならず、心裡留

保かどうか論じる必要がない。問題は、「これをいくらで買う」とかいうような法律効果の発生につながる意思表示（この例では売買契約の申込みとなり、相手が承諾すれば契約関係が成立する）を、真意がないのにわざとした場合である。

　②**効力**　心裡留保となる意思表示は、原則として有効である（93条①項本文。条文には「意思表示は、表意者がその真意ではないことを知ってしたときであっても、そのためにその効力を妨げられない」とある）。これは、表示に対する効果意思がないのであるから、前述の意思表示理論からすると本来は無効となるはずであるが、表意者が真意でないことを知ってわざと表示している以上、そのような表意者を保護する必要はなく、逆に無効にすると内心の意思を知りえない相手方の信頼を害することに配慮して、むしろ原則は有効と規定したのである。

　ただ、相手方が表意者の真意でないことを知っているか、またはそれを知ることができたはずだという場合は、今度は相手方を保護する必要がないので、表意者の真意に従って、その意思表示を無効とすることにした（93条①項ただし書）。なおこの場合、相手方が表意者の真意でないことを知っていること（つまり悪意）、または知ることができたはずであること（知らないというのは過失がある）は、無効を主張する表意者が証明しなければならない。

　したがって、心裡留保は、一見すると一番簡単なパターンなのだが、規定の内容は、民法の考えた表意者保護のルールを単純に使っているわけではなく、原則と例外を行ったり来たりしたような規定ぶりになっているのである（だから条文の順番でこれが最初になっているというのは、わかりやすさという意味では適切ではないと思われる）。

（◇1）ただ、身分上の法律行為の中でも
認知（自分の子と認めて届け出る）につい
ては、事柄の特殊性（子の保護）を考え、
真実親子関係があるならば、本当に「認知
する意思」がなかったとしても、認知届を
出した以上有効と考えるべきとの学説が有
力である。

　なお改正法では、93条②項に、前項ただし書の規定による意思表示の無効
は、善意の第三者に対抗できないという規定が新設された。これは、これま
での判例が、心裡留保の場合も次の94条②項の類推適用をして善意の第三者
を保護することを認めてきたのを明文化したものである。したがって、説明
は次の虚偽表示のところの94条②項の説明に譲ることにする。

　③適用場面　　心裡留保は、意思表示に関する規定であるから、契約、単
独行為、合同行為を問わず、それらの構成要素である意思表示について適用
される。ただし、婚姻や養子縁組等、本来、当事者の真意を必要とする身分
上の法律行為については、適用がないとされる（養子縁組について最判昭和
23・12・23民集２巻14号493頁）。つまり、それらの身分上の法律行為は、真意
に基づかない場合は原則的に無効ということになる（◇1）。

2　虚偽表示

　①意義　　それでは次に、表意者が真意でない意思表示をするのは同じで
も、それを相手方と通じて（相手方の了解のもとで）した場合はどうなるか。
このような、相手方と通じて行った真意でない意思表示を虚偽表示（**通謀虚
偽表示**）という。Aが借金をしている債権者Cから自分の財産の差押えを受
けることを逃れるために、自分の財産を知り合いのBに仮装譲渡するような
場合がその典型例である。その財産を売る気はないのにBと謀ったうえでB
に売ると意思表示するのである。

　このような（通謀）虚偽表示では、本来の要件として、真意ではない意思
表示をするにつき相手方との間に通謀があることが必要である。したがって、
契約および相手方のある単独行為（たとえば特定の相手と結んでいる契約を解

ここから、ＡＢ間の問題と、そこにからむ第三者Ｃの保護の問題が、１つの条文の中で一緒に出てくる。これが、予告しておいた「規定の内容面に起因するわかりにくさ」なのである。それを頭に入れて学ぼう。

除する場合など）については虚偽表示が成立するが（契約解除について最判昭和31・12・28民集10巻12号1613頁）、相手方のない単独行為（たとえば遺言）については成立しないと解される。

②**効力**　虚偽表示も、表示に対応する内心の効果意思がないのだから、原則は無効である（94条①項）。相手方も、表示通りの法律関係が生じないことを了解しているのだから（たとえば、仮装売買では本当に所有権を移転させる気は双方ともない）、これで問題はない。しかし、それでは、事情を知らずに、意思表示の外形を信じて取引に入った第三者（たとえばＡがＢに虚偽表示で仮装譲渡したある土地を、本当にＢのものと思ってＢから買い受けたＣ）が不慮の不利益を被るおそれがある。そこで、民法は、虚偽表示の無効は、善意の第三者には対抗できないとした（同条②項）（介**ここが Key Point**）。

この②項の規定は、今日の学説では、110条（表見代理）や192条（即時取得）とともに**表見法理**（外観を信頼して取引に入った人を保護する法理）の現れとみられているが、沿革的には多少異なるものである。つまり、日本民法94条の起源とある程度考えられるフランス民法の規定は、反対証書と呼ばれるもので、ＡとＢがある内輪の取決めをし、表には別の取決めをしたように表示した場合、その内輪の取決めは、**合意の相対効**といって、ＡＢ間にしか効力がなく、その内輪の取決めを知らない（善意の）第三者には対抗できないというものであった。だから、日本民法でも94条②項の条文は「**善意の**」第三者に対抗できないとなっている。

これに対して、本来の表見法理（**外観信頼保護法理**）の場合は、後で表見代理のところで詳しく学ぶが、権利を失う真実の権利者に何らかの落ち度（帰責性）がある一方で、権利を得ることになる者には落ち度がない（外観を

信頼したことについて善意かつ無過失である）という場合に初めてその者（第三者）に権利を与える法理である。したがって、94条②項が文字通りの表見法理なら、条文も第三者に善意かつ無過失を要求することになるはずである。そうなっていないのは、この条文が、もともとが外観を信頼した第三者を保護することを第一義として考えた規定ではないからにほかならないのである（♣1）。

　この点判例は、条文の文言通り第三者に善意を要求するだけでよいとするが（大判昭和12・8・10新聞4181号9頁。私見もそれに賛成）、学説では、真実の権利者の犠牲において第三者の信頼を保護するには、第三者に善意かつ無過失が必要とする説が有力になっている（したがってこの説は、94条②項を文字通りの表見法理の現れの規定と前提してこそ正当化される）。この点は、本来、虚偽の表示は第三者に対抗できないという形で、表意者本人に不利益を与える趣旨の規定だったのが、取引社会の活発化の中で、取引に入る者の保護（取引の安全）を図る解釈が強くなってきたということと理解するのが適切であろう。

　③**保護される第三者**　　本条②項の「**第三者**」とは、虚偽表示の当事者およびその一般承継人ではなくして、意思表示の目的について利害関係を有するに至った者を指す（大判大正9・7・23民録26輯1171頁、大判昭和20・11・26民集24巻120頁）。一般承継人というのは、相続人のように、当事者の権利義務を一括して引き継ぐ人のことで、つまり第三者というのは、本人とその地位の承継人を除いて、本人の特定の財産等に利害関係を持つことになった人を指す、ということである。具体的には、売主Aと買主Bが共謀して売買契約を仮装した場合に、Bを所有者と信じてBからその不動産を購入したC

（♣2）したがって、仮装譲受人Bに融資をしている債権者というだけでは第三者にならない。Bの債権者は、Bの全財産から債権を回収する（貸金を返してもらう）立場にあるが、特定の財産等に利害関係を持っているわけではない。それが仮装譲受けの対象となった不動産を担保に取った債権者（本文のD）となると、ここでいう第三者になるのである。

（◇2）さらに、転得者は、前主（前の第三者C）の立場の承継を主張することもできるので、Cが善意であれば、転得者Eは悪意でも保護されるという判決もあるが（前出大判昭和6・10・24新聞3334号4頁）、これではBEが結託して間に善意者Cをはさんで完全な権利移転を達成することができてしまうので、疑問である。

（最判昭和28・10・1民集7巻10号1019頁）や、Bを所有者と信じてBに融資をする際にその不動産を担保にして抵当権の設定を受けた抵当権者D（大判昭和6・10・24新聞3334号4頁）がその典型例となる（抵当権については第4課で概観した）（♣2）。

第三者の「善意」の内容については先に述べたが、その善意が要求される時期は、第三者が利害関係を有するに至った時点である。先のBCの不動産売買の場合でいうと、売買契約の時点である（これも第4課で学んだように、不動産の取得は対抗要件としての登記をしないと第三者に対抗できないが、当事者間では契約の時点で権利は移転するので、その契約時を基準としてよい）。

さらに、ここでいう第三者には、第三者からの転得者も含まれる。つまり、先の例では、第三者Cからさらにその不動産を買い受けたEがそれにあたる。この場合、Cが悪意でもEが善意ならば、Eは善意の第三者として94条②項の保護を受ける（最判昭和45・7・24民集24巻7号1116頁）。外観信頼保護法理の趣旨は、第三者の外観への信頼を保護する点にあるから、権利の対抗の可否は、第三者ごとに相対的に善意か否か（信頼があるかどうか）を判断すべきであるからである（◇2）。

なお、「対抗することができない」という条文の表現は、善意の第三者に対しては虚偽表示の無効を主張できない（当事者も、その他の第三者も）ということを意味しており、当の善意の第三者のほうから、無効を主張することは許される。

④**不動産の虚偽表示による仮装譲渡と対抗要件の要否**（←✍️アイテム8 対抗要件、✍️アイテム9 登記、✍️アイテム11 即時取得）　　それでは、具体例の学習に入る。第4課で学んでおいた、物権変動と対抗要件の話をここ

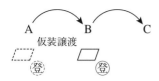

で思い出してほしい。事例は、AからBへとある物が虚偽表示で仮装譲渡され、それがBからCにさらに譲渡されたという場合である。この場合、Cは、その物が動産であるときは、善意（仮装譲渡の事実を知らない）であれば192条の即時取得でその物についての権利取得を保護される。しかし、即時取得の制度は、より本来の権利者を保護すべき不動産については存在しない（→第4課▶172頁参照）。したがって、Cの譲り受けた物が不動産であるときのCの保護が問題となる。実はこの点に、この94条②項の大きな利用価値があるのであり、それがさらに、後述する94条②項の類推適用の問題に発展していくのである。

　不動産であるから、先の具体例に、対抗要件としての登記の所在の問題も加えて検討していこう。AからBへとある不動産が虚偽表示で仮装譲渡され、それをBがさらにCに譲渡した。しかし、Cは対抗要件としての不動産の移転登記をまだ得ていない（登記はAに残っている場合と、Bにある場合がある）。この場合にCは保護されるか（買主としての地位を確保できるか）、さらに保護されるためには対抗要件としての登記を要するのか否か、という問題である。

　結論的にこの場合、Cは、AB間の虚偽表示について善意であれば（つまり、事情を知らなければ）94条②項にいう第三者に該当して保護される。そしてこのとき、Cは善意であるがゆえに94条②項で（ABは譲渡の無効をCに対抗できないから、その結果通説的にはAB間の譲渡はCとの関係では有効になされたものと扱うことになって）保護されるのであって、AとCは対抗関係（177条が適用されて登記を早く得た者が権利者となる関係）にあるわけではない。したがって、Cに対抗要件（登記）は必要とされないというべきである

（◇3）それでは、今の例で、Cが購入した後、同じ不動産をAがDに売却したという場合に、CとDの関係はどうなるか。判例と学説の多数説は、この場合、Aを起点とした、A→B→Cと、A→Dの二重譲渡になり、対抗問題になるとする（最判昭和42・10・31民集21巻8号2232頁）。したがって177条が適用され、登記の先後によって優劣が決定されることになる（これについては、考えてみれば、本来Cは登記なしにAに対抗できるわけであるが、Bから譲り受ければ速やかに登記を具備するべきであり、Dのような並び立たない権利取得を主張する第三者との関係では、対抗要件を備えうる立場にありながらそれをしなかったことで非難されても仕方がないからだ、と説明する学説もある）。

（最判昭和44・5・27民集23巻6号998頁。ただしこの判決の事案は後述の94条②項類推適用のケースである）（◇3）。したがって、このケースで、Cの購入時にはBに登記があって、その登記をその後Aが回復した（Aの名義に戻した）という場合でも、CはAに対して自己の権利を主張して登記移転を請求しうる。

⑤民法94条②項の類推適用　ここまでくると、民法の教科書には、どれも、民法94条②項の**類推適用**の話が詳しく書いてある。しかし以上の記述からわかるように、実はそれは民法総則の本来規定した内容の学習ではない。

不動産に即時取得の制度がなく、かつ不動産の登記にはわが国の民法では権利者が誰かを推定する力はあっても公信力（間違った登記を信じて取引しても権利者になれる力）がない、ということから、虚偽の登記を信頼して不動産を購入しても権利者になれないことになる。しかし事案によってはそれでも不動産を買った人を保護すべき場合があるだろう、そしてそういう場合というのは、仮装譲渡のケースでなくてもありうるだろう、と考えるわけである。

たとえば、Aが自己所有の建物を建てたのだが、Bの名前で公的機関から建築資金を借りていた関係で、とりあえずその建物を、Bの承諾を得てBの名義で登記しておいた。ところがAがそのままにしていたところ、それをいいことにBがその建物を自分のものとしてCに売ってしまったという場合を考えてみてほしい。Cは、事情を知らずに、登記はBにあることを確認して、この建物を買ったのである。

こういう場合にCは虚偽の登記を信頼しただけだから保護されない、と言い切ってしまっていいのか、もしCを保護したほうが良いと考えられるなら

（♡3）類推適用とは、本来その条文の要件をぴったり満たさず、適用範囲でないところに、その条文の趣旨を生かして用いるということなのであるが、どこまでの類推が可能なのか等、不明確な場合も多い。

ば、その場合はどんな条文で保護してやろうか、と考えたときに、（上の例では最初から違う登記をしたので、通謀した仮装譲渡の表示などはどこにもないのだが）この94条②項の類推適用が適当ではないか、ということになったのである（類推ということは、つまりこの規定が想定されていた本来の適用ではないということである）（♡3）。こういう話をすんなり理解してもらうために、本書は第4課で物権法の重点学習をしておいたのである。

Grade up　判例が拡大していった94条②項の類推適用の例は、以下のようなものである。

　ⓐ所有権を移転する意思がないのに他人名義にした場合　　未登記建物の所有者Aが、Bに所有権を移す意思がないのにその建物をBの承諾を得てB名義で登記したところ、BがCに建物を売ってしまった場合、Aは94条②項の類推適用によって、Bが所有権を取得していないということを善意のCに対抗できない（最判昭和41・3・18民集20巻3号451頁。上の本文に掲げたケースである）。

　ⓑ他人名義で登記されていることに気がついたがそのまま明示または黙示に承認した場合　　未登記建物の所有者Aが、旧家屋台帳法による家屋台帳にその建物がBの名義で登録されているのを明示または黙示に承認していた場合も同様である（最判昭和45・4・16民集24巻4号266頁）。

　ⓒ他人に勝手に移転登記されたことを知りながら承認していた場合　　既登記の建物の所有者Aが不実の移転登記によってその建物がB名義にされていることを知りながら明示または黙示に承認していた場合も同様である（最判昭和45・9・22民集24巻10号1424頁）。

　このように、判例は、通謀虚偽表示がなくても、所有者が他人名義の登記という外観について事前の了承や事後の承認を明示または黙示にしていた場

117

（♠2）これは特殊な判断であり、上級者向けの知識としておいてよいと思うが、最判平成18・2・23民集60巻2号546頁は、所有者Xがいろいろな取引を頼んでやってもらっていたAに、自分の所有する不動産を勝手にXの代理人と称してYに売却されてしまった（つまりいわばXもYも被害者）という事例で、94条②項と110条（権限を越えた表見代理の規定、第8課で学ぶ）のいずれもそのまま適用することはできないが、両方を合わせて類推適用し、事案解決を図ったという応用事例である。第7課から始まる代理を第8課まで勉強してから再度考えてみてほしい。

合に、94条②項の類推適用を認めている（そこに所有者の帰責性を見出して、類推適用をする根拠にしているといえよう）。したがって、所有者が単にその状態を放置していただけでは、類推適用はされないのが原則である（ただ、その後の判例には、所有者に虚偽の外観の作出自体について認識がなく、外観作出に自ら関与したとか承認したと認められない場合であっても、積極的関与の場合やあえて放置した場合と同視しうるほど重い帰責性があるという判断が妥当する場合には、94条②項だけでなくこの後第8課で学ぶ表見代理の規定まで合わせて類推適用するというやり方で、善意無過失の第三者に対しては対抗できないとしたものがある）（♠2）。

3 錯誤

①**意義**　これまでに見た心裡留保と虚偽表示では、表意者が真意でない意思表示をするのだが、それらの場合はいずれも、表意者が真意でないことを自覚していた。それでは、まったく本心にないことを思い違いで表示してしまった場合のように、本人が表示から推測される効果意思と表示とが食い違っていることを気付かずにした意思表示はどう処理すべきか。これが錯誤の問題である。

　実はこの錯誤の部分は、2017年改正法で非常に大きな改止を受けたところなのである。ただ、結論から先に言えば、その改正によっていくつもの難しい論点がなくなって、初学者にはずいぶんわかりやすくなったと言える。

　錯誤の典型例としては、ゼロを1つ少なく書き間違えて売値をつけてしまったような単純な書き間違いの場合（100000円のつもりで10000円と書いた）もありうるが、たとえば、1万ポンドで売るつもりで、1万ドルと書いてし

（♡4）わが国の古くからの取引慣行で、
契約書や手形などにおける金額表記として、
漢数字を使って壱萬円とか弐萬参仟円など
と表記していたのは、こういう金額の書き
間違いを防止する知恵でもあった。

まった場合（ポンドの記号£と、ドルの記号＄を勘違いして、10000£と書くべき
ところを10000＄と書いてしまった）などがよく挙げられる（♡4）。しかしそ
れ以外にも、後述するように意思表示をする動機の部分に錯誤のあった場合
（受胎している馬と思って買うと意思表示した）などが問題になる。

　この錯誤は、前述の伝統的意思表示理論からすれば、「問題のある意思表
示」の最も典型的・原則的な形であり、内心の意思が完全に欠けているのだ
から無効、ということになる。しかし、この錯誤については、伝統的意思表
示理論ですべての類型の説明がつくか、また、このような意思表示を効力の
生じないものとしたときの相手方の保護をどうするか、等について、従来か
ら多くの議論があり、2017年改正では、錯誤の効果を無効から取消しに変更
する、大きな改正がなされたのである。

　②効力　　この錯誤は、先に述べた、問題のある意思表示の分類の中では、
内心の効果意思がまったくないのに表示がされてしまった場合にあたる。つ
まり完全な意思の欠缺（けんけつ）の場合である。したがって、民法はこれ
まで、当事者の意思自治を重んじる立場から、このような場合は原則として
無効であると規定していた（改正前95条）。これは、当事者がまったく意図し
ていない法律効果は当初から発生しないという形で、表意者の保護を図った
のである。確かに、先述の意思表示の生成のプロセスからみれば、内心の効
果意思の欠缺という状態は、意思表示の形成過程の根本が欠けるのであるか
ら、当初から無効という処理はそれなりに理由がある。しかし、この結果は、
（完全にゼロになるという）大変ドラスティックなものなので、取引の相手方
（一般には錯誤した表意者の内心の意思を知りえない）の保護という観点から見
れば、非常に影響が大きい。それゆえ、そう簡単に錯誤で無効というわけに

（◇4）なお、消費者がコンピューター上で売買契約をする場合に、うっかり承諾画面をクリックしてしまったようなときは、このただし書の適用を排除して、重過失があっても錯誤の主張ができる（平成13〔2001〕年施行の電子消費者契約法3条）。この規定についても、無効を取消しとするなど、2017年の民法改正に合わせて改正された。

はいかないのである。そこで改正前95条は、意思表示は法律行為（多くは契約）の要素に錯誤があったときには無効とする、という要件を置き、さらに、ただし書で、表意者に重大な過失があったときは表意者が自らその無効を主張することはできないと規定していたのである（◇4）。しかしそうすると、この後に出てくる詐欺による意思表示の効果を（だまされたとはいえその意思表示をしようという内心の効果意思はあるのだから）取消しとしたことの比較で、学問的にはさまざまな議論が生じていた。これらの点が、錯誤の効果を無効から取消しと改めたことでどうなるのか、以下に考察しよう。

　ここでは、理解をしやすくするために、まず改正前と改正後の条文を比べてみよう。

改正前95条　意思表示は、法律行為の要素に錯誤があったときは、無効とする。ただし、表意者に重大な過失があったときは、表意者は、自らその無効を主張することができない。

改正後95条　①意思表示は、次に掲げる錯誤に基づくものであって、その錯誤が法律行為の目的及び取引上の社会通念に照らして重要なものであるときは、取り消すことができる。
　一　意思表示に対応する意思を欠く錯誤
　二　表意者が法律行為の基礎とした事情についてのその認識が真実に反する錯誤
②前項第2号の規定による意思表示の取消しは、その事情が法律行為の基礎とされていることが表示されていたときに限り、することができる。

③錯誤が表意者の重大な過失によるものであった場合には、次に掲げる場合を除き、第1項の規定による意思表示の取消しをすることができない。

　一　相手方が表意者に錯誤があることを知り、又は重大な過失によって知らなかったとき。

　二　相手方が表意者と同一の錯誤に陥っていたとき。

④第1項の規定による意思表示の取消しは、善意でかつ過失がない第三者に対抗することができない。

　改正前には短かった条文が、④項までに分かれて、一見ずいぶん複雑になったように見える。しかし、改正前の条文を読んでみると、いくつかよくわからない（解釈が分かれる）文言（もんごん）があることがわかる。つまり、①法律行為の「要素」とはどういうことか、②錯誤にはいろいろ種類がありそうだが、何の分類もされていない。単純に書き間違えたり、思い違いをした場合と、想定した事情に違いがあった場合などは同じ扱いになるのか、③無効というと、取消しと違って誰からでも言えそうだが、錯誤の無効についても誰からでも主張できていいものだろうか、などという疑問が、少し民法を勉強した人なら、かなり容易に頭に浮かぶのではないかと思われる。

　実際、錯誤についてはこれらの論点が非常に多く論じられて、民法総則の中でも有数の論点といわれるに至ったのである。実は今回の95条に関する改正は、これらの議論の多くに終始符を打とうとする意図のもとに行われたものともいえそうなのである。

　それでは、まずは問題点の把握のために、以下にこれまでの改正前の議論をそのまま収録してみよう（改正前の議論については、改正後の条文の理解に

（♡5）判例は、「要素の錯誤」とは、意思表示の内容の主要な部分であり、この点の錯誤がなかったら、表意者は意思表示をしなかったであろうこと、かつ、意思表示をしないことが一般取引の通念に照らして正当と認められることが必要としている（大判大正7・10・3民録24輯1852頁等）。

（◇5）なお、この点で、取引の安全の保護という観点から、錯誤無効となるケースを限定するという発想で、相手方の認識可能性を要件とする（相手方が表意者の錯誤の事実を知りえた場合にだけ無効主張を許す）説も一部にあった（多くは後述の、動機の錯誤まで広く認める一元説と結びついていたようである）。条文にない要件を起草趣旨とまったく異なる解釈論で持ち込もうとするのは適切ではないが、相手方が知

必要なので、以下活字を小さくして紹介する）。

　③**改正前の要件**　　意思表示を錯誤により無効とするためには、第1に、法律行為の**要素の錯誤**であったこと、すなわち、表示と内心の意思の食い違いが、そういう間違いがなければそのような意思表示はしなかったはずだという、決定的に重要な部分での食い違いであったことが必要である（♡5）。そして第2に、表意者には重大な過失がなかったこと、つまり、表意者の職業や行為の態様等に応じて、普通にしなければならないと考えられる注意を著しく欠いた、というような重大な過失はなかったということも必要なのである。この2つの要件がそろって初めて錯誤無効を主張することができることになる。ただ、これらは、もっぱら表意者の側の要件であり、それらを満たせば、相手方が表意者の錯誤に気付いていたか否かを問わず錯誤無効が主張できる（表意者が保護される）という構造になっている。したがって、表意者の保護にかなり厚い規定である（◇5）。

　④**改正前の錯誤の種類と判例・学説の態度**　　意思表示の錯誤は、意思表示の生成過程のどの段階に錯誤があるかによって、**動機の錯誤**と**表示行為の錯誤**に分かれる。つまり、意思決定までの動機の形成の段階（この馬は受胎している馬だから買おう）で誤解があったものが前者の動機の錯誤であり、この場合はしたがって、（動機によって形成された後の）内心の効果意思（この馬を買う）と表示（この馬を買う）は対応しており、齟齬はない。後者の表示行為の錯誤では、内心の効果意思と表示が食い違う。起草者以来の伝統的な学説は、この2つを区別する立場（二元説）であり、最近の有力説は、この2つを区別せずに論じるものである（一元説）。

　錯誤を「意思の欠缺（表示行為に対応する効果意思がないこと）」と定義すると、動機の錯誤は表示行為に対応する効果意思はあるので95条の錯誤から排除される

りえたケースで無効になるのなら多くは妥当な結果と評されよう。このような「適用の歯止め」は、立法論としては十分成り立ち、実際改正法で一部取り入れられている。

（◇**6**）この分類整理は、四宮和夫＝能見善久『民法総則〔第8版〕』（弘文堂、2010年）を参考にしている。

ことになる。したがって動機の錯誤は原則として要素の錯誤とはならない。しかしながら、動機が表示されて意思表示の内容となった場合は、法律行為の要素となりうる、とするのが、起草者以来の伝統的な通説と判例の立場である（したがって、すべての動機が表示されたからといって意思表示の内容となり、法律行為の要素となるわけではない）。これが二元説の帰結である。これに対して、一元説では、動機の錯誤を（「真意と表示の不一致」として）表示行為の錯誤と区別せずに95条の錯誤の対象とする。

⑤**改正前の表示行為の錯誤**　表示行為の錯誤には、ⓐ**表示上の錯誤**（言い違い、書き違いなど表示行為そのものに関する錯誤）と、ⓑ**表示行為の意味に関する錯誤**（**内容の錯誤**とも呼ばれる。ドルとポンドが同じ価値であると思い込んでいたので、1万ポンドで売りたいと言うべきところを1万ドルで売りたいと言ってしまった場合など）がある。また、次の動機の錯誤と区別が微妙なものとして、ⓒ**表示行為の客体に関する錯誤**（**同一性の錯誤**とも呼ばれる。買いたい馬を取り違えて、オグリキャップの仔のつもりで、ハイセイコーの仔を示して「この馬を買う」と言ってしまった場合など）がある。

⑥**改正前の動機の錯誤**　動機の錯誤には、大別して、ⓐ**主観的事情の錯誤**（目的物に関連しない錯誤）、ⓑ**属性の錯誤**（目的物に関連する錯誤）、ⓒ**前提状況に関する錯誤**がある（◇**6**）。

ⓐ**主観的事情の錯誤（目的物に関連しない錯誤）**　たとえば、友人の婚約が破棄されているのを知らないで結婚祝いのワイングラスを買った場合は、ワイングラスの売買契約の内容や目的物には何ら誤解や誤信はなく、ただ契約をするに至った主観的な事情の点で錯誤があったにすぎない。このような主観的事情は、もっぱら表意者（上の例では買主）の内部の出来事であって、表意者自身がその誤

解や誤信に基づくリスクを負担すべきである。言葉を変えれば、このような事情は、当該契約の内容にならない。一般的には、たとえその主観的事情が表示されていても、要素にならないというべきである（メガネをなくしたからという事情を表示して新しいメガネを買った場合に、なくしたと思ったメガネが出てきたからといって売買契約を錯誤無効にできるのは不当である）。例外的に、主観的事情であっても当事者がそれを契約の条件として表示していて、要素になると考えられる場合（たとえば、海外転勤になるのでその間だけ家を貸すという契約で、転勤が誤解であった場合）のみ、錯誤無効となりうると考えるべきである（この点は次の⑥の判例の考え方を参照）。

　⑥属性の錯誤（目的物に関連する錯誤）　意思表示の対象である人や物の属性に関する錯誤であり、これが動機の錯誤の中で最も問題となる。たとえば、駄馬を受胎している良馬と誤信する場合や、模造品を本物の宝石と誤信するような場合である（先に挙げた、同一性の錯誤も、たとえば「その馬（ハイセイコーの仔）をオグリキャップの仔と誤信したから買った」というのであれば、この動機〔属性〕の錯誤と区別がつかなくなる）。判例は、馬の売買のケースで、原則として動機は意思表示の内容にならないので錯誤無効を主張しえないが、表意者が動機に属すべき事由を明示的または黙示的に意思表示の内容とした場合には、動機の錯誤も意思表示の錯誤となるとし（大判大正6・2・24民録23輯284頁）、それが意思表示の重要部分であるといえる場合（「要素性」の判断）には、意思表示を無効とする。

　ⓒ前提状況に関する錯誤　これは、ⓐとは異なり、契約の前提状況が表意者に外部から与えられているものである。ある債務者の保証人になるときに、債務者の言葉からほかにも保証人がいると信じて債権者と保証契約を結んだところ、保証人は自分1人だったという場合などが挙げられる。この場合も、その前提状

（◇**7**）なお、前提状況や属性については、契約当事者双方ともがそれを錯誤している場合もある。これを**共通の錯誤**という。この共通錯誤の場合には、相手方に対する配慮から表意者の無効主張を制限する必要はないので、表意者に重過失があっても、錯誤無効を主張できると考えるべきとするのが多数説の見解であり、これが改正法では95条③項2号で明文化された（126頁参照）。

（♣**3**）ただ判例は、表意者本人が無効を主張してはいないが錯誤があったことは認めているというケースで、表意者の債権者が債権者代位権（423条）によって錯誤無効を主張することはできるとしていた（最判昭和45・3・26民集24巻3号151頁）。債権者代位権については『スタートライン債権法』第**16**課参照。

況に関する動機が表示されて契約内容になっていなければ錯誤の問題にならないとするのが判例・通説である（◇**7**）。

　⑦**改正前の錯誤無効の主張者**　　無効というのは、本来は誰から主張してもよいはずのものである（→無効についての詳細は、第**9**課で学ぶ）。すでに第**2**課で学んだ公序良俗違反の法律行為のように、誰が見ても無効というもの（絶対的無効などと表現することがある）は確かにそうである。しかし、錯誤の無効は、表意者を保護するための制度であるから、表意者自身が無効を主張する意思がない場合には、相手方や第三者が無効を主張することを認める必要はないというのが判例・通説である（最判昭和40・9・10民集19巻6号1512頁）（♣**3**）。

　⑧**改正法の規定**　　さて、それでは以上の知識を頭に入れたうえで、改めて改正法の95条を見てみよう。

　まず改正法①項の「その錯誤が法律行為の目的及び取引上の社会通念に照らして重要なものであるときは」というのが、おそらく改正前の「法律行為の要素に錯誤があったとき」をわかりやすく説明した（つもりの）ものであろうと想像がつくだろう。

　次に、①項1号の、「意思表示に対応する意思を欠く錯誤」というのが、改正前の議論でいう表示上の錯誤にあたり、同項2号の「表意者が法律行為の基礎とした事情についてのその認識が真実に反する錯誤」というのが改正前の議論でいう動機の錯誤にあたる、と見当がつくのではないだろうか。

　そうすれば②項の、「前項第2号の規定による意思表示の取消しは、その事情が法律行為の基礎とされていることが表示されていたときに限り、することができる」という部分は、改正前の、動機の錯誤は表示されれば要素の錯誤になりうるという判例法理を明文化したものとわかるだろう。

さらに③項の「錯誤が表意者の重大な過失によるものであった場合には、次に掲げる場合を除き、第1項の規定による意思表示の取消しをすることができない」との規定は、原則として改正前の条文のただし書を移したものであり、その例外としての1号「相手方が表意者に錯誤があることを知り、又は重大な過失によって知らなかったとき」というのは、その場合、相手方には保護されるべき信頼がないので表意者は重過失があっても信頼されるという従来の通説を採用したもの、同じく2号の「相手方が表意者と同一の錯誤に陥っていたとき」というのは、前掲◇7に掲げた、共通の錯誤の場合は表意者に重過失があっても錯誤無効を主張できるという多数説の考え方を採用したもの、ということができるのである。

　最後に④項の「第1項の規定による意思表示の取消しは、善意でかつ過失がない第三者に対抗することができない」というのは、このたび錯誤の効果を新しく無効から取消しに変えるに際して、次の96条の詐欺による取消しとまったく同一の第三者保護がされることを規定したものである。

　このように見てくると、錯誤の新しい規定の意味はかなりすんなりと理解できるのではないだろうか。長くなったのは基本的にこれまでの判例や学説を取り込んで明文化したからであり、そして無効を取消しに変えたことで、取消権者の問題も96条と同一で齟齬がなくなり（取消権者については第9課で学ぶ120条を参照）、前掲⑦のような、錯誤における無効主張者の範囲の議論も不要になるなど、議論の整理・簡明化を図ったものと考えればよいのである。（⚖）

4　詐欺・強迫による意思表示

①総説　　**詐欺**または**強迫**（民法では脅迫ではなく強迫と書くことに注意）による意思表示の場合には、たとえば「これをいくらで売る」という内心の効果意思が、詐欺または強迫によって形成されて、それが表示されるわけであるから、表示と内心の効果意思は一致している。しかし、効果意思を形成するに際して表意者に詐欺者・強迫者からの外的な作用が加えられたため、自由な意思決定が妨げられている点に特徴がある。これを民法は「**瑕疵ある意思表示**」と呼んでいる（たとえば120条②項の表現参照）。前述の錯誤のような「意思の欠缺」ではなく、内心の意思はあるのだがその形成に瑕疵、つまりキズや欠陥があったというわけである。したがって改正前の民法は、先述の伝統的意思表示理論に照らして、表示に対応する意思が欠けている錯誤のほうをよりはっきりと無効とし、表示に対応する意思は一応なりとも存在するこの詐欺・強迫の場合は、取り消しうべきものとしていたのである。これが、改正前の96条の基本的発想であるが、今回、詐欺・強迫についての**96条**は変えずに、95条の錯誤の効果も取消しとしたので、「意思の欠缺」と「瑕

疵ある意思表示」は効果において同じことになり、伝統的な意思表示理論はその範囲で崩されたことになる。

　また民法は、強迫と詐欺を比べると、強迫のほうが、表意者の自由な意思決定の妨げられる程度が詐欺の場合よりも大きいと考えて、強迫による表意者を詐欺による表意者よりも保護している。それは具体的には、第三者が関係してきた場合に詐欺による表意者の保護が制限され、強迫の場合はその保護の制限がないという形で現れている（96条③項）。

　②詐欺による意思表示の要件　　詐欺による意思表示とされるためには、ⓐ「詐欺」と評価される行為（欺罔〔ぎもう〕行為と呼ばれる）があったこと、ⓑ詐欺によって意思表示をしたという因果関係があること、が必要である。なお、詐欺をしたのが誰であったか（相手方当事者か第三者）によって、後述の効果が異なる。

　ⓐ「詐欺」と評価される行為（欺罔〔ぎもう〕行為）　　詐欺とは、他人をだましてその者を錯誤に陥れて意思表示をさせることと定義される（したがって詐欺の場合にも錯誤の要素は含まれるが、その場合の錯誤は先述の動機の錯誤である）。その場合、詐欺者には「**故意**」が必要である（過失で間違った情報を流してそれを表意者が誤信したという場合は、動機の錯誤にはなりえても詐欺にはならない）。では、積極的にだまそうという**欺罔**（ぎもう）**行為**がない沈黙の場合は詐欺にはならないか。判例には、信義則上相手方に事実を告知する義務があるとみられる場合に沈黙していることは、欺罔行為になるとしたものがある（大判昭和16・11・18法学11巻617頁）。また、この欺罔行為には社会通念に反する違法性のあることが必要とされる。この違法性は、契約当事者の地位・性質（たとえば専門家か消費者か等）や契約の状況等によって判

断せざるをえないが、いわゆるセールス・トークで商品の良さを誇張するなどというレベルでは、違法性が十分でなく、意思表示の効力を否定するのが適当といえる程の欺罔行為があったとは言えない（→後述**5**の消費者契約法参照）。

　ⓑ欺罔行為と意思表示の因果関係　　表意者は詐欺があったからこそそのような意思表示をしたのだという原因と結果の結びつきが必要である。したがって、表意者が事実を知っても意思表示の内容に影響がないという場合であれば、この因果関係は認められない。

　③**詐欺による意思表示の効果**　　詐欺による意思表示と認められると、表意者は原則としてこれを取り消すことができるが、誰の詐欺かによって、取り消せる場合に違いが出てくる。

　ⓐ相手方の詐欺の場合　　AがBの詐欺によってBに自己の不動産を売り渡す契約をした場合のように、意思表示の相手方（B）が詐欺を働いた場合は、表意者（A）は常に意思表示を取り消すことができる（96条①項）。「売る」という意思表示が取り消されると、売買契約（「売る」と「買う」という反対向きの2つの意思表示によって成立する）は、その構成要素を欠くことになるので、最初に遡って無効になる（実際には、「売買契約を取り消す」という表現も使われるが、正確には売買契約をする意思表示を取り消すのである）。

　ⓑ第三者の詐欺の場合　　Aが第三者Cの詐欺によってBに自己の不動産を売り渡す契約をした場合のように、第三者が詐欺を働いたという場合には、相手方（B）が詐欺の事実を知っていたときまたは知ることができたときに限って、Aは意思表示を取り消すことができる（96条②項）。これは、相手方であるB自身が詐欺をした場合には、Bに詐欺を働いたという非難可能性

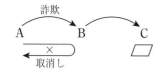

があり、それゆえAから取り消されても仕方がないのに対し、第三者Cが詐欺をした場合でBがその詐欺を知らないまたは知ることができないというのであれば、Bには何ら落ち度はないので、Aから取消しを主張されるべきではないという考え方である（これは、後述の96条③項の考え方と同一である）。

④詐欺による意思表示と善意の第三者の保護（←☞アイテム**8** 対抗要件、☞アイテム**9** 登記、☞アイテム**10** 対抗問題）　詐欺による取消しの効果は、「**善意でかつ過失がない第三者**」に対抗することができない（96条③項。2017年改正で「善意」から「善意無過失」に変わった）。ここでいう第三者は、先にみた詐欺を働く第三者ではなく、たとえばAがBの詐欺によってBに自己の不動産を売り渡す契約をした場合に、Aがその契約を取り消そうとする時に、Bがその不動産をさらにCに売ってしまっていたという場合のC（こういう者を「**転得者**」という）を指す。つまり、「詐欺の事実を知らずに、詐欺による法律行為に基づいて取得された権利について、新たに利害関係に入った者」である。本来ならば、AがBとの売買契約の意思表示を詐欺を理由に取り消すと、法律行為（ＡＢ間の売買契約）の効果も遡って無効となるから（121条）、Cは無権利者Bから買ったことになるが、この96条③項によって、Aは、ＡＢ間の売買契約の意思表示を取り消したことを善意かつ無過失の（事情を知らない）Cには主張できず（遡及的な無効という効果が制限されるわけである）、結局Cの権利取得がそのまま保護されることになるのである。

　これは、もともと起草者が、詐欺にかかった者にもうかつな点があるので、善意の（改正前は「善意」だけだった）第三者がかかわりを持った場合には不利益を被っても仕方がないと考えて立法したものである。したがって、次の

強迫による意思表示の場合には、表意者にそのようなうかつな点があるとは認めがたいので、第三者保護の規定がない。そして詐欺については、今日では、この96条③項の規定は、Bへの権利移転の外観を信頼したCが保護される、ということで表見法理の規定の1つと位置づけられているので、その意味でもCに「善意かつ無過失」を要求することになったのは筋が通っている。

Grade up　　この善意無過失の第三者については、以下の論点がある。

　ⓐ96条③項によって保護される第三者とは、どういう者をいうか　　売主AをだましてAの不動産を買ったBからさらにその不動産を転得したCや、Bにその不動産を担保に融資をしてBから抵当権の設定を受けた抵当権者Dなどがその代表例であるが、これに対して、詐欺による意思表示があった結果、反射的に利益を得た者はこの「第三者」に該当しない。たとえば、BにEとFが融資をして、Bの土地にEが1番抵当権を持ち、Fが2番抵当権（Eが1番抵当権で回収した残りがあれば回収できる）を持っていたというケースで、Bの詐欺によってEが抵当権を放棄した場合、Fはその結果1番抵当権者に繰り上がるが、Eが抵当権放棄の意思表示を詐欺を理由に取り消した場合には、Fは善意の第三者として1番抵当権者としての地位を保護されることはない。

　ⓑ96条③項によって保護されるためには、第三者はいつまでに利害関係を持つに至ることが必要か　　たとえば、AがBの詐欺によってBに自己の不動産を売り、さらにBがその不動産をCに売ったという場合に、判例は、CがAによる取消しの前にBから不動産を取得したのか（取消前の第三者）、取消後のBから取得したのか（取消後の第三者）によって区別する。そして、取消前の第三者は、この96条③項の問題として処理され（つまり詐欺による取消しに基づく契約の遡及的無効をAはCに対抗できない）、取消後の第三者については、民法177条の

（♣4）なぜこのような区別をするかといえば、96条③項は、いったん有効に取引した第三者の権利が後の取消しによって覆されるのを防止することを目的にしている規定なのだから、取り消された後に取引した第三者の保護については、別に考えるということなのである。

（♠3）これは、詐欺（そして錯誤）以外の取消し（強迫や制限行為能力の場合）では取消し前の第三者はまったく保護されないことや、詐欺の被害者の犠牲において第三者を保護するということを理由に、第三者は自らの権利保護のためになすべきことをしておくべき、という議論である（したがって、登記は対抗要件として求められているわけではない）。

問題として（つまりBからAに戻る権利移転と、BからCに売る権利移転とを、Bを売り主とする不動産の二重譲渡と同様とみて）、AとCの対抗問題と考え、AとCのいずれが早くBから対抗要件としての移転登記を受けたかで優劣が決するという（大判明治43・7・6民録16輯537頁、大判昭和17・9・30民集21巻911頁）（♣4）。

　ⓒ不動産が問題となる場合、96条③項の「第三者」に該当する者は保護されるために登記を備えることが必要か　Aの不動産を詐欺で得たBから転得したCが、96条③項で保護されるためには、Cは不動産の所有権移転登記まで得ている必要があるかという問題である。本来、対抗要件としての登記は、先の二重譲渡の対抗問題といわれるような、並び立たない権利を取得した者の間で優劣を決するために必要なもので、先の94条②項で保護される第三者の場合と同様に、この96条③項で保護される第三者（取消前の第三者）には必ずしも必要なものではない（判例もこの立場）。しかし最近では、第三者は保護を受けるための要件（権利保護資格要件）として、登記まで得ておく必要があるとする考え方も有力になっている（♠3）。

　⑤詐欺と錯誤との関係　ある事案が、同時に錯誤と詐欺の成立要件を満たすことがありうる。改正前は、詐欺の効果が取消し、錯誤の効果が無効であったので、両者が成り立つ場合は、当事者はどちらをどう主張してどういう効果を得られるのかが1つの論点となっていた（二重効の問題）。しかし改正後は両者の効果が取消しとなり、取消権者の問題も同一となり、第三者保護の規定も同一であるので、この問題はほとんど解消されたことになる。

　⑥不法行為責任との競合（←✎アイテム4 不法行為 ）　たとえば、一方の当事者の詐欺で、相手方が本来望まない内容の契約を締結させ、そのため

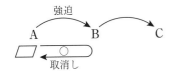

に相手方に損害を発生させた場合には、故意または過失によって相手方に違法に損害を生ぜしめたということで、不法行為による損害賠償請求（709条→第3課）が認められる場合もある。なお、詐欺と認められるまでの行為はないケースで、相手方に契約を締結すると信頼させるような言動をして何らかの準備をさせ、結局勝手な理由で契約を締結せず、相手方に損害を与えたという場合にも、不法行為は成り立ちうる。

　⑦強迫による意思表示の要件　　強迫による意思表示とされるためには、強迫行為があり、それに違法性が認められることと、強迫行為と意思表示の間に因果関係があることが必要である（他人〔相手方または第三者〕の強迫によって表意者が恐怖心を抱き、その恐怖によって意思を決定・表示した場合に因果関係があるという）。

　⑧強迫による意思表示の効果　　強迫による意思表示と認められると、表意者は取消しができ、その意思表示は当初から無効となる。詐欺の場合と異なり、強迫をしたのが相手方でも第三者でも同様に表意者は取消可能である。また表意者保護を重視しているため、詐欺のような第三者保護規定（96条③項）がないので、Bからの転得者Cの利益が害されるおそれがある。ただしCの得たものが動産であれば、192条の即時取得で保護される。また不動産である場合には、Cは94条②項の類推適用で保護される余地はある。

　⑨強迫による意思表示の課題　　強迫により意思表示を取り消せる場面はある程度限定される。そこで、強迫とまでは言えない程度の圧迫を受けた表意者をどう保護するかが特に消費者保護の関係で重要である。そこで、次に述べる消費者契約法では、この角度からの消費者保護が盛り込まれた。

5　消費者契約法の規定

①**総説**　　平成12（2000）年に成立し、翌年から施行された消費者契約法は、事業者と消費者との契約（消費者契約）について、民法の詐欺・強迫（ないし錯誤）の範囲を拡張させる形で消費者の保護を図る制度を導入した。というのは、民法上の詐欺・強迫や錯誤は、実際の消費者契約紛争においては、消費者の知識の不足に付け込んで十分な説明をしなかったというケースでは詐欺にも錯誤にもあたらないことが多いし、執拗に勧誘する行為が強迫にあたるかといえばそうではない、等と、故意による欺罔行為や強迫行為の要件が満たされなかったり、証明が困難であったりして適用できない場合があるからである。

そこで同法は、詐欺・錯誤・強迫とまでいえないものの事業者による不当な働きかけ等がある場合について、「誤認」「困惑」による意思表示の取消権を認めた。

②**概要**　　同法1条の「目的」には、消費者と事業者との情報の質・量と交渉力の格差をかんがみて、①事業者の一定の行為によって消費者が誤認し、困惑した場合について契約の申込みまたはその承諾の意思表示を取り消すことができる、②事業者の損害賠償責任を免除する条項その他の消費者の利益を不当に害することになる条項の全部または一部を無効にする、③消費者の被害の発生または拡大を防止するために、適格消費者団体が事業者等に対し差止請求をすることができる、等が挙げられている。

③**誤認と困惑による取消し**　　具体的には、まず、詐欺の拡張について言えば、事業者が勧誘の際に重要事項について事実と異なることを告げたり将

来の不確実な利益について断定的な判断を提供したり、不利益となる事実を故意に告げなかったりして、消費者に「誤認」を生じさせた場合には、消費者は意思表示の取消しができる。また強迫の拡張にあたるものとしては、事業者が勧誘の際に消費者の住居等から求められても退去しないで、または消費者が勧誘場所から退去するのを妨げて、消費者を「困惑」させ、それによって契約を結ばせた場合も、消費者は取消しができる、としたのである（以上4条）。ただし、それらの取消しは、善意でかつ過失がない第三者には対抗できない（4条⑥項）。

　この消費者の取消権の行使期間は、（民法と異なり）追認できる時から1年、契約締結の時から5年で消滅する（7条①項）。また、事業者の損害賠償責任を免除する特約は無効であることは8条に規定されている。

▶3　意思表示の効力

　①意思表示の効力発生時期　意思表示は、話している相手（対話者）との間では、話したその時に相手が了知するので問題にならないが、手紙で送った場合などは、いつ有効な意思表示がなされたことになるのか。民法は、これを、その意思表示の通知が相手方に到達した時から効力を生じるとした（97条①項。意思表示の**到達主義**）。ここでいう到達は、相手が了知できる状態になったことをいうと一般に考えられている（したがって、相手の家に郵便が配達されれば、それを開封して読んでいなくても意思表示は到達している）。なお、意思表示をした者（表意者）が通知を発信した後で死亡したり意思能力を喪失したり行為能力を制限されたりしても、意思表示の効力は妨げられないの

（◇8）ただし、これも債権各論で学ぶところだが、民法は、契約の申込みの場合については、97条③項の規定は、申込者が通知発信の後に死亡した場合等には効力がなくなる、としていた場合などには、適用されないことを規定する（526条）。

が原則である（97条③項）（◇8）。

　なお、以上に加えて、相手方が正当な理由なく意思表示の到達を妨げたときは、その通知は、通常到達すべきであった時に到達したものとみなす、という規定が改正法で追加された（97条②項）。

　②公示による意思表示　表意者が、意思表示をすべき相手方が誰かわからない場合や、わかっていても所在がつかめないという場合は、公示という方法でこれをすることができる（**98条**）。これは、「**公示送達**」という制度についての民事訴訟法の規定に従って、裁判所の掲示場に掲示したり、裁判所に設置したコンピューターの映像面を閲覧できる状態に置くこと（2022〔令和4〕年の民事訴訟法改正による追加）によってするものである。

　③意思表示の受領能力　意思表示を受ける相手方がその時に意思能力を有しなかったときまたは未成年者もしくは成年被後見人であったときは、その意思表示をもってそれらの相手方に対抗できない（それらの相手方には、意思表示の受領能力がないという言い方をする）。ただし、それらの者の法定代理人が意思表示を知った後は、あるいは意思能力を回復し、または行為能力者となった相手方が知った後は、この限りでない（つまり、対抗できる）（**98条の2**）。

　　先生、むずかしかったけど、わかりました。あの経済学部のC夫君が教壇に来た。
　　「話を聞いていると、改正前は錯誤が一番強い無効という効果で、詐欺・強迫はいったん有効になったものを取り消すという効果なんですよね。でも錯誤は自分で間違えたのでしょう、自業自得の自己責任じゃないですか。そ

れに対して詐欺や強迫、ことに強迫による意思表示というのは、無理やりさせられたんですから、一番かわいそうですよね。考えてみると、こっちのほうが強い効果でもいいくらいじゃないですか。」

　C夫君の言っていることも一理ある。だから、今回、民法典が前提としていた古典的な意思形成過程の分析を捨てて、錯誤も詐欺や強迫と同じ効果にしたのは、学ぶ学生諸君にとって一番すっきりして良かったのではないだろうか。それに、強迫には詐欺と違って第三者保護規定がない、というのは、それだけ強迫された表意者本人を強く保護しているのだから、C夫君のいう「一番かわいそう」を反映していると理解することができよう。

　いずれにしても、初学者としては、まずは法典の考えたルール創りの価値基準を理解することによって、その基準からの規定の仕方の合理性を理解し、そのうえで、学習が進めば、別の価値基準からの考慮がどう解釈論に反映できるかを考える、という手順を踏んでほしい。実はそういう考え方をとることによって、判例の持つ合理性が見えてくることもあるし、そういう理解を進めることが将来さまざまな場面で自分がルール創りをするときに役に立つだろう。

　C夫君、君は見どころがあるよ。とにかくこれからもどんどん質問に来てみてほしい。

第7課　代理(1)

　質問がしたいのか、話を聞いてほしいのか、授業が終わった時に教壇に近づいてくる学生にはその2通りがある。後者の人は、必ず全員の質問が終わるまで待っている。質問を待つ2、3人の後ろで、帰ろうか待とうか迷っている様子の女子学生に、私は、もう少しで終わるから、と声をかけた。

　「この前質問に来た人だよね。」

　「はい、でも、すみません、お詫びを申し上げなければと思って。私、履修者じゃないんです。それに、もうここの学生じゃないんです。文学部を卒業して、今、会社に勤めています。でも、今のままじゃいけないっていう気がしてて。4月に1度聴かせていただいたら、面白かったものですから。このまま、時々来てもいいですか。」

　D子さんは、堰を切ったように話した。

　私の師匠は、来る者は拒まない、おおらかな人だった。少人数のゼミに、某国立工業大学の学生が1年間出ていて仰天したこともある。「奇特な奴だよね、単位にも何もならないのに、卒論書いて置いて行ったよ」。そうおっしゃっていた師匠のおかげで、経済学部生だった私も、自由科目として法学部のゼミに2年間置いてもらい、それから法律専攻の大学院で修士、博士と指導を受けた。生涯の幸福となる師との出会いだった。

大学のルールはルールとして、教師たるもの、人の進路の開拓に少しでも役に立てればこんなうれしいことはない。ただ、気をつけなければいけないのは、中途半端に興味を持たせてしまうこと。人生を誤らせないようにしなければ、とも思う。

　ここからは、代理について学ぶ。考えてみれば、その重要性はわかるだろう。能力の十分でない人にとっては、自分にはできないことをやってもらえる。十分な能力があっても、１人でできることは限られているので人の力を借りる。こうして、個人の法的活動が広げられるわけである。

▶１　代理の意義と構造

(1)　はじめに

　「自分１人でできること」の限界を考えてみよう。たとえば、今君が東京で仕事をしているときに、同時に大阪で誰かと契約交渉をしてサインをしたい。それは不可能だろうか。それを可能にするのが、「代理」である。君の代理人は、君の名前を出して（君の代理人であることを明らかにして）大阪の相手と契約する。そうすると、君とその相手が直接に契約したのと同じ法的な効果が発生するのである。もちろん、この場合の代理人は君が自由に選んで頼むのだが、未成年者のように、自分で契約等をする十分な能力を持っていない人（すでに学んだ制限行為能力者のところを思い出してほしい）については、法が、その未成年者の親などを、代わって契約をしたりする代理人として指定するのである。そうすると、代理というのは、十分な能力を持った人

139

については、さらにその能力を拡張してくれる制度、十分な能力を持っていない人については、その能力を補充してくれる制度、ということになる（インターネット時代に入り、徐々に電子契約も盛んになってきて、電子署名と電子証明書をつけて東京の人と大阪の人が契約することもできるようになってきているが、電子契約にしても代理人を使うことがあるので、代理は今後もなくならない）。この代理を2課にわたって学ぼう。

⑵　意思自治と代理制度の意義

　意思自治の原則から考えると、人は自由な意思で周囲との法律関係を作っていけるのはいいのだが、自分1人で活動できる範囲には限界がある。また前述の制限行為能力者の場合は、その人が完全な意思を持ちえないのだから誰かがその意思を補充してやらねばならない。そこで民法は、他人に自分に代わって意思表示をしてもらい、それが自分のした意思表示として法律的な効果を発生するという制度を置くことにした。これが代理である。したがって代理は意思による自治の補充および拡張のための制度ということができる。ただし、もちろん、法の世界では具体的に行為した者がそこから生じる権利・義務を得るのが原則なのであるから、行為者と効果の帰属者を分離するのは法律上例外的なことなのであり、それを可能にするメカニズムは、後述するように理論的にはさまざまな問題を含んでいる。

⑶　代理の機能と代理に類似する制度

　代理とは、ある人のした意思表示の効果を直接他の人に帰属させる法律制度である。意思表示する人を「代理人」、効果の帰属者を「本人」、代理人と

（♡1）それゆえ、ここでは「第三者」というのは、「無関係な人」という意味ではなく、本人と代理人との関係（代理権授与行為における当事者関係。後述する「内部関係」である）からみればその外の人という意味で使われている（そこで、本人と相手方〔第三者〕との関係は、代理における「外部関係」と呼ばれる）。

（◇1）第13課で学ぶ、法人（会社のような組織体）については、その「代表」という制度があるが、これと代理の関係については第13課(7)の理事の代表権のところで説明する。

取引する人を「**相手方**」または「**第三者**」と呼ぶ（講学上は「相手方」と呼ぶのが一般であるが、民法の条文ではその「相手方」のことを「第三者」と表記している場面が多い）（♡1）。したがって、代理人のした意思表示が本人がしたもののように扱われ、たとえば代理人が相手方と意思表示を交わして結んだ契約は、本人と相手方が直接契約したのと同じ法的効果を生じるのである。

　代理とよく似た制度として、「使者」というものがあるが、これは、本人の書いた手紙を持参したり、口上をそのまま伝える者で（条文の規定はない）、すでに本人の決定した意思表示の内容を単に伝達するだけの者である（意思表示は本人がしている）。これに対して代理人は、与えられた権限の範囲で、代理人自身が意思表示の内容を決定するのである（◇1）。

(4)　任意代理と法定代理

　代理には、任意代理と法定代理がある。**法定代理**は、未成年者についての親権者のように、法が特定の立場の者に代理人の地位を与えるのだが（法定代理人）、一般に広く行われているのは、契約によって代理権を与える任意代理である。**任意代理**は、個人が自己の法律関係を自分自身では処理しきれない場合にその一部を他者に委ねるという、私的自治の拡張機能を果たす。これに対して法定代理は、未成年者などの不十分な行為能力を補充する、私的自治の補充機能を果たすことになる。両者は、代理人となれる者の資格や能力に違いが出てくる。以下にはもっぱら任意代理について述べ、必要に応じて法定代理を比較することとする。

⑤ 代理のメカニズム

　代理は、以下のようなしくみで行われる。本人をＡ、代理人をＢ、相手方をＣとすると、まず①ＡからＢへの**代理権授与行為（授権行為）**がある。たとえば、「この土地を私の代理人として5000万円で売却してほしい」というものがそれである。次に、②Ｂが、Ａの代理人として、具体的には、Ａのためにすることを示して、その与えられた権限の範囲でＣと土地の売買契約をする。そうすると、③ＡとＣの間に売買契約の効果が帰属する、というものである。

　上の②に述べたように、代理人になった人が、その与えられた権限の範囲で、本人のためにすることを明示して法律行為をすると（これを**顕名主義**〔けんめいしゅぎ〕という）、本人に対して直接に効力を生ずる、つまり本人がしたのと同じことになるのである（**99条**①項。同じく相手方〔条文では第三者〕から代理人にした意思表示も本人に対して直接に効力を生ずる。同条②項）。したがって、①の「代理権の授与」と②の「顕名」がそろって（もちろん与えられた権限の範囲内という条件で）、③の「本人への効果帰属」を生ぜしめることになる。これに対し、顕名をしないで（しかも周囲の事情からも本人が誰かわからない状態で）代理人がした意思表示は、相手方を保護するため、代理人が自分のためにしたものとみなし、代理人にその効果が帰属する（**100条**本文）。ただし、相手方が、代理人の**代理意思**（「本人のためにする」意思）を知りまたは知ることができた場合は、本人に効果が帰属する（同条ただし書）。

　また代理の効果は、すべて本人に帰属し、代理人には何ら不利益が加わることはないので、前述の制限行為能力者でも、他の人の代理人になることは

できるが、しかし制限行為能力者がした代理行為は、行為能力の制限を理由として取り消すことはできない（**102条**本文。ただし他の制限行為能力者の法定代理人としてした行為については別である。同条ただし書）。もっとも、効果がすべて本人に帰属するといっても、現実に意思表示を行うのは代理人であるから、意思表示の瑕疵や主観的事情（善意・悪意）が問題になる場合は、代理人についてそれを判断するのが原則である（**101条**①項、②項。ただし、特定の法律行為を委託した場合には、本人は、自分で知っていた事情または自分が過失で知らなかった事情について、代理人が知らなかったと主張することはできない。同条③項）。

⑹ 代理の基礎理論

以上の説明は一応理解できたとして、なお次のような疑問が残るのではないだろうか。Cを相手に法律行為をしているのは、実際Aと考えるべきかBと考えるべきなのか。またAからBへの代理権授与行為なるものは、契約なのか単独行為なのか。契約だとしたらどんな契約なのか。これらの疑問について、ひと通りの検討を加えておこう。

①**法律行為の主体の理論**　　代理において法律行為をしている者は誰か、という問いをめぐっては、3つの説がある。

ⓐ**代理人行為説**　　法律行為を行っているのは代理人であり、代理人の締結した法律行為の効果が、他人効を生じさせる意思を承認する法律の規定によって、本人に全部的に発生するという説。

ⓑ**本人行為説**　　代理人は本人の意思の担い手にすぎず、代理人が意思選択の自由を有していても、本人の意思を代理行為によって体現するものであ

る、とする説。

ⓒ共同行為説　　代理人と本人とが共同して１個の法律行為を行う、とする説。

ⓐがわが国の伝統的な通説であるが、近時はⓑ ⓒの説も有力に主張されている。こういう本質的なところで学説が分かれているとき、初学者としては、自分の学習の中に学説の争いをどう位置づけておけばよいのだろうか。

これらの説には、いろいろ長短がある。たとえば、先述のように、101条①項は、意思表示の瑕疵や善意・悪意は本人ではなく代理人について判断することを定めているが、この点は、確かに代理人行為説によれば説明がつけやすい。一方、102条によれば、代理人は制限行為能力者であってもよい。この点では、代理人行為説に立って代理人のみを法律行為の主体としつつ代理人が制限行為能力者でもよいとするよりも、本人行為説のほうが説明がたやすいように思われる。さて、諸君はどう判断したらよいのか。

私はあえてこう述べたい。代理制度のポイントは、本課の最初にも述べたように、行為者と効果の帰属者を分離するところにある。したがって、１つの意思表示の決定主体が代理人、効果帰属主体が本人、というところさえ押さえておけば、初学者の段階では十分である。実際、上記のように、「意思表示の決定主体が代理人、効果帰属主体が本人」と考えれば、101条は意思表示の瑕疵等をその決定主体について問うということで当然の規定であるし、102条は、本人が効果帰属主体なのだから、行為能力はその本人にあればよい（本人があえて制限行為能力者を代理人にしたければしてもかまわない）ということで、とりあえずは両者とも矛盾なく理解できそうに思われる。学説の議論にはこだわらずに先に進もう。

（◇**2**）委任契約、雇用契約、請負契約、組合契約については、債権各論の中の契約各論で学ぶ（→『スタートライン債権法』第**10**課参照）。

（◇**3**）この点、ボワソナードの旧民法やフランス民法では、代理は必ず委任から生じることになっていて、代理の集合と委任の集合は一致する。

（◇**4**）民法の契約各則に規定されていない、名前のない契約（→『スタートライン債権法』第**2**課参照）。

---

②**代理の内部関係と外部関係**（←✍アイテム**2**［契約］）　つぎに、代理権授与行為は契約なのか単独行為なのか、という問題は、代理の内部関係（本人Ａと代理人Ｂとの権利義務関係）と、外部関係（代理人Ｂを通しての本人Ａと相手方Ｃとの権利義務関係）について考えることで分析できると思われる。

　まず内部関係であるが、民法の起草者は、任意代理における代理権は、委任契約から発生すると考えていた（**104条**等に「委任による代理」という表現があるのはそのためである）。しかし、委任契約は、法律行為や事務の処理を委託するものであるが、代理権の授権を伴うとは限らず（委任を受けた受任者が代理権を持たずに自分の名前でその事務処理をすることも可能である）、逆に、委任以外の雇用・請負・組合等の契約で、何らかの事務処理を内容とする契約から代理権を発生させることも少なくない（◇**2**）。したがって、今日では、代理権は委任その他の事務処理を内容とする契約から発生する、といわれている（つまり、数学的な用語で説明すれば、わが民法では委任の集合と代理の集合は、すべてが重なり合うわけではない）（◇**3**）。

　ただ、そこで、代理権が事務処理契約そのものから直接発生すると考える説もあるが、多くの学説は、事務処理契約とともに、それとは独立の、代理権授与行為というものを観念し、そこから代理権が発生すると考えるわけである（したがって、権限の定めのない、代理人という肩書を与えることも可能である）。そして、その代理権授与行為につき、ⓐ本人と代理人との無名契約（◇**4**）であるという説と、ⓑ本人の単独行為であるという説とがある。ⓐが多数説である。単独行為説にもそれなりのねらいがあるのだが（代理権授与行為について代理人側の制限行為能力や意思の瑕疵を問題にしなくて済むので、代理行為の効力を広く維持するのに役立つ）、実際には、一方的な意思表示

（♣1）代理人側に行為能力の制限または
意思表示の瑕疵があった場合は契約説だと
代理権授与契約自体の効力が問題になると
いう批判もあったが、これは後述の表見代
理で処理できるという考え方が最近では有
力である。

で（代理人となる者の同意を問題にしないで）なされる場合はあまり考えられ
ないだろう（♣1）。それゆえ一応多数説でよいと思うが、これも初学者に
とっては、あまり時間をかけて悩むべきところではなかろう。それよりもポ
イントになるのは、本人と代理人の間の内部関係は、代理の章にはあまり規
定がなく（例外は後述する復代理に関するところのみ）、委任・雇用・請負・組
合等の契約の規定による部分が多いということである。

　そこで、つぎに外部関係の考察に入る。これはすなわち、代理人のしたど
ういう範囲の行為によって本人に権利義務が帰属するか、ということで、代
理権の範囲の問題になる。代理権の範囲について、法定代理の場合は、それ
ぞれの場所に規定があるが、任意代理の場合は、個々の代理権授与行為の解
釈の問題になる（具体的には、どういう意思表示をせよという代理権を与えたか、
またどういう意思表示までしていいという代理権を与えたか、ということである）。

　もちろん、原則的には、本人が代理人に与えた権限の範囲でのみ、本人に
効果が帰属し、それ以外は後述の無権代理として代理人自身が責任を負うの
であるが、例外として、相手方からみれば代理権の範囲内の法律行為と思わ
れるような代理人の行為については、相手方保護のために、一定の要件で本
人に効果を帰属させる制度がある。これが後述する表見代理である（無権代
理と表見代理については次の第8課で詳述する）。

⑺　代理権の範囲

　上に述べたように、任意代理の場合、代理人の権限の範囲は、本人が代理
権授与行為において代理人に与えた権限の範囲となるのであるが、それでは
代理権は与えたがその範囲を決めておかなかったような場合はどうなるか。

これは、たとえば特定の事務処理の委託契約を離れて、単に「代理人」という資格を付与したような場合に起こりうることである。このような場合のために民法は、当事者意思を補充する規定を置き、その場合の、権限の定めのない代理人は、保存行為と利用・改良行為しかできないとした（**103条**）。つまり、財産を処分するような行為（たとえば誰かに売却するなど）はできないのである。保存行為というのは、たとえば本人所有の家屋の修理を大工に依頼する請負契約を結ぶことなどがそれにあたる。

⑻　代理権の濫用

　ここで、代理権の濫用の問題に触れておこう。これは、客観的には定められた代理権の範囲内の行為をするが、内心は代理人や第三者の利益のためにする行為のことをいう。たとえば、代理人が自分のギャンブルに使うために、本人の代理人として相手方から借金をするような場合である（借金をする代理権は与えられていて、かつその金額内の借金をしている）。そうするとこれは代理権の範囲内の行為ではあるが本人の利益にならないわけである（そして範囲内の代理行為なのであるから、次の第**8**課で述べる表見代理で処理するのも筋違いである）。

　このような行為については、2017年の改正法で、これまでの判例法理をふまえて条文が新設された（**107条**）。判例（最判昭和42・4・20民集21巻3号697頁）・通説は、権限の濫用ではあるが、代理権の範囲内の行為であるから原則として有効としたうえで、相手方が悪意・有過失の場合（代理人の権限濫用を知っていたか知りうべきであった場合）に限って、本人は取引の無効を主張しうるとする（相手方の悪意・有過失を本人側が証明しなければならない）。

（♣2）代理人としては代理行為の効果を本人に帰属させる意思は有しているので（利益だけを享受したいので法律効果は本人帰属〔つまりお金を返すのは本人〕でないと無意味である）、厳密にいうと心裡留保（表示行為に対応する真意がない）の状態が存在するわけではない。そこで類推適用ということになるのである。

判例・通説は、これを心裡留保に関する改正前93条ただし書の類推適用という法律構成で説明してきたのだが（♣2）、改正法は、（考えてみれば本人に効果帰属させるという意思表示自体は問題がないので、改正前93条ただし書の「無効」という効果を導く必然性はないから）判例の理論構成は採用せず、「代理権を有しない者がした行為とみなす」（つまり無権代理と擬制する）と想定した。そのほうが、本人による追認（113条）や、代理人に対する責任追及（117条）など、より柔軟な解決を図れるという考え方である。

⑨ 復代理

　代理人がさらに別の代理人を立てることを復代理という。任意代理の場合、代理人は、本人の許諾を得たとき、またはやむを得ない事由のあるときに限って、復代理人（代理人の代理人）を選ぶことができる。条文（104条）は、委任による代理人としているが、先にも述べた理由で、委任以外の請負等の契約による代理人の場合も同様である。このように（104条によって）任意代理人が復代理人を選任した場合の代理人の責任については、これまで105条に規定があったのだが、改正法では、本人Pと代理人Qの契約で復代理人Rを選任させてその復代理人が問題を生じたという場合は、QのPに対する債務不履行の一般原則で処理すればよいという理由で、改正前の105条は削除されている。

　一方法定代理人のほうは、自己の責任において自由に復代理人を選任できる（105条前段。その代わり、自己の責任においてという意味は、復代理人の行為については、自己の行為の場合と同様に、全責任を負わなければならない。ただし、やむを得ない事由で選任したとき〔たとえば病気や海外出張など〕は本人に

対してその選任・監督の責任のみを負う。同条後段）。

　任意代理・法定代理いずれの場合も、復代理人はその権限内の行為について直接本人を代表し（**106条**①項）、また本人および第三者（相手方）に対してその権限の範囲内において代理人と同一の権利義務を有する（同条②項）。

⑽　自己契約・双方代理の禁止

　自分が一方の当事者である契約において、自分が相手方の代理人になること（たとえばＡＢ間の契約においてＡがＢの代理人になること）は、これまで禁じられていた。自己に有利な契約を締結して相手方の利益を害するおそれがあるからである。同様に、当事者双方の代理人になること（たとえばＡＢ間の契約において、ＣがＡとＢの代理人になること）も禁じられていた。これもＣが恣意的にＡＢのいずれかに不当に不利になる契約を結ぶおそれがあるからである（以上いずれも改正前108条本文）。しかしこれらをした場合の効果については、判例も無権代理と解するのが一般だったので、改正法では、前述の復代理の場合と同様に、「代理権を有しない者がした行為とみなす」（つまり無権代理と擬制する）ことになった（**108条**①項本文）。

　ただし、債務の履行については、すでに当事者が合意した内容を実現するだけであるから、一方に不利になるということはないので、この限りではない（108条①項ただし書）。つまり、たとえばＡＢの間で結んだ売買契約についてＡからＢへの金銭の支払いとその受領を同一人物Ｃが双方の代理人となって行うことは可能である。不動産の売買契約に基づいて登記を申請する行為や、ＡＢ間の金銭の消費貸借契約に基づいて公正証書を作成する行為なども、この範疇に含まれる。また、本人があらかじめ特定の法律行為の代理に

（◇**5**）ちなみに商法では、商行為を委任
することで生じる代理権は、本人が死亡し
ても消滅しないと規定されている（商法
506条）。商取引は本人が死亡しても継続し
て行われている必要がある場合が多いから
である。

ついて自己契約や双方代理となることを許諾している場合も、本人の利益保
護等の懸念はなくなるので、同様である。

　なお、自己契約や双方代理にこのような規制をするのは、つまりは双方の
当事者の利益が相反するからなので、改正法は、いわゆる代理人と本人の間
の利益相反行為〔りえきそうはんこうい〕一般についても、同様の明文規定
を置いた（108条②項）。

(11)　代理権の消滅事由

　法定代理・任意代理に共通の消滅事由として、代理権は、本人が死亡すれ
ば消滅する。また、代理人の死亡の場合も同様である。さらに、行為能力の
ある人が代理人となっているうちに後見開始の審判（→第**5**課）を受けた場
合や代理人が破産した場合も同様である（以上、**111条**①項）。法定代理はそ
もそも本人の保護のための制度であるから、本人が死亡すれば代理権が消滅
するのは当然である。任意代理の場合も、本人からの個人的な信任を受けて
代理権を授与されているのであるから、本人死亡の場合は代理権は消滅する
のが適当である（本人の相続人は、必要があれば改めて代理権を授与すればよ
い）（◇**5**）。代理人死亡の場合にその者に与えられていた代理権が消滅する
のは、法定代理・任意代理を問わず当然である。代埋人の行為能力の喪失や
破産も、任意代理であれば本人の信任に応えられないことを意味し、法定代
理であれば本人の財産管理者としての資質が欠けることを意味するから、こ
れも消滅事由として適当である。

　さらに任意代理の場合の消滅事由として、その代理権発生の根拠となった
事務処理契約の終了が挙げられる（111条②項。条文は「委任による代理権」と

表現するが、委任以外の事務処理委託を内容とする雇用や請負等の契約も含むこ
とはすでに述べた）。

文学部を出て人生をやり直したいと思っているD子さん。でも、社会人で
はそんなに勉強時間もとれないだろう。そういう人には、たとえば法律家に
なる道は残されていないのだろうか。

D子さんのような人がいたら、まず、時間のことより、こんな自己診断テ
ストをしてから考えてほしい。

「飽きっぽいですか。身勝手ですか。移り気ですか。」いいえ、わりと思い
立ったことは長続きさせるほうですし、周囲からはあちこちに気を使いすぎ
だと言われます。そういう返事ができる人なら、ちょっと考えてみよう。さ
らに、「1人で引きこもるほうですか、それとも世の中の動きにいろいろ関
心がありますか」という質問はどうだろう。引きこもるタイプならやめてお
こう。世の中に関心の向いている人なら、最後の質問。「貴方の物事に対す
る反応は、素直ですか、屈折していますか」。素直な人なら、チャレンジす
る資格はある。どうしてですか、と聞かれるだろう。答えは次の課の最後に
書こう。

夏休み前の最後の授業を終えてキャンパスを歩いていたら、後ろから元気
に声をかけられた。B男君だった。

「前期はずっと聴かせてもらって有難うございました。」

礼儀正しくお辞儀をした。

「夏休みはどうするんだい。」

「俺、そんなタイプに見えないかもしれませんが、自転車で北海道1周し

てきます。そろそろ人生決めなきゃいけないでしょ。走って、くたくたにな
って、空を見て、考えてきます。」
　白いポロシャツがさわやかだった。いいよなあ、若いって。

第8課　代理⑵

　夏休み明けの第1回。教室にまた元気な顔が戻ってきた。A子さんは一番前の指定席。B男君の日焼けした顔も見える。富良野のラベンダー畑で寝転んで空を見てきたのだろうか。C夫君がだいぶ気合を入れて前のほうにやってきた。学生諸君、大教室で教師は何も僕たち1人ひとりのことなんか見ていない、と思ったら大間違いです。幸い私は今でも視力がかなり良くて、一番後ろの人が履修案内を開いているのまで見える。それ以上に、見知った顔であれば、どのくらい乗っているか、やる気があるか、までわかる。ちょっと集中していないと感じた人に、当てて質問をしてみるのも効果的だ。ではそこの君、夏休み前はどこまでやったかな。代理の途中で終わったんだよね。じゃあ今日はその続きをやる。

　前回、代理は自分1人でできないところを他人の力を借りてできる便利なものと言ったけれど、それでは代理をしてくれと頼んでいないのに勝手に自分が代理人だと言って他人と契約するような人が出てきたらどうなるのか。本人はとんでもない、迷惑だと言うだろうし、相手方は、正当な代理人と信じて契約したと言うだろう。ではさらに、もしそれが過去に代理人を頼んだことのある人だった、などという場合はどうだろうか。本人のほうで、いささかでも相手方に信頼させる状況を作っていたのではないだろうか。そのあ

（♣1）制限行為能力者の行為の追認というのは、取消可能な行為を有効に確定させることであった（→第5課）。しかしここでの「追認」は理論的にはどう理解されるか。無権代理を本人が追認することによって、最初から有効な代理関係があったのと同様の効果が生じる（最初から、という点は本文後述）、というのだが、前課で述べた、代理権授与行為を単独行為とみる説は、追認を、一方的な意思表示で事後的に代理権を授与する行為と説明する。これは、（無権代理の場合、行為時にも追認の際にも無権代理人と本人の間の内部契約はないと考えられるので）授権行為を無名契約とする説よりも追認の説明がしやすい。無名契約説では、無権代理人は（無権代理行為をすることによって）先に授権契約の承諾（あるいは代理人側からの申込み）を与えていて、それに対する本人の申込み（あるいは本人の側からの承諾）が追認の形で後

たりが今回の問題である。

▶2　無権代理と表見代理

(1)　無権代理

①原則　　他人がもし代理権を与えられていないのに代理人と偽って契約などをしたらどうなるか。これは、無権代理といって、本人が後からそれを追認しないかぎりはその効力を生じない（**113条**①項）。本人を保護するためには当然である。ちなみに、追認およびその拒絶（これらの概念については制限行為能力者のところでも学んだ）（♣1）は、相手方に対してしなければその相手方に対抗できないが、相手方がその追認や追認拒絶の事実を知ったときはこの限りでない（つまり、その場合は相手方に対して直接していなくても相手方にその旨主張できる。同条②項）。

②無権代理人への責任追及　　そうすると、無権代理ということになれば、本人Aには不利益は及ばない。しかしその場合は、無権代理人Bと契約してしまった相手方Cは、その無権代理人Bに責任追及しうる道を与えられなければならないはずである（**企ルール創りの Know How**）。民法は、他人の代理人として契約をした者がその代理権を証明できず、かつ本人の追認も得られなかったときは、相手方は、その無権代理人に、履行するか損害賠償をするかを選択して請求しうるとした（**117条**①項）。選択して、というのは、相手方にとって都合のいい、また実現可能性のあるほうを選んで請求できるということである（たとえば履行の内容が、ある労務の給付であって、それは本人

に来ている、とでも擬制することになろうか。

　こういうところをしっかり考えよう。民法は常に関係する当事者の間の利益のバランスを考えてルールを創っている。

（◇1）ただしこの場合であっても、無権代理人が自己に代理権がないことを知っていたときは、相手方は無権代理人の責任を追及できる（117条②項2号ただし書）。

とされていた人でも無権代理人でも変わりなくできるというのであれば履行を請求してもいいが、もし本人の持っている特定の不動産を売る契約をしたというのであれば、無権代理人にはその履行は〔本人から譲渡を受けないかぎり〕できないので、当然金銭での損害賠償を請求することになろう）。

　ただこの規定は、ⓐ相手方がその無権代理人に代理権のないことを知っていたとき、もしくはⓑ過失で知らなかったとき（◇1）、またはⓒ代理人として契約をした者が制限行為能力者であったときは適用されない（117条②項）。この規定の意味は、ⓐは相手方が代理権のないことを知って契約したのであるから、そのような場合まで無権代理人に責任追及できるとする必要はない、ということである。ⓑは、普通に注意すればわかったはず、ということであるが、逆に言うと過失がなくて知らない場合は、相手方を代理人と信じていることに無理がないわけで、そういう場合は、後述の表見代理の規定の問題となる。ⓒは、そのような無権代理人に責任追及できないのは、制限行為能力者保護のための仕方のない結果ということになる。

　③**相手方の催告権と取消権**　　無権代理人Bと契約してしまった相手方Cには、さらに、自己の不安定な状況を解消するために取りうる手段が2つある。1つは、本人Aに対して、相当の期間を定めて、その期間内に、「無権代理人のした行為について追認をするかどうか答えてくれ」という催告をする権利が与えられている（**114条**前段）。つまり、無権代理人が勝手にした行為であっても本人として後から承認する（代理権を授与した行為とする）かどうか、を問えるというのである。無権代理人と気付かずに取引してしまうこともありうるだろうから、相手方にもこの程度の防衛手段（不安定な状態の早期解消）が与えられることは適切である。ただ、これはもちろん本人の追

（♣2）このただし書の具体例を挙げることは、民法総則を学習しているだけでは難しいが、第4課の知識を動員して理解してほしい。たとえば、Aの建物を無権代理人BがCに譲渡して登記もCに移転した後で（したがってこの段階では登記も実体にそぐわない不実の登記である）、Aがこの建物をDに賃貸し（Aは実際にはまだ所有者なのであるからこの賃貸借契約は有効）、Dが引渡しを受けた（引渡しを受けるとDは借地借家法という法律の規定によって、この賃借人としての地位をA以外の第三者にも対抗できる）という場合が考えられる。この場合に、Dへの引渡後にAが最初のBC間の譲渡契約を追認した。そうすると、116条本文によってその最初の譲渡契約の時点に遡って譲渡は有効となるのだが、116条ただし書があるので、Dの賃借人の地位は害されない、ということになる。

認を強制できるものではないから、民法も、もし本人がその期間内に確答しなければ追認を拒絶したものとみなすと規定している（114条後段）。したがって勝手に無権代理行為をされた本人としては、何も反応しなければ追認拒絶として保護されることになる。もう1つは、本人の追認がない間は、相手方は無権代理人と結んだその契約を取り消すことができるというもので（115条本文）、これも当然である。ただし、相手方がその契約の当時代理権のない人と契約しているということを知っていたという場合には、取り消せないと規定されている（同条ただし書。知っていて契約するというのは、追認されないリスクを負う意思で契約しているのであるから、それでも取り消せるというのはいわば虫がよすぎるということである）。

④**追認の遡及効**　本人の追認は、別段の意思表示のないかぎり、無権代理人と契約したその時に遡ってその効力を生じる（これを遡及効〔そきゅうこう〕があるという）（116条本文。つまり「別段の意思表示」というのは、効果を遡及させないという意思表示、という意味になる）。ただし、契約締結から追認の間に第三者が取得した権利を害することはできない（同条ただし書）（♣2）。

⑤**無権代理人の地位と本人の地位の同一人への帰属**　いささか応用問題になるが、無権代理人の地位と本人の地位が相続などで同一人に帰属する場合には、追認があったのと同様に考えてよいか。これは、「**無権代理と相続**」という問題として論じられる。これについては、以下の2つの場合で（それぞれ利益状況が異なるので）区別して考えるべきである。ⓐ無権代理人が本人の地位を相続した場合（たとえば子が親の無権代理をした後で親が死亡した場合）は、判例・学説は、無権代理人は無権代理行為であったことを主張できず、信義則上追認を拒絶することができないとする（無権代理行為は

（♠1）こういうところで、学説をさまざ
まに羅列している教科書もある。上級者は
それらを研究してくれてもよいが、まずは
判例の理論はどう理解すべきなのか、とい
う学習姿勢が重要であるということを指摘
しておきたい。

当然有効となる。最判昭和40・6・18民集19巻4号986頁等）。ⓑ本人が無権代理
人を相続する場合（たとえば親が子の無権代理をした後で死亡した場合）は、
本人の地位に基づいて追認を拒絶することは信義則に反しないと考えられる
（最判昭和37・4・20民集16巻4号955頁）。しかし、117条の要件が満たされて
いる場合は、本人は無権代理人の責任を承継するので、結局、117条の履行
義務を負担することになる（最判昭和48・7・3民集27巻7号751頁）。

　　Grade up　　それでは、第三者Cが本人Aの地位と無権代理人Bの地位の両
方を相続によって承継した場合はどうなるか。これには、第三者Cが本人Aを
相続した後でさらに無権代理人Bを相続する場合と、第三者Cが先に無権代理
人Bを相続した後で本人Aを相続するという場合が考えられる。

　判例の考え方は、上述の論理と一貫していて、まず無権代理人の地位を相続
し、その後に本人を相続したというのであれば、無権代理人が本人を相続した
場合と同様に考えて追認拒絶はできないとする（最判昭和63・3・1判時1312号92
頁）。そうすると、逆に本人を先に相続したというのであれば、追認拒絶ができ
るということになろう。この結論に対して、学説には、どちらが先だったかと
いう偶然の事情で答えが異なるのはおかしいという批判があるが、判例は、相
続はまさに偶然生じるものであってその状況をあるがままに受け入れるべき
（それに対して格別の利益調整はしないほうが公平である）と考えている、と理解す
れば、おかしなことではないという評価ができる（♠1）。

⑵　表見代理

①**序説**　　さて、ここで考えてほしい。きちんと代理権を与えた代理人が
代理行為をすれば本人に効果が帰属する。何も代理権を与えていない人間が

（♡1）表見代理を「表権代理」と書き間違えないように。答案に大変多く出てくる誤記である。

1 民法典の条文の順序は表見代理が先で無権代理が後になっているが、代理権のない者が代理人として行動すれば無権代理として本人に効力が及ばないのが原則で、その無権代理の中で一定の理由で相手方の信頼を保護する例外にあたるものが表見代理である。

2 外観信頼保護法理で権利を与えられ

代理行為をしても何も本人に効果は帰属しない。それでは、何らかの形で代理権が与えられているかのように見える人が代理行為をしたらどうなるのか。しかもただ「そう見える」というだけでなく、「そう見える」ようにしたのは本人その人である、という場合が問題となろう。なぜなら、そもそも代理というものは、それによって本人が取引活動の範囲を拡げられるものなのだから、つまり本人の利益になる制度である。その制度をいわば本人が「使いかけた」のであれば、何らかの負担を負わせてよいはずではないのか、という考え方である。そこから、ここで学ぶ「**表見代理**」（♡1）の問題が始まる。

具体的には、本人Aが相手方Cに、（真実ではないのに）Bに代理権を与えたと表示していた場合とか、実際に本人AはBに代理権を与えていたのだが、ただBはその与えられた限度を越えて代理行為をした場合であるとか、Aが過去にBに実際に代理権を与えていて、しかしその消滅したことが相手に知られていない、という場合には、相手方Cが、それらの外観から、この代理人と称する者Bには代理権が本当にあると信頼することも当然にありうるし、またそう信頼させた外観を作り出すことについてAが積極的にないし消極的に関与をしている。こういう場合には、その相手方Cの信頼を保護する必要がある。そこで民法は、それらの場合について、一定の要件で本人が責任を負わなければならない（本人に効果が帰属する）と規定した。これが、以下に述べる表見代理である（109条、110条、112条）（⇧ここが Key Point 1）。

したがって、以下の表見代理というのは、いわゆる**外観信頼保護法理**、つまり、本当の権利者でない者が本当の権利者らしい外観を保持している場合に、その外観を信頼して取引に入った者を保護するという法理の現れである。

ちなみに、外観を信頼した人が保護される、というのは、真実の権利者で

る者があれば、真実の権利者は権利を失う。したがって、権利を与えられる者の信頼には、善意無過失が要求され、権利を失う者には外観作出の帰責性が必要とされるのが基本である。

ない人と取引した人に権利を与えるということで、すなわち真実の権利者の権利は失われるということである。したがって、それにはそれ相当の状況が必要である。その権利を与えられる者がした「外観への信頼」は、どんなものでもよいわけではなく、通常、信頼するにつき、善意かつ無過失が要求される。つまり、真実の状態を知らずに外観を信頼し、その真実の状態を知らずに信頼したことに過失もない、ということが必要である。さらに言えば、真実の権利者にも、権利を失う根拠が必要なのであって、それが外観の作出に対する落ち度、つまり真実の権利者側に、そのような外観を作出させた帰責性があるということである（⬆**ここがKey Point 2**）。結局、外観信頼保護法理の原則は、真実の権利者の**帰責性**と、取引に入った者の**善意無過失**の信頼とがあいまって、初めて権利が移動するということになる（♣3）。

　②**代理権授与の表示による表見代理**　表見代理には3つの類型がある。その第1が、代理権授与の表示による表見代理である。たとえば、本人Aが第三者Cに対して、Bに代理権を与えたということを表示したという場合には、その代理権が実際には与えられていなかったとしても、Aは、BがAの代理人としてCと結んだ契約等について責任を負う、つまり自分が有効な代理に基づいて契約を結んだのと同様の結果を受け入れなければならない（109条①項）。そして、この場合、相手方Cは、そのAのした表示を善意かつ無過失で信頼したものでなければならない（同項ただし書。判例・通説が一致して認めていたことを平成16〔2004〕年改正時に明文で追加したものである）。つまり、先の①に述べたように、事情を知らずに表示を信頼したことに過失もないことが要求されるのである（この点の証明責任は本人にある。つまり、代理権授与の表示があれば相手方が代理権ありと信じるのは一応もっともなこと

であるから、本人の側で相手方に過失のあることを証明しなければ責任を免れないのである）。一方、代理権授与を表示したことに本人の外観作出の帰責性が認められるのは当然といえる。

　現実には、本人Aが第三者Cに対して「Bに代理権を与えた」と表示したが実際には与えていなかった、という文字通りのケースはそう多くは存在しないだろう。それよりも問題になるのは、むしろ109条の文言からいえばやや拡張的な事例である、名義貸しや、白紙委任状の流用である。名義貸しとは、本人Aが、他人BがAの名前で取引することを承諾ないし黙認していた場合である。**白紙委任状**というのは、代理人の氏名と代理権の内容とのどちらか一方または両方を記載しない委任状のことで、こういうものをAがBに渡していることが代理権授与表示と見られるということである（これは次の110条の問題にもなる）。

　 Grade up 　白紙委任状の場合、通常は、代理権授与表示による表見代理が認められるためには、代理権を授与されたその「他人」（109条）により代理行為がなされる必要がある。では、その白紙委任状が本人から代理権を授与されていない者によって濫用された場合はどうなるか。判例は以下のような処理をしている（どの項目が白紙なのか、によって区別して考える必要がある）。

　ⓐ代理人氏名が記載されていない（代理権の内容の記載はある）白紙委任状の場合　　本来利用が予定されていない転得者が委任状を利用したが、委任内容に関しては権限を越えていない場合、表見代理が認められた（最判昭和42・11・10民集21巻9号2417頁）。一方、本来利用が予定されていない転得者が委任事項についても越権行為をした場合は、表見代理が認められなかった（最判昭和39・5・23民集18巻4号621頁）。

（♡2）踰越とは、乗り越える、踏み越えるという意味である。したがって足ヘンを書く。こちらのほうが、範囲外まで踏み出す感じが出ている。ただしこれは講学上の用語で、条文に使われているわけではない。

（◇2）これに対して、学説では、事実行為の委託といっても確かに子守を頼むという程度のものならば基本代理権にならないかもしれないが、印鑑の保管というような

取引通念上重要性を持つ事実行為についてのものであれば基本代理権と考えてよいという主張もある。

（♣4）親族法で学ぶ761条は、**日常家事債務**に関する夫婦相互の代理権を規定している。そこで、この日常家事に関する債務についての代理権を基本代理権として、これを基礎に110条を適用ないし類推適用することができるか。判例には、妻Aの不動

ⓑ代理人氏名と代理権内容の両方を記載していない白紙委任状の場合　本来利用が予定されていない転得者が委任状を利用してしかも越権行為をした場合も、表見代理が認められた（最判昭和45・7・28民集24巻7号1203頁）。なおこれは、109条①項と次の110条の両方を重畳適用する事例であり、このようなケースが2017年の改正で109条②項として明文化されることになった（→**(4)**参照）。

③**権限外の行為の表見代理**　表見代理の第2類型が、権限外の行為による表見代理である。古くはこれを代理権踰越（ゆえつ）による表見代理と呼んだ（♡2）。これは、何らかの代理権を実際に与えられている代理人が、その権限外の行為をした場合において、第三者がその権限があると信じるべき正当の理由を持っていたときは、前条つまり109条の規定を準用するというものである（**110条**）。たとえば、ある不動産を賃貸する権限だけを与えられていた代理人Bが、その不動産を売却してしまったという場合に、買主たる相手方Cが、その代理人Bが売買契約を結ぶ権限までを有していると信じる正当な理由があれば、買主Cは保護される（本人Aと買主Cの間の売買契約が成立する）というものである。

したがって、この110条の表見代理が成立する要件としては、何らかの基礎となる代理権（**基本代理権**）が存在することが必要である（基本代理権を与えたという本人の関与が帰責性の根拠となる）。この基本代理権は、判例では、単なる事実行為についての委託（たとえば印鑑の保管）では足りず、何らかの法律行為についての代理権が必要と考えられている（最判昭和34・7・24民集13巻8号1176頁）（◇2）（♣4）。また、もう1つの要件としてここでいう「**正当の理由**」の中には、Cが善意無過失であることは当然含まれる（この善意無過失の立証責任は、109条の場合と異なり、相手方にあると考えられる。

産を夫Bが自己の経営する会社の債務の担保として（妻Aの代理人として）債権者Cに譲渡した事案において、110条の趣旨の類推適用の可能性は認めたが、結果的に相手方にその行為が夫婦の日常家事債務の範囲内であると信じるについて正当の理由がないとしたものがある（最判昭和44・12・18民集23巻12号2476頁）。なお、そもそもその条文の本来の適用ができないものを「類推適用」するのであるから、この判決の、110条の「趣旨を類推適用して」という表現は、より微妙なニュアンスを表しているといえよう。

つまり、相手方のほうで「正当の理由」を基礎づける事実〔実印や委任状の存在等〕を主張・証明しなければならない。一般に、実印と印鑑証明書があれば「正当の理由」は認められやすい。最判昭和35・10・18民集14巻12号2764頁）。

　④**代理権消滅後の表見代理**　　表見代理の第3類型は、代理権消滅後の表見代理である。いったん与えられていた代理権が消滅してしまった後に、その元代理人が、現在も代理人であるかのように振る舞って行為したという場合に、代理権が消滅したということは善意の（つまりその消滅を知らない）第三者に対抗できない（**112条**①項。ただし、同項ただし書でその第三者が過失でその事実を知らなかったときはこの限りではない、とあるので、結局「善意無過失」の第三者に対抗できないことになる）。

　ちなみに代理権はどういう場合に消滅するかを復習すれば、まず、本人が死亡した場合、代理人が死亡もしくは破産した場合、または代理人が後見開始の審判を受けた場合である（以上111条①項）。このほか、委任その他の契約によって与えられた代理権は、それらの契約の終了によって消滅する（111条②項。条文は「委任」だけを挙げるが、すでに述べたようにその他の請負等の契約を根拠に発生した代理権についても同様である）。したがって、Aが実際にBに代理権を授与したがその代理権が消滅した後にBがA代理人Bと表示してCと契約した場合、このような消滅事由を知らずに善意無過失で取引した第三者Cは保護されるわけである。この場合も、Cには、消滅事由を知らないこと（善意）に無過失まで要求されるのは、すでに述べたことから当然と理解されるだろう（ただしこの点の証明責任は、本人Aにある。つまり、代理権が消滅してもその外観が残っている以上、相手方Cが代理権の存在を信頼するのは当然だから、Cには自分の善意無過失を証明する責任はなく、本人Aのほ

（◇**3**）そこで2017年改正では117条②項2号ただし書で、相手方に過失があっても無権代理人のほうが自分に代理権がないと知っていたときは相手方は責任追及ができるとしたわけである。ただし、少し細かいことを言えば、表見代理のほうは代理権ありと信じることについての善意無過失であり、117条②項2号は代理権のないことについての悪意・有過失である。前者の証明責任を負うのは（特に109条、112条においては）本人であり、本人が相手方の悪意または過失を証明することで責任を免れる。後者の証明責任を負うのは無権代理人である（無権代理人が相手方の悪意・有過失を証明できなければ責任を負う）。したがって必ずしも単純に「過失があると相手方は両方の手段とも取れなくなる」というわけではない。

うで相手方の悪意または過失を証明できれば表見代理の責任を免れるということになる）。

③ 無権代理人の責任と表見代理の関係

　無権代理人と取引した相手方は、本人に対して表見代理を主張することと、無権代理人に対して責任追及することの2つの手段がある（前者ならば本人との契約が成立したとして本人に履行を請求する、後者ならば117条によって無権代理人に対し履行を請求するか損害賠償を請求する）。この両手段の関係については、かつては、無権代理人の責任は表見代理が成立しない場合の補充的な救済手段であるとの学説もあったが、現在の判例・通説は、両者は独立の救済手段であり、相手方はいずれかを選択して主張しうるという考え方をとっている（選択責任説。最判昭和33・6・17民集12巻10号1532頁、最判昭和62・7・7民集41巻5号1133頁）。もともと、無権代理をした者はそれなりの責任を負わされるはずであり、無権代理の中の一部が表見代理という評価を受けると考えられるので、相手方が選択的に主張・追及できるのは当然である。そうすると、無権代理人は、表見代理が成立することを主張して自己の責任を免れることはできない（前掲最判昭和62・7・7）。ただ、相手方に過失があると認められた場合には、正当理由が認められないので表見代理の成立は主張できなくなり、一方で117条の無権代理人の責任も②項によって追及できなくなるという場合がありうる（◇**3**）。

④ 表見代理規定の重畳適用の明文化

　①**明文化の背景**　　2017年改正前には、表見代理規定の適用の拡張例とし

（◇**4**）前出最判昭和45・7・28民集24巻7号1203頁は、白紙委任状を転得者が濫用した事案で、改正前の109条と110条の重畳適用を肯定する。事案は、AがBに借金の仲介を依頼し、白紙委任状などの書類を渡したのだが、BがそれをB'に渡し、B'がCに対して自分の借金の担保設定のためにそれらを使ったというものである。B'の無権代理行為は109条によって初めて本人Aに責任が生じ、しかもB'が自分の借金の担保設定に使った場合というのは、110条を適用して初めてAの責任が生じる。

て、重畳（ちょうじょう）適用ということが論じられ、判例によって認められていた。1つの条文だけでは表見代理が成立しないところを、2つの条文を重ねて使って表見代理を認めるというものである。たとえば、110条は本来は本人が代理人に実際に何らかの代理権を与えた場合を考えている。しかし、代理権授与表示によって109条の表見代理が成立することを基本代理権として、さらに代理権授与表示の範囲を越える無権代理行為についても、110条の適用を認めることが可能である。裁判例の1つには、本人Aが他人Bに通常の営業の範囲でAの名前で営業することを黙認していたところ（したがって通常の営業の範囲内の行為については109条の適用がある）、BがたまたまAから預かっていた実印や建物の登記済権利証（現在は「登記識別情報」）、印鑑証明書を使って、Aの代理人としてAの土地に債権者Cのために抵当権を設定したという場合は、抵当権設定契約をすることは109条の表見代理が成立する通常の取引の範囲を越えるが、110条も合わせて使えば表見代理が成立する、というものがある（東京高判昭和39・3・3判時372号23頁）（◇**4**）。同様に、112条によって生じる代理権消滅後の表見代理の範囲を基本代理権として、それを越える部分について110条の適用を考えることもできる。

　この重畳適用は、近年盛んに議論され、判例も多数出ていた。取引社会の複雑化に伴い、外観信頼保護法理の重要性が高まっている、という評価ができよう。そこで、2017年改正では、これらの重畳適用例を条文に明文化したのである。

　②**109条と110条の重畳適用**　　かなり読みにくくわかりにくい規定だが、改正法で加えられた109条②項は、「第三者に対して他人に代理権を与えた旨を表示した者は、その代理権の範囲内においてその他人が第三者との間で行

条文読みの **Know How**

　3者以上の多数の当事者が出てくる条文は、必ず登場人物をＡ、Ｂ、Ｃと置き換えて読もう。その場合、（登場した順番ではなく）その条文の主語（主体）をＡにするのがコツである。

為をしたとすれば前項の規定によりその責任を負うべき場合において、その他人が第三者との間でその代理権の範囲外の行為をしたときは、第三者がその行為についてその他人の代理権があると信ずべき正当な理由があるときに限り、その行為についての責任を負う」と規定した。これはすなわち109条①項の代理権授与表示による表見代理と、110条の権限外の行為による表見代理の重畳適用を条文化したものである。

　こういう条文を読むときは、必ず、登場人物をＡ、Ｂ、Ｃに置き換えて読むのがコツである（⬆**条文読みの Know How**）。つまり、上の条文で言えば、第三者をＣ（これが「相手方」）、他人をＢ（これが「代理人」）、表示した者をＡ（これが「本人」、この文章の主語はこの「表示した者」なのだからこれをＡにする）と置き換えるのである。そうすると、「Ｃに対してＢに代理権を与えた旨を表示したＡは、その代理権の範囲内においてＢがＣとの間で行為をしたとすれば前項の規定により（Ａが）その責任を負うべき場合において、ＢがＣとの間でその代理権の範囲外の行為をしたときは、Ｃがその行為についてＢの代理権があると信ずべき正当な理由があるときに限り、その（Ｂの）行為についての責任を（Ａが）負う」ということになる。

　③**110条と112条の重畳適用**　　同様に、改正法で加えられた112条②項は、「他人に代理権を与えた者は、代理権の消滅後に、その代理権の範囲内においてその他人が第三者との間で行為をしたとすれば前項の規定によりその責任を負うべき場合において、その他人が第三者との間でその代理権の範囲外の行為をしたときは、第三者がその行為についてその他人の代理権があると信ずべき正当な理由があるときに限り、その行為についての責任を負う」と規定した。これはすなわち110条の権限外の行為による表見代理と、112条①

165

（♣5）最判平成18・2・23民集60巻2号
546頁については、池田真朗編『判例学習
のA to Z』（有斐閣、2010年）（現在絶版）
に判決全文付きで詳しく紹介されている。
また、学習の進んだ人には、同書で判例の
読み方や分析の仕方を学んでほしい（同書
では判例データベースの使い方も説明して
いる）。

項の代理権消滅後の表見代理の重畳適用を条文化したものである。

　この条文も、同じく登場人物をA、B、Cに置き換えて読んでみよう。そうすると「Bに代理権を与えたAは、代理権の消滅後に、その代理権の範囲内においてBがCとの間で行為をしたとすれば前項の規定によりその責任を負うべき場合において、BがCとの間でその代理権の範囲外の行為をしたときは、Cがその行為についてBの代理権があると信ずべき正当な理由があるときに限り、その（Bの）行為についての責任を（Aが）負う」となる。

[Grade up]　ここで、第6課▶22の末尾で学んだ94条②項と110条との重畳的類推適用の例を思い出してほしい。そこでは、不動産取引のケースで、本人が代理権を授与していないし、かつ外観作出について承認もしていないような場合に、110条も94条②項も直接適用できないため、110条と94条②項の両方を同時に類推適用したのである（最判平成18・2・23民集60巻2号546頁）。2つの条文の類推適用というのは、紛争解決のための特殊な判断ではあるが、ここで理解しておきたいのは、110条と94条②項は、本人の帰責性を何に求めるかという点で違いがあるということである。本来、94条②項では、虚偽の外観作出に関与したこと、110条では、基本代理権を授与したこと、がそれぞれ問題にされている（♣5）。

⑸　表見代理の重要性

　以上のことを学んだうえで、最後にもう1度考えてみよう。表見代理は、今日、前述の重畳適用例を含め、判例も多く出される、取引上非常に重要な制度になっている。では、この制度はなぜ重要なのか。勝手にやった無権代理人に責任追及できる手段があるのならそれでいいのでは、と思う人がいる

（♡3）もちろん、逆に本人よりも無権代理人に資力や履行能力がある場合もありうるから、前掲⑶に示した判例のような解釈は必要なのである。

（♠2）最後に最上級者を対象に、民法学は奥が深い、という話をしておこう。民法典はなぜ無権代理よりも表見代理を先に規定しているのだろうか。有権代理（代理権が問題なく与えられている代理）から表見代理、無権代理と、有効性のグラデーションで規定されている、というのが１つの答えだろう。しかしそれではまだ解答として不十分なのである。では、なぜ（表見代理の先頭にある）109条では、平成16（2004）年改正まで、相手方の善意無過失のことが条文に書かれていなかったのか。実は、起草者富井政章は、代理権授与は、本人の一方的な意思表示として、代理人にしても相手方にしてもいい、と考えていたようなの

かもしれない。しかし、現実には、多くの場合、勝手に代理人だといって取引にかかわって利益を得ようとする者は、資力が十分でないことが多く、そうすると履行も期待できず、損害賠償も現実にはなかなか支払われない。したがって、無権代理人への責任追及の道が開かれているというだけでは相手方保護に十分ではないのである（♡3）。また、そもそも相手方としては、本人と契約したくて代理人と交渉しているのであるから、本人との契約が実現することをより望んでいるはずである。さらに、代理取引では、代理権の有無・範囲等の取り決めはいずれも本人と代理人との間の内部事情なのであって、相手方の地位がそれによって左右されることが多くなると、代理取引というものの信頼性が失われ、せっかくの取引活動拡大のための制度が使われなくなる。このような諸点から、相手方の外観信頼を保護して表見代理を積極的に認めることについては、実務上の要請も大きく、またそれなりの合理性も見出せる。

　しかしそうはいっても、やはり相手方の信頼保護だけでは表見代理を基礎づけることはできない。そこで、先に述べた、相手方の信頼保護と本人の帰責性とのバランスが問題となり、基本的に本人に活動範囲の拡大という利益を与える制度である代理制度を利用する以上、本人が責任を負ってもやむを得ないと考えられる事由が、109条、110条、112条のそれぞれにおいて存在する、ということになるのである（これがまさに今日の説明である）（♠2）。

　前の課に書いた自己診断テストの理由はこうである。私は長年司法試験を受ける学生諸君を見ているうちに、一番肝心なのは「素直さ」だと思うようになった。つまり、何を問われているかを素直に読み取って、聞かれている

である。そうすると、相手方に授与表示をした109条は、（他の表見代理とは異なり）表見代理ではなく、有権代理の一種という扱いになろう。だから109条の位置は、（有権代理の最後として）ここでなければならなかったのであり、また、（相手方の外観信頼の問題ではなくなるから）相手方の善意無過失の要件は、当然書かれないことになるのである。109条を110条、112条とセットにして今日の「表見代理」という概念を立てたのは、中島玉吉という学者であるとされている（当時の起草趣旨を紹介しながら説明している例として、平野裕之『民法総則〔第3版〕』〔日本評論社、2011年〕407頁を挙げておく）。こうして学説判例によって、起草趣旨から離れた表見代理概念が確立した。善意無過失の要件を109条に書き加えた平成16年の改正によって、完全に「明治は遠くなった」のである。

ことを素直に答えられる、というのが合格のために一番大事なことなのだということである。知識が山ほどあるのに、何度やっても司法試験の論文試験が受からない受験生たちの話を聞いていて、ある共通点があることに気づいた。「私、この問題はこういう論点を聞いている問題だと思って、結構しっかり書きました」などと説明してくれるのだが、私がその問題を読むと、どう考えても出題者はそんなことは聞いていないのである。こういうパターンの人は絶対落ちる。いいですか、問題を作るのは出題者であって受験生ではない。出題者が聞いていないことは、いくら書いても配点はゼロである。くれぐれも、自分の思い込みで問題を作らないことだ。

　そういう意味で、素直な人に適性が高いと私は思う。

　もう1つ、経済よりも法律が面白くなったらしいC夫君へもアドバイスをしておこう。

　C夫君、君の出席は大歓迎だ。ただ、君はもう3年生。残されている時間は少ない。急いだほうがいい。まずは、他学部生として法律を学ぶことの位置づけをしっかりしよう。民間企業に就職したりするのに、法律もわかっていたほうがいい、というスタンスなのであれば、このままこの本をマスターする程度に勉強してくれればいい。けれども、法科大学院に進学して法曹になりたい、というのなら、自分が法律の勉強をどのくらい好きになれるか、という基準で自己診断をしてほしい。そのためには、民法以外の法律にも少し手を広げて学習してもらう必要がある。「僕は法科大学院の未修者コースを受けるのだから法律知識はいらないはずだ」と言うかもしれない。確かに、未修者コースの入学試験では法律科目の試験は課されない。けれども、法科大学院は、他の大学院と違って、職業に直結している専門職大学院である

（しかも、いわゆる専門職大学院といっても、法科大学院のように排他的な国家試験受験資格付与をするものはいまのところほかにない）。だから、入ってしまってから、法律学に拒絶反応を起こしたりしたら取り返しがつかない。未修者といっても、ひと通りの法律専門科目の入門学習をして、自分は法律学を一生付き合えるくらい好きになれるのか、をしっかり判断してから進学準備をするべきだと私は思う。というのは、法律にもいろいろあって、ずいぶん肌合いが違う。正直、私も、どうにも好きになれない法律もある。でも、法曹はそんなことは言っていられない。世の中の紛争は、どれか１つの法律だけ選んでできているわけではないのだから。

第9課　無効・取消し

　「先生、まだ先の話かもしれないんですけど、相談に乗っていただけませんか。」

　A子さんが真剣な表情でやってきた。

　「ようやくわかってきました。法学部に入ったから司法試験、じゃないんですよね。進路選びをするのに、これからどういうことを考えていったらいいんでしょうか。でも、女の子だから資格があったほうがいい、っていわれるんですけど。」

　「A子さん、まずその『女の子だから』はやめましょう。私は、今の時代は法学部生の進路選びに男女差はないと思っています。あるのは個人差だけです。それに、資格は生活の安定のために取るのではなくて、自分のやりたいことにその資格が必要だから取得するもの、と考えてください。

　法律学の考え方は、どんな職業についても生きるものです。特に民法は、当事者の公平を考える学問ですから、相手の立場に立って物事を考えるくせをつけると勉強が進むし、そのような思考方法は社会人になっても役に立ちます。ちなみに、企業に入って法務部で法律知識を生かして活躍する先輩たちが増えています。語学と民法ができると、そういう就職にはかなり有利、ということもいえます。

（♡１）「原状回復」は、元の状態、つまり「原初の」状態に戻すものである。現状回復と書かないように（現状では元に戻らない）。

♡◇用語解説♣♠
推定する・みなす　すでに１度解説した通り、法文で「推定する」というのは、仮にそうだと推定するということで、当事者が反対の証明、つまり事実は違うんだという証明をして覆すことが許される。これに対して、「みなす」というのは、法がそう決めてしまう、ということで、反対の証明をして覆すことができないものである。

（◇１）取消しには遡及効があるのが特徴である。この遡及効が第三者保護によって制限されることがあることに注意したい。

　とにかく、進路選びには、自分のやりたいことや自分が満足できる生き方を十分に探してからとりかかることが大切です。学部の３年生になる頃までには決められるといいですね。」
　さて、今度の課は無効と取消しを学ぶ。これまでにもすでに顔を出している話である。要するに何もなかったことになるのだけれど、民法的には違う概念である。どうしてそういう区別をするのか、からもう１度考えてみよう。

(1)　総説

　無効と取消しは、いずれも、当事者がその法律行為によって達成しようとした法律効果の発生を否定する制度である。したがって、その法律行為によって発生した債務は発生しなかったことになり、その法律行為に従ってすでに給付された物や金銭がある場合には、元に戻す原状回復（げんじょうかいふく）（♡１）がなされることになる（**121条の２①項**）。無効も取消しもすでに意思表示の学習で出てきているが（→第６課）、ここでは再度、その働きの法律的な違いに注意して知識を整理しておきたい。
　民法で無効という場合は、最初から何の効果も発生しない、ということである。90条の公序良俗違反の法律行為のように、反社会的な法律行為を法が絶対的に無効とするという場合がわかりやすい。一方、取消しのほうは、取り消されるまでは一応有効で、取り消されたときに、初めから無効だったものとみなす（**121条**）（**→用語解説**）、つまり、遡って当初から何の効果もなかったことにされる、ということになる（**遡及効**〔そきゅうこう〕がある、という）（◇１）。いわゆる制限行為能力者の意思表示の取消しの場合と、錯誤や詐欺・強迫などの瑕疵ある意思表示の取消しの場合がある。

（♡2）本文で次にかかげる「追認」については、無権代理の場合は独自の規定（116条）が設けられている。

（♣1）さらに、債権総論の分野で学ぶ詐害行為取消権では、債権者が債務者の責任財産を保全するために、債務者のした（完全に有効に成立した）法律行為を取り消すことが認められているが、この場合の取消しも、その効果の及ぶ人的範囲が限定されるなど独特の部分がある（→『スタートライン債権法』第17課参照）。

（♡3）制限行為能力者が他の制限行為能力者の法定代理人としてした行為については、その代理された制限行為能力者本人を含む（120条①項）。

どうしてそういう区別をするのか、といえば、やはりここにも民法の意思自治の考え方が存在するから、と理解するべきであろう。民法は、当事者間で決めるルールを最優先して、なるべく余計な手出しをしないのである。したがって、無効という強い効果を与える判断を民法自身が下すのは、公序良俗違反のようなケースに限られる。そして、その他は、取り消して効果をなくするかそのまま有効にするかは、当事者の意思に任せようとするのである。

⑵　類似の概念

ちなみに、すでに学んだ無権代理の場合の本人への「**効果不帰属**」は、「無効」と同視する説も一部にあるが、民法典は「効力を生じない」として（113条）、無効という表現を避けている（♡2）。また、ここでいう遡及効のある取消し以外に、民法典では、行為者がそれを欲しないときに行為をなかったものと認める（つまり、言い出したことを引っ込める）ものは「**撤回**」という（ただしこれは平成16〔2004〕年の現代語化改正までは法文上区別なく「取消し」と表現されていた）（♣1）。

⑶　無効と取消しの区別

民法における無効と取消しの区別は、伝統的な理解では、次の3点にある。

①**主張者**　無効は、特定の人の行為を必要とすることなく、最初から当然に無効である。したがって、基本的には誰でも主張できる。これに対して、取消しは、取消しができる特定の人（取消権者）による取消しの意思表示があって初めて、その法律行為や意思表示の効力が否定される。取消権者は、120条に定められている（未成年者などの制限行為能力者本人〔♡3〕、または

錯誤や詐欺等によって意思表示をした人、さらにそれらの人の代理人または承継人に限られる）。

②追認の有無　無効の行為は初めから無効なのだから、追認（ついにん）、つまり後からそれを有効と認めることはできない（**119条**本文）。ただし、当事者がその行為の無効であることを知って追認をしたときは、新たな行為をしたものとみなされる（同条ただし書。もっとも、90条の公序良俗違反のような絶対的な無効は、無効のままである）。一方、取消しのほうは、取り消される可能性のある行為を追認する、たとえば親の同意なしにした高額商品の売買契約を親が後から認めることも可能である。その場合は追認によって最初から有効だったことに確定する（**122条**）。

③時間の経過の影響　無効な行為は時の経過によって有効になることはないが、取り消すことができる行為は、時の経過によって取り消すことができなくなり、結果的に有効に確定することがある（取消権の消滅時効。取消権は追認ができる時から5年間または行為の時から20年間行使しなければ時効によって消滅する。**126条**。時効については第**12**課で学ぶ）。

④　無効の効果

①当事者間における効果──原状回復義務　当初より無効、ということの論理必然的な帰結として、すでに給付が履行されていたときは、受領者は受領物を返還しなければならない。この返還義務の性質は不当利得返還義務（債権各論で学ぶ703条、704条。法律上の原因のない利得をしたことになる→『スタートライン債権法』第**11**課参照）と解されているが、2017年改正法は、無効の効果として、給付受領者に原状回復義務があることを明文化した（**121条**

の2①項）。ただし、無償行為に基づく給付については、返還義務の範囲は現在存在する利益（現存利益）に限られる（同条②項）。また意思無能力者と制限行為能力者についても現存利益に限られる（同条③項）。

　なお、双務契約で両当事者が履行をすでにしている場合の原状回復義務は、相互に同時履行の関係に立つ（これも債権各論で学ぶ533条の同時履行の抗弁が使える→『スタートライン債権法』第3課参照）。

　②第三者に対する効果　　無効は、原則としては誰に対しても主張できる（絶対的無効などと表現されることがある）。しかし第三者に対する無効主張が政策的に制限される場合もある（すでに学んだ、94条②項の虚偽表示の無効主張など）。また、第三者が別の規定で権利を確保できるため無効主張が貫徹できない場合もある（第三者が192条の動産の即時取得によって保護される場合など）。

⑤　取消権者

　民法は、**120条**で取消しのできる者すなわち取消権者を定めている。先に述べたように、ここでいう遡及効のある取消しにも、いわゆる制限行為能力者の意思表示の取消しと、瑕疵ある意思表示の取消しという2通りがある。取消権者については、これらの2つで区別して論じるほうがよい。

　①制限行為能力者の行為の取消しの場合（120条①項）　　ⓐまず、制限行為能力者自身が単独で取り消せる（他の制限行為能力者に法定代理人として行為された本人である制限行為能力者も取り消せる。つまりたとえば成年被後見人である父親に代理行為をされた息子の未成年者などを考えればよい）。ただし、意思能力が全面的に欠如する成年被後見人は、およそ意思表示ができないの

（◇**2**）なお、Aが詐欺・強迫を受けて相手方Bから買い受けた目的物を、Aからさらに買い受けたDは、そもそも元のAB間の契約を引き継いだ「承継人」ではない。Aが詐欺・強迫を受けて相手方Bと売買契約を結んだという段階で、そのAの契約上の地位をCが譲り受けた（目的物引渡債権も代金債務もすべて引き継ぐ）のであれば、CはAの承継人としてAB間の契約についての取消権を引き継ぐのである。取消権は、契約の解除権と同様に、契約当事者だけが持ちうる権能だからである（→『スタートライン債権法』第**22**課参照）。

で、取消しの意思表示もできないと解されている（しかし、成年被後見人であっても、意思能力が回復している時に取消しと理解できる行為をすれば、取消しと認めてよいとの考え方が強くなってきている）。⑥つぎに、制限行為能力者の「代理人」が取り消せる。未成年者の場合の親権者や未成年後見人、成年後見が開始した場合の成年後見人である。⑥13条が規定する範囲の行為について同意権を有する保佐人や、特定の法律行為について同意権を有することがある補助人（16条、17条）も、それらの同意を得ずになされた制限行為能力者の行為について取り消しうる。⑥最後に制限行為能力者の「承継人」（地位を引き継いだ人）も取り消せる。相続人のような包括承継人は当然であるが、特定の契約上の地位を引き継いだような特定承継人も、その契約に関しては取消権を持つ。

②錯誤・詐欺・強迫による意思表示の取消しの場合（120条②項）　⑧まず、瑕疵ある意思表示をした本人が取り消せる。なお、代理人が相手方の詐欺・強迫によって意思表示をしたときにも、取消権を持つのは本人である。⑥つぎに、本人の「代理人」が取り消せる。ただ、法定代理人がいる場合はほぼ①の場面になるであろうから、ここで問題になるのは主として任意代理人である。ということは、本人Aが相手方Cの詐欺にあって意思表示した場合の代理人Bということになるが、Bには常に取消権があるのではなく、当然その取消権行使について代理権を与えられている場合に限られることになる。⑥最後に本人の「承継人」も取り消せる。①と同様、相続人のような包括承継人をはじめ、特定の契約上の地位を引き継いだような特定承継人も、その契約に関しては取消権を持つ（◇**2**）。

⑥ 取消しの方法

取消しは、相手方に対する意思表示によって行う（**123条**）。訴えの方法による必要はなく（つまり裁判外でもすることができる）、一定の方式が必要なわけでもない。すなわち、取消しは取消権者の一方的な意思表示によって法的効果を生じる単独行為である。このように、権利者の一方的意思表示によって法律関係を変動させることのできる権利を「形成権」と呼ぶ。

⑦ 取消しの効果

取り消された法律行為は、初めから無効だったものとみなされる（121条）。

①当事者間における効果　　初めに遡って無効、ということの論理必然的な帰結として、無効のところで述べたように、すでに給付が履行されていたときは、受領者には**原状回復義務**がある（121条の2①項）。

しかし、制限行為能力者の返還義務の範囲については、特則として、「その行為によって現に利益を受けている限度」つまりいわゆる現存利益（げんぞんりえき）に縮減される（121条の2③項）。これを不当利得の原則規定による返還義務の範囲と比較すると、ⓐ善意で（自分の得るべきものではないと知らずに）不当利得した場合の返還義務は、703条でやはり現存利益とされている。この「現存利益」は、どちらの条文によっても、利益が有形的に残っている場合ばかりでなく、有益に消費されて財産の減少を免れた場合をも含む。ただし703条の一般原則では、受領した金銭を浪費しても現存利益はあると推定するのが判例・通説であるが、121条の2③項のほうでは、制限行為能力者が浪費してしまったときは現存利益はないとみるべきとされる（改正前の121条ただし書についての大判昭和14・10・26民集18巻1157頁）。この点で

121条の2は制限行為能力者を若干優遇していることになる。ⓑまた、悪意で（自分が利得する法律上の原因がないと知っていて）不当利得した場合の返還義務は、704条で、受領した利益すべてに利息を付して返さなければならないとしているが、制限行為能力者は悪意であっても121条の2③項の文言通り現存利益の返還でよいだろうとする学説が多い（こうなると制限行為能力者はかなり優遇されることになる。ただこれは、自分に利得する根拠があるのかどうかの判断を正確にできない制限行為能力者を考えれば合理的だが、ごく成年に近い年齢の未成年者が意図的に不当利得して消費する場合もありうるので、いささか疑問もある）。

　改正法ではさらにもう１つ、121条の2①項の例外として、無償行為が取消しとなった場合で、給付受領者が善意であるときには、返還義務の範囲を現存利益に限るという規定を加えた（同条②項）。ただで受け取ったものをそのまま事情を知らずに費消していた場合にまで、すべて原状回復する必要はないとしたものである（これはもちろん無償行為に限定されたルールである。両方が給付をする有償契約のときには、相手に渡したものがあれば全部返させて、自分のほうは知らずに使った分は返さなくてよい、というわけにはいかないことを考えればよくわかるだろう）。

　②第三者に対する効果　　取消しは、無効と同じく、原則としては誰に対しても主張できる。遡及効がある結果、取消前に利害関係に入った者に対しても主張できるのが原則となる。しかし取消しは、無効以上に（取り消されるまでは有効なのだからその意味で無効以上にということ）第三者に対する取消しの主張が政策的に制限される場合が必要なはずで、詐欺による取消しの効果は、取消前に利害関係に入った善意無過失の第三者に対して主張できない

①行為時　②第三者登場　③取消時

⊗←──── 遡及効
ここまでしか戻れない

（96条③項）ことはすでに学んだ（96条③項のような善意無過失の第三者保護規定は、取消しの遡及効を制限する規定と表現することもできる。上図参照）。

⑻　取り消すことのできる行為の追認

　①意義　取り消すことのできる行為は、120条に掲げられた取消権者が追認の意思表示をすることによって、初めから有効だったことに確定する（122条）。条文は、「追認したときは、以後、取り消すことができない」という表現をしている。この点、平成16（2004）年現代語化改正までの規定は、「初ヨリ有効ナリシモノト看做ス」と書かれていた。しかし、取り消すことのできる行為は、もともと取り消すまでは有効なのであるから、有効性についての遡及効を定めるような表現は不必要で、「追認によって有効に確定する」ものと考えればよい（通説）。その考え方を取り入れて表記が変えられたものである。そうするとここでの「追認」というのは、無効行為の追認と異なり、新たに有効と認める意思表示である必要はなく、「取消権の放棄」を意味することになる。

　②追認の方法　追認の方法は、先に述べた取消しの方法と同じく、相手方に対する意思表示によって行う（123条）。

　③追認の要件　まず、追認は、取消しの原因となっていた状況が消滅し、かつ、取消権を有することを知った後にするのでなければ効力を持たないと規定される（**124条**①項）。これは、たとえば未成年者は成年に達してからでなければ、成年被後見人ならば能力を回復した後でなければ、追認できないし、詐欺や強迫でした意思表示の追認の場合は、詐欺や強迫が終わって、表意者が、それらの詐欺・強迫によって意思表示したのだと気がついてからす

（◇**3**）更改については、債権の消滅原因
の1つとして、債権総論で学ぶが、現段階
では、要するにこれは両当事者による契約
の作り直しである（それによって旧債務は
消滅し新債務が発生する）と理解しておこ
う。

るのでなければ有効と認められないという趣旨のものであって、追認を「取
消権の放棄」と考えれば当然とわかるだろう。

　そして、制限行為能力者または瑕疵ある意思表示をした者の「法定代理
人」が追認する場合と、制限行為能力者（成年被後見人を除く）が法定代理
人、保佐人または補助人の同意を得て追認する場合にはこの制限は関係がな
い（124条②項1号、2号）。

　④追認の効果　　追認があれば、その時以降取り消すことができなくなる
（122条）。なお、たとえばＡＢ間の（Ａが取り消すことができる）契約でＢが
権利を取得した後に第三者ＣがＡから同じ権利を取得し、その後でＡがＡＢ
間の契約を追認した場合を考えてみよう。この場合は、もともとＡＢ間の契
約は取り消されるまで有効と評価されるのであるから、ＡＢ間の契約も、Ａ
Ｃ間の契約も、当初からいずれも有効で（単純な二重譲渡の場合と同じに考え
ればよい）、追認の有無に関係なく、ＢとＣのいずれか先に対抗要件を備えた
者が勝つと考えればよい（→第**4**課▶**16②②**参照）。

　⑤法定追認　　民法は、追認できる状態になった後に、取り消すことがで
きる行為について一定の行為がなされたときは、一律に追認があったものと
法がみなすこととした。これが**法定追認**（**125条**）と呼ばれるものである（改
正法では、法定追認に124条の「取消権を有することを知った後」が要件となるの
かどうかは、あえて明示せず、解釈に委ねている）。それによって法的安定性が
増し、相手方の保護にもなるからである。そこに列挙される行為は、「（追認
者側の）全部又は一部の履行」「（追認者側からの）履行の請求」「更改（こう
かい）（両当事者による契約の作り直し）（◇**3**）」「（追認者側の）担保の供与」
「（追認者側の）取り消すことができる行為によって取得した権利の全部又は

（♣2）沿革的には日本民法の時効の原則
期間は、起草の途中まで20年とされていた。
それがここにも残っているとみるのが適切
である。

一部の譲渡」「（追認者側からの）強制執行」である。ただしこれらは、追認
できる者（つまり取消権者）が異議をとどめてした場合（たとえば、相手方か
ら請求されたので、事実関係は未確認であるものの「とりあえず一部支払うが取
消権は留保する」と主張して一部弁済をしたような場合）には追認があったとは
みなされない（125条ただし書）。

⑼　取消権の消滅時効

　取消権は、追認ができるようになった時から５年間、またその行為の時か
ら20年間、行使しなかったときは時効によって消滅する（126条）。時効につ
いてはまた後に学ぶが、ここでは、主として、法律行為がいつまでも取り消
すことができる状態にあると、法律関係を不安定にするという理由でこのよ
うな期間制限が考えられている。

　特に、前者の５年間という短期消滅時効期間は、その色彩が強い。「追認
ができるようになってから」（条文の表現は「追認をすることができる時か
ら」）というのは、取消しと追認の両者を公平に選択できるようにしたもの
である（たとえば制限行為能力者の能力が回復せず追認ができないうちに期間経
過で取消権が消滅するのは不適当）。他方、20年という長期のほうの期間制限
は、あまりに長い期間放置すると、権利関係が不明確になるとか、権利の上
に眠る者は保護しない、という理由によるものである。

　なお、判例はこれらの期間を条文の表現通り時効（消滅時効）とするが、
学説には、20年のほうは、時効に存在する更新（改正前の「中断」）による伸
長などがない除斥期間と解するものが多かった。この点私見は、時効でよい
と考えると書いてきたが（♣2）、2017年改正法は、不法行為の損害賠償請

求権の消滅時効の規定（724条）のところで、除斥期間という考え方を明瞭に否定し、時効であるとした。

　授業が終わって、Ｃ夫君が質問にきた。きちんと自己紹介をして、「経済なんで履修申告していないんですが」と前置きをした。前期からしっかり聴いていてくれるのを見ていたので、「遠慮しないでいいよ」と言って質問に答えた後で、どうして経済にいるのに法律が面白くなったのかと聞いてみた。すると思いがけない答えが返ってきた。

　「実は親父の会社が春先に倒産したんです。中小企業の社長をしてたんですが、会社の借金に社長として個人保証をしていて。最近よくあるパターンですよね。正直、家は今かなり厳しいんです。僕もいつまでこの大学にいられるかわかりません。でも、そういう状況になったら、とにかく続けていられるうちは一生懸命勉強しようと思うようになって。保証って知らないと人生めちゃくちゃになりますよね。民法は本当に大事だと実感してるんです。」

　一瞬、返す言葉に詰まった。

　「先生ありがとうございました。今日はこれからバイトに行くんで。」

　お辞儀をして去っていくＣ夫君の、目の輝きが救いだった。

第10課　条件・期限、住所・失踪

　ある日の教室で、明治の大審院の判例をスクリーンに映し出して読ませてみたら、誰も読めない。「蓋し、苟も、抑ゝ、縦令、尤も……」。読める人は、と聞いたら皆が顔を見合わせている。確かに１年生ならまだ仕方がないかもしれない。けれども、最近は３年生や４年生になってもなかなか読めない。でも、これは明治大正の判例や教科書で一般に使われていた日本語である。考えてみてほしい、数学を専攻する学生で数式が読めなかったらどうなる。それと同じことだろう。資料が読めずに勉強ができるのか。思わずお説教を始めたくなったその時、後ろのほうからおずおずと手が挙がった。Ｄ子さんだった。

　「蓋し」は「けだし」。まさしく、ほんとうに、確かに、という意味で、一昔前までの法律学者もよく使った。「苟も」は「いやしくも」。かりそめにも、かりにも、という意味で、「卑しくも」ではないし、そういう意味はない。「抑ゝ」は、「抑」に繰り返し記号（踊り字という）をつけて表記したもので、「そもそも」。間違っても「よくよく」などと読まないように。「縦令」は「たとい」または転じて「たとえ」。もし、かりにそうだとしても、という意味である。「尤も（もっとも）」は名詞ならば道理至極なこと、という意味だが、接続詞では、そうはいうものの、という意味。「最も」とは意味がまっ

たく異なる。

　明治大正の大審院判例で今日も判例法理として生きているものはいくらでもある。それが読めないのでは、データが理解できないのだから法律の学生として失格である。それに、法律は言語と論理（と人情）の学問。D子さんは、「私、国文だったから読めて当たり前なんですけど」と言っていたが、法学部生には、ある意味では文学部生以上の言語感覚がほしいところである。

　さて、今度の課の前半で学ぶのは、まさに論理の問題である。面白いかといわれるとなかなかそういうわけにもいかないが、言われてみれば誰でもわかるというところである。

　後半は、人の住所と失踪についての話で、条文の順序でいえば、制限行為能力者の話に続いて規定されているところなのであるが、これらも制度として理解してくれればよく、そんなに難解な話ではない。ただ、その中で失踪宣告という制度は、そもそもは戦争や災害で、生死が不明となる悲劇と向き合うものであったのだが、現代では、「蒸発」という、「生きているのに帰らない」現代人の心の闇とも向き合うものになっている。

▶1　条件・期限

(1)　序説

　法律行為をする場合に、当事者がただちにその効力を発生させようとしないで、将来のある時点になったら、あるいは将来何らかの事実が発生したら効力を発する（あるいは逆にそこで効力がなくなる）というようにすることも

　条件とは、将来成就するかどうか不確実なもので、期限は、将来必ず到来するものである。なお、すでに述べたように、「要件」というのは、何か規定が適用される（その制度が使える）ために必要な状況をいう。「成立要件」はあっても「成立条件」という言葉はない。

できる。これが条件や期限の問題である。つまり条件や期限は、「○○ならば……する」とか、「××までに……する」というように、「……する」という法律行為に付加された約款（取決め）であり、このようなものを法律行為の附款（ふかん）という。条件と期限の差は、条件が、たとえば「公認会計士試験に合格したら」、というように成否が不確実な事実にかかるもので、期限は、「来年初めから」とか「成年に達するまで」というように、その時期の到来（事実の実現）が確実なものをいうところにある（△**ここがKey Point**）。

(2) 条件

①**停止条件と解除条件**　条件には2通りある。条件が成就することによって（それまで発生を止められていた）効力を生ぜしめる場合を**停止条件**といい、法律行為の時から効力を生じているものを条件の成就によって効力を消滅させる場合を**解除条件**という（**127条**）。つまり、「もし大学に合格したら奨学金を与える」というのは「奨学金を与える」という贈与契約に停止条件がついているのであり、「この時計をあげるが、もし大学で留年したら返してもらう」というのは、贈与契約に解除条件がついていることになる。

②**条件成就の効果**　つまり、停止条件付法律行為の場合には、条件成就の時からその効力が生じる（127条①項）。解除条件付法律行為の場合には、条件成就の時からその効力が失われる（同条②項）。したがって、当該法律行為の効果は条件成就によって遡及したりしない（ただし、当事者が条件成就の場合に法律行為が遡及的に効力を持つという意思を表示していれば別である。同条③項）。

（◇1）それではこの場合、AはBに対してどのような責任を負うのか。この場合、家を毀損したり売却した段階では、まだBは（優勝するかどうかわからないので）条件付きの損害賠償請求権（債務不履行または不法行為による）を持つにすぎず、実際に優勝したらその損害賠償請求権を行使できる。優勝できないまま終われば損害賠償は請求できない。

---

③条件の成否未定の間における相手方の利益の侵害の禁止　条件付法律行為の各当事者は、条件の成否未定の間に、条件の成就によって相手方がその法律行為から得られるはずの利益を害してはならない（**128条**）。つまり、Aが陸上の選手Bと、「Bが全日本学生選手権で優勝したらこのA所有の家を与える」という契約をした場合、Aは、Bが優勝するか、しないことに確定する（優勝しないまま学生生活を終える）までは、その家を故意または過失によって毀損（現代語化民法典では損傷）したり第三者に売却したりしてはいけないということである（◇1）。一種の期待権（まだ法律上の厳密な意味の権利となっていないがそれを期待することはできるもの）の保護ということになる。

なお、このような条件の成就によって得られるはずの権利や負うはずの義務は、譲渡や相続や担保などの対象となりうる（**129条**）。つまり、得られるはずの権利というのは、いまだ期待権にすぎないが、これを譲渡することもできるし、相続の対象ともなる。逆に成就した場合の義務も相続の対象になるし、「もし私が家を渡せなければ、この別の土地を渡す」というような担保を設定することもできる。

④条件成就の妨害等　条件の成就によって不利益を受ける当事者が、故意にその条件成就を妨げたときは、相手方は、その条件を成就したものとみなすことができる（**130条①項**）。たとえば、極端な例だが、AがBに「Bが交際中のCと結婚したら100万円を贈与する」という契約をしておきながら、AがCと結婚したような場合である。停止条件が成就していなければ、まだ贈与契約は効力を生じておらず、BはAの債務不履行責任を追及するわけにはいかないが、この条文によって、条件成就を擬制して、Bは100万円をA

（◇2）条件成就の妨害の例としてよく挙げられるのは、不動産仲介業者Xに不動産の売却を依頼し、成約の場合の仲介手数料の支払いを約した売主Yが、Xから購入希望者Zを紹介された後でZと直接契約を結んだ場合である。ただし、このようなケースで実際にはXは仲介手数料の全額を必ずしも請求できるわけでなく、ＹＺの契約に対する寄与度で割合的に請求が認められる場合も多い。そうすると、この例は130条のケースなのか、128条のケース（Yの債務不履行）に近いとみるべきかということも問題となる。

に請求できることになる（◇2）。

　また逆に、条件成就によって利益を受ける当事者が不正に（つまり信義則に反して故意に）条件を成就させたときには、相手方はその条件が成就しなかったこととみなすことができる（130条②項。これは改正法での新設規定であるが、従来の判例法理を明文化したものである）。

　⑤**その他の条件**　たとえば、「もし東西ドイツが統一されたら」というような、条件の内容が法律行為の当時すでに成就しているものである場合や、逆に不成就に確定しているもの（たとえば、「2010年のサッカーワールドカップで日本が優勝したら」）である場合には（これらを**既成条件**と呼ぶ）、以下のように扱われる。すでに成就している既成条件は、それが停止条件になっているのであればその法律行為（たとえば「時計をあげる」）は無条件となり、それが解除条件になっているのであればその法律行為（たとえば「時計をあげるが条件成就で返してもらう」）は無効とされる（131条①項）。不成就に確定している既成条件は、それが停止条件の場合はその法律行為は（永久に効力を発生しないのだから）無効とされ、それが解除条件の場合は無条件となる（同条②項）。同様の趣旨で、「もし土星と木星が衝突したら」というような、条件が成就する可能性のないものである場合（**不能条件**と呼ぶ）は、停止条件は効力を生ずることはないから無効であり、解除条件では失効することはないから無条件ということになる（**133条**）。また、不法の条件を付した法律行為は全体が無効とされ、不法な行為をしないことをもって条件とするものも同様とされる（不法条件という。**132条**。これは90条が公序良俗違反の法律行為を無効とすることと平仄を合わせた取り扱いである）。さらに、停止条件付法律行為は、その条件が単に債務者の意思だけにかかっているとき（純粋随意

（♣1）不確定期限は、条件と区別がはっきりしないところがある。当事者の意思解釈の問題として条件か期限かが議論されるものとして、いわゆる「出世払い」証文がある。お金を貸すが出世払いで返してくれればいい、というもので、これは、「お金を貸して出世するまで返済を猶予する」というのであれば、（出世するかしないかがどこかで決まるとみてたとえば実際には職業を持って自立して一家を構えるというあたりで出世とみて）不確定期限付金銭消費貸借契約と構成できようが、「お金はとりあえずやる、もし出世して返せるようになったら返してくれ」という意思であれば、出世するかしないかはわからないと考えて、出世を解除条件とする解除条件付贈与契約とみることもできよう。大判大正4・3・24民録21輯439頁は不確定期限と認定している。

条件と呼ぶ。たとえば、「私の気が向いたら君にこの時計をやる」）は無効とされる（**134条**。逆に「いつでも君が受け取る気になった時にこの時計をやる」のように債権者の意思だけにかかっている場合は有効である）。

③ 期限

期限は、到来することが確実な事実にかかるものであるが、これにも2通りある。確定期限というのは、来年4月から、などというように到来時期が明確に定まっているものをいい、不確定期限というのは、今度台風が来たら、などというように、到来するのは確実であるが、その時期がいつかわからないものをいう（♣1）。期限の到来するまで当事者の受ける利益を「期限の利益」という。「3月末を弁済期限とする」という場合であれば、債務者は3月末までは支払わなくてよいという期限の利益を持つわけである。期限の利益は、相手方に損害を与えないかぎりはこれを放棄できる（つまり弁済期が3月末なのに2月末に支払うことはかまわない。**136条**②項）。期限の利益は債務者のためのものと推定されるが（同条①項）、債務者に信用を失わせるような事情や行為があった場合は、期限の利益を失うとされる（**137条**）。民法がそこで定めている事情や行為は、債務者が破産手続開始の決定を受けたときや、債務者が担保を毀滅したり減少させたりしたときなどである。また、当事者が、具体的にこういう場合は債務者は期限の利益を失う、とあらかじめ契約の中で合意しておく場合もある（期限の利益喪失約款という。住宅ローンなどの分割払いをしていく金銭消費貸借契約にはほとんどつけられている）。

▶2　住所・失踪

1　住所・居所

　民法総則は、住所等についても定めている。住所は、どこで債務を履行し
たらよいか（484条）、相続はどこで開始されるか（883条）などを決める基準
になるので、総則で定めを置いているのである。各人の生活の本拠をもって
その住所とし（**22条**）、住所の知れない場合においては居所をもって住所と
みなす（**23条**①項）というのがその規定である。居所（きょしょ）というの
は、人が多少の期間継続して居住しているが、その地との密接の度合いが住
所ほどにいたらない場所、などと説明される。「生活の本拠」というのは1
つか複数かで議論があるが、たとえば東京に妻子と住み、大阪に事務所を持
って仕事をしている、という場合は、法律関係ごとに2つの住所を認め、仕
事上での法律関係は大阪を住所とみる、という複数説が通説である。

　住所はまた選挙権との関係で問題になる。最高裁判所の判例は、寮に寄宿
している大学生の住所は郷里ではなく寄宿寮にあるとした（選挙のたびに郷
里に帰る必要はない。ただしもちろん住民票を下宿先に移しておく必要がある）
（♡1）。

　なお、**24条**は、ある行為について仮住所を選定したときは、その行為に関
しては、その仮住所をもって住所とみなすと規定している。

（♡2）これはおそらく台風で船舶が沈没した場合など、かつては事故の時点を正確に特定できないことが考えられたので、危難（台風など）が去った時点で、という表現になったものと思われる。今日では、船舶の沈没時点、航空機の墜落時点等が特定できれば、その時点が死亡したとみなされる時点となろう。

（♣2）なお、戸籍法という法律には、水難、火災等の事変による死亡者について、「認定死亡」という規定があるが、これは戸籍上死亡したものと同じ扱いをするというにとどまり、死亡とみなすものではない。

2　失踪（不在者の財産管理）

(1)　不在者とその財産管理

　従来の住所または居所を去って容易に帰ってくる見込みのない者を不在者という（必ずしも生死が不明である必要はない）。不在者については、その人の財産が放置されたままであれば、本人のためだけでなく、債権者や推定相続人（仮にその不在者が死亡すれば法定相続人になると、推定される人）のためにも好ましくない。したがって民法は、不在者が財産管理人を置いていなかった場合は、国がその不在者の財産管理に干渉することを認めている。すなわち、家庭裁判所は、不在者の推定相続人や債権者等の利害関係人または検察官の請求により、財産管理人の選任など必要な処置を取ることができるとしている（**25条**①項前段）。

(2)　失踪宣告

　失踪宣告というのは、先の不在者について、その生死不明が一定期間継続した場合に、裁判所の宣告によって、死亡したものとみなす制度である。不在者の生死が7年間わからないときは、家庭裁判所は利害関係人の請求によって失踪宣告をすることができる（**30条**①項）。乗っていた船舶の沈没等の危難に遭遇して危難が去ってから1年間生死不明の場合も同様である（同条②項）。失踪宣告があると、その生死不明になって7年経った時点、あるいは危難が去った時点（♡2）で死亡したものとみなされる（**31条**）（♣2）。

　では、失踪宣告がなされたのに、本当は生きていることがわかった、という場合はどうなるのか。「みなす」は「推定する」と異なるので（前掲**用語**

189

（♡3）今の世の中ではそうあることではなかろうが、夫に失踪宣告がされて、妻がもちろん事情を知らずに他の男性と結婚した、という場合には、その結婚は有効なのである。

（◇3）現に利益を受ける限度（現存利益）を返せばよいというのは、善意で不当利得（法律上の原因のない利得）をした者の返還義務（703条→『スタートライン債権法』第11課参照）と同一の考え方である。

解説〔第9課参照〕）、本人が生存していたとしても、失踪宣告が取り消されないかぎり、宣告の効果は失われない。つまりそのような場合には、本人または利害関係人の請求によって、家庭裁判所が失踪宣告を取り消せば、宣告は遡ってなかったことになる。そうすると、本人の死亡を前提としてなされた法律行為があった場合には、それらは無効となるのが原則だが、失踪宣告を信じて婚姻や契約をした者に不測の損害を与えてはいけないので、宣告後取消前に善意で、つまり事情を知らずにした行為はそのまま有効とされ（**32条**①項後段）（♡3）、失踪宣告により財産を得た者は、現に利益を受ける限度で返還すれば足りる（同条②項ただし書）（◇3）。

　D子さんには、人に話さない過去があった。学生時代、サークルで知り合った彼と、結婚の約束をしていたのだ。一緒に暮らしてみた時期さえもあった。それなのに、4年生になった頃、彼女から別れを口にした。彼が嫌いになったわけではなかった。ただ、彼のために生きる、と思っていたことが、実は自分を自立させずに他人に頼るという気持ちの現れだったのではないかと思い始めた自分がいたのが原因だった。

　私はどこかで人生を怖がっている。そういう自分に気が付いて、彼と別れて、いわば無理やり就職したといえるかもしれない。今の会社での仕事は、本当に自分がやりたくて選び取ったものではない。でも、もう一度結婚という選択肢を選び取る時期が来る前に、できるだけ自分を発見して、本当に悔いのない人生を見つけておきたい。

　そんな思いが、D子さんを母校に通わせていたのである。

第11課　時効(1)・期間の計算

　並木の銀杏が色づく頃、Ｂ男君の勉強ぶりに熱が入ってきた。この前はＡ子さんと順番に質問の列にいたのだが、どうやらもはやＡ子さんへの関心ではなく、民法への興味で授業に来てくれているようだ。

　「先生、３年からのゼミのこと、聞いてもいいですか。」

　Ｂ男君の真剣な表情に、私は喜んで相談に乗った。

　「今、２年生の終わりまでにはしっかり進路を決めなきゃってあせり始めているんです。いくつかやりたいことも出てきたんですが、２年の債権各論のクラスで契約とかを勉強していて、この授業でもう１度総則をやってみると、だんだん話が横につながってわかるようになってきて。やっぱり企業に就職するにしても民法が基本かなって思って。俺、１年生の時の成績はめちゃくちゃ悪いんですけど、俺みたいのでも受け入れてもらえますか。」

　ゼミは、大学によって半年の演習というところもあれば、３年生、４年生の２年間、１人の教員のゼミを継続して受けるところもある。

　私のゼミの最大のテーマは、２年間で「自分」を発見すること。つまり、ゼミの仲間との議論や共同研究を通して、自分はどういう人間なのかを深く理解し、これからの人生をどうやって生きていきたいのかを思い定めて社会に出て行くための場所にしてほしい、ということだ。もちろん私もゼミ生の

1人ひとりに進路についての面接をして相談に乗る。けれどゼミをそういう場にするためには、ゼミに入ってくる段階で、自分の人生を考え、進路についての意識を持っていることが必要だ。

　「Ｂ男君、君のやる気をデータで示そう。たとえば、３月の入ゼミ面接の時に、２年生の成績が１年生の時よりこんなによくなった、という成績表を持っておいで。」

　成績がすべてではない。けれども、何よりも意欲を示す指標になる。

　遊んでしまった１年目を取り戻せる証があれば、勉強だけして全Ａの人よりも、私はひと夏かけて北海道を走ってきたＢ男君のほうを評価する。

　「Ｂ男君、大学というところはいくらでもチャンスを提供するところだ。ただ、それをつかむのは、君自身の努力だよ。」

　ここからは、２課にわたって時効の話をする。まさに「時の効力」の話なのだが、これは考えてみればみるほど哲学的な奥の深い話である。根源は、人間の能力や記憶が有限だから、もっと言えば人の命に限りがあるから……

(1)　総説

　民法典は、総則の第６章に「期間の計算」、第７章に「時効」の規定を置く。しかし「期間」の規定は単に技術的なものであり、そこだけを独立させて学習するのは面白くないし、また独立の課を与えて学習してもらうほどの分量もない。そこで、本書では、時効の課の中に期間の計算の規定の説明を入れてしまうこととする。

　時効にあたるフランス語の prescription は、明治の初期には、「期満得免」とか「期満免除」などとさまざまに訳されていたが、ボワソナードはこ

こういうところですかさず教えておこう。「時」と「とき」の使い分けである。「時」は時点を示す表記、「とき」は「……という場合」を示す表記である。だから、「知った時から5年間行使しないとき」となるのである。普段からレポートを書いたりする場合も気を付けて使い分けをしてほしい。

れを、effet du temps つまりまさに「時の効果」と説明した。時間の経過が人々の権利義務に及ぼす効果、それが時効である。具体的には、一定の事実状態が永続する場合に、それが真実の権利状態と一致するかどうかは問わず、その事実状態をそのまま権利関係として認めようとするものである。

②　消滅時効と取得時効（←✍️アイテム **6** 所有権、✍️アイテム **7** 占有）

　一般市民の意識としては、刑事法上の時効のほうが知られているかもしれないが、民法においても物権と債権の両者について時効が存在し、したがって物権・債権の共通規則として、この総則に規定されている。それには消滅時効と取得時効という2種類の時効がある。詳しくは、次の第**12**課で学ぶが、ここでは概要だけ紹介しておこう。

　わかりやすいのは、**消滅時効**のほうかもしれない。たとえば**166条**①項は、普通の債権（一般人の貸金債権等がこれにあたる）について、債権者が権利を行使できることを知った時から5年間行使しないとき（1号）、または権利を行使できる時から10年間行使しないとき（2号）は消滅すると規定している（⬆️**ここがKnow How**）（債権または所有権以外の財産権は、20年間行使しないと消滅する。同条②項）。つまり「権利不行使の事実状態」を根拠として、「権利の消滅」を認めるわけである。

　取得時効というのは、逆に、何年も他人の物を自分のものだと思って使ったりし続けていると、その人のものになってしまい、本来の所有者が返せと言えなくなってしまう、というものである。「権利者としての事実状態」を根拠として、「権利の取得」を認めるわけである。**162条**は、所有権の取得時効について、他人の物を、自分が所有しているという意思で平穏かつ公然と

（これはトラブルなく誰にも知られるような状態でということ）占有、つまり自分の支配下において持ったり使ったりし続けて20年経てばその所有権を取得する（同条①項）、さらに、その占有のスタートの時に善意で過失がなかったら（この善意というのは、すでに説明したように、良心的というのではなく、事情を知らなかったという意味である）、言いかえれば、占有を始めた時に自分が本当の所有者でないと知らなかった（つまり自分が所有権者であると信じていた）、そしてその知らなかったことに過失がない、つまり知らなかったとしても仕方がない状況だった、というのであれば、その平穏かつ公然と占有を始めてから10年で時効取得できる、と規定している（同条②項）。

　取得時効は、所有権その他の財産権について認められる（したがって親子関係など身分上の権利は対象にならない）のだが、長期間の占有を要件とするので、占有になじまない権利、たとえば金銭債権（売買代金や貸付金を払えと請求できる債権）などは取得時効の対象とならない（債権であっても不動産の賃借権は占有・使用が内容となるので取得時効の対象となる）。

　ここで注意するべきは、所有権は消滅時効にはかからないということである（他の物権は20年の消滅時効にかかる。166条②項）。所有権を持っているということは、その権利を使うとか使わないとかいう次元の問題ではないのである（他の物権、つまり、第4課でやったサッカーボールのイメージを思い出してほしいのだが、完全な所有権から切り分けて与えられた地上権とか抵当権等は、切り分けて与えられた権利を行使しなければ消滅する）。それゆえ、たとえばAさんが、自分の土地を何十年放っておいても、所有権が自然に消えてなくなることはない。空き地のままにしておいて死亡しても、配偶者や子がいればその人たちが相続することになる。ただ、そのAさんの土地にもし他人のB

さんが住み着いて、そしてＡさんたちに文句も言われずに所有者のように振る舞って20年以上も経ったら、Ｂさんがその土地を時効で取得してしまう、そうするとその結果Ａさんは返せと言えなくなって反射的な効果として所有権を失ってしまう、ということである。

　なお、時効による権利取得は、誰かの権利を受け継ぐというものではない。誰かの権利を受け継ぐことを**承継取得**というのだが、時効による権利取得は承継取得ではなく、自分のところで初めて権利が発生する形の取得であり、こういう形態を、**原始取得**と呼ぶ。

⑶　時効制度の存在意義

　このような時効制度が存在する根拠としては、継続した事実を認めて社会の法律関係の安定を図るため、とか、権利の上に眠る者は保護しないのだ、というようなことが挙げられ、また、いずれにしても、時間が経つと権利の証明が難しくなるからだ、という、訴訟での証拠に関する理由も挙げられている。そして、それらのうちのどれを強調するかは、取得時効と消滅時効でも異なるところがあるし、短期時効と長期時効でも異なり、それぞれの学者の時効観の違いにも結びついている。時効の意義や法的性質をめぐっては、多くの学説がある（ただしそれらの多くは理念的なレベルの議論であり、条文の解釈適用上の違いはそれほど出てこない）。なお、刑事の時効と異なり、民事の時効は、それを使うか使わないか（時効の恩恵を受けるか受けないか）も本人の意思に任せられるところに特徴がある（後述の⑺を参照）。

（♡1）これは期間を日、週、月、年単位で定めた場合の起算の仕方であって、もし期間を時間で定めた場合（ボートを1時間貸す、などという場合）は、即時に、つまり貸したその時から起算する（**139条**）。

（♡2）期間の末日が祝日や日曜日にあたる場合は、そういう日に取引をしない慣習がある場合にかぎって、期間はその翌日をもって満了すると定められている（**142条**）。

⑷　期間の計算

　一般に、期間の計算は、一部の場合を除いては、民法第1編第6章の規定による（**138条**。一部の場合というのは、他の法令によって決められている場合、裁判所の命令によって決められる場合、契約など法律行為の当事者が決めておく場合である）。

　原則的な期間の計算方法は、たとえば今日の昼間に、「1か月間お金を借りる」という契約をしたのであれば、今日の端数時間は除外して明日から起算する（**140条**本文）（♡1）。この考え方を「**初日不算入の原則**」という。しかし、その期間がある日の午前零時から始まる場合、たとえば「来月3日から3日間」という場合は、初日である3日を算入して、3日から5日までとする（同条ただし書）。5日まで、というときの満了点は、期間の末日の終了時点、つまり5日の午後12時ということになる（**141条**）（♡2）。

　そして、月または年で期間を定めた場合には、暦に従って（大の月と小の月などによる日数のずれは問わずに）計算し（**143条**①項）、最後の月または年の、起算日にあたる日（これを応当日と呼ぶ）の前日に満了する（同条②項本文）。

　難しい表現のようだが、何のことはない。つまり、先の一般債権の時効の計算にこれらの規定をあてはめれば、2000年4月1日までに返済すべき普通の借金は、請求されないまま返さずにいると、同年4月2日の午前零時から時効が進行を始め、10年後の4月2日（応当日）の前日、2010年4月1日に（正確にいえば、2010年4月1日が満了する時点、つまり4月1日午後12時に。141条）時効が完成するのである（なお最後の月に応当日がなければその月の末日に、ということになる。143条②項ただし書）。

（♡3）そもそも「中断」という日本語を採用したことが、一般人の語感からすると不適切である。たとえば、授業を「中断」して再開するとき、はじめからやり直す教師はどこにもいない。中断したところから「続き」をやるはずである。だからここでの「中断」は実は「中断」なのではなく「御破算」であり「仕切り直し」なのである。

⑤　時効の効力

　時効の効力はその起算日に遡る（**144条**）。つまり**遡及効**がある。たとえば10年の取得時効が完成して後述の援用をした場合は、その10年前の起算日に遡ってその人が所有権を有していたことになる。債権の消滅時効では、その起算日つまり弁済期に消滅したものとされる（したがって債務者は起算日以降の利息等の支払義務を負わない）。

⑥　時効の更新と完成猶予

　①**総説**　　ここでは、改正法で用語の重要な変更がある。従来の「中断」が「更新」に、「停止」が「完成猶予」に変わるのである。さらに、それらに該当する事由の割り振りも一部変わるので（つまり、中断事由だったものの一部が完成猶予事由に含められたりしている）、注意する必要がある。用語はわかりやすくなったと思われるのだが、内容が再編成されているので、これまでの民法を勉強したことのある人には非常に面倒な改正になった。

　②**中断から更新へ**　　時効は、基本的に永続した事実状態を尊重して、真実の権利関係がどうだったかの解明よりも、現在の関係を肯定しようとするものなのだから、明らかな権利の存在を示す行為があれば、事実状態の継続の評価をする必要がなくなり、時間経過のカウントはゼロに戻る。しかしこのことについて、そもそも**中断**という非常に間違えやすい用語を採用していたところに問題の元凶がある。中断というと、そこで進行が止まってまた再開されるという意味に取るのが普通である（♡3）。しかし、時効の中断（改正前147条以下）というのは、時効計算の時計の針をいったんゼロにして、そこで権利行使がなければ、中断事由の終了した時に再びゼロから進行を始

（◇1）支払督促というものは、私人が単に支払いを催促する催告とは異なり、金銭その他の代替物または有価証券の一定数量の給付を目的とする請求について、債権者の申立てによって裁判所書記官が発するものをいう（民事訴訟法382条）。

める、ということなのである。つまり、10年の消滅時効が4年進行したところで中断があったら、そこからさらに6年経っても時効は完成せず、もう4年必要ということである。この意味の中断を、今回の改正法は**更新**に替えたので、とりあえずそこはわかりやすくなっただろう。

　したがって、時効の中断（更新）事由になるものというのは、それまでの時効期間の蓄積を無意味にするほどの、はっきりした権利行使や権利の承認があったと評価できるもの、ということになるのである。なお、時効の中断（更新）は、金融法務でいう債権管理の業務において非常に重要なことである。

　③停止から完成猶予へ　　次に、これまでの中断と一見似た制度で、時効の**停止**というものがあった（改正前158条以下）。これは、時効がまさに完成しようとする時に、権利者が時効をうまく中断できないような事情がある場合などに、時効の完成を少し猶予させる制度である。こちらは時計の針は一時進行を止めるだけで、ゼロに戻るわけではない。したがってこれを停止から**完成猶予**に替えるのは、言葉の意味としては適切と言える（ただ、後述するように、今回の改正で完成猶予は従来の停止とはかなり異なったイメージのものになった）。

　④規定の再編成　　それだけならよかったのだが、今回の改正法は、これまでの民法が、中断事由は何と何、停止事由は何と何、というように分類して規定していたのを、それぞれの当事者間で生起した事態の状況に応じて、同じ事由が完成猶予事由から更新事由にいわば育ったりするような発想を取り入れて、規定の仕方の方針を変えた。さらにこれまで中断事由だったものが更新事由ではなく完成猶予事由になったりするという変更もある。以下に

　改正法は、更新事由をいわばグラデーションの問題として判断するようにしたと思えばよい。たとえばいくらきちんと裁判上の請求をしても、裁判で権利が証明されないかもしれないのだから、権利の有無が確定するまでは完成猶予事由とし、権利の存在が確定して初めて（そこから行使しなければ時効が進行を始める）更新事由になる。

次の仮差押え・仮処分も、同じ発想で、とりあえず（白でも黒でもない）グレーなまま止めておく制度なのだから、完成猶予でいいことになる。

（◇**2**）仮差押え・仮処分については、詳しくは民事保全法で学ぶ。

は、初学者が混乱しないように、改正法の概説を中心にして、どこがどういう理由でどう変わったのかをなるべくわかりやすく解説してみよう。

　⑤**裁判上の請求等による時効の完成猶予および更新**　　裁判上の請求（つまりただ催促して請求書を送ったなどというのでは含まれない）は、改正前は時効の中断（更新）事由とされていたのだが（改正前147条1号）、改正法では、裁判上の請求や、支払督促（◇**1**）の申立てや、裁判上の和解・民事調停・家事調停の申立て、倒産手続参加などは、「完成猶予」事由となる（**147条**①項）（⇧**ここがKey Point**）。つまり、それらの事由が終了する時まで（たとえば裁判で決着した時まで、または裁判で権利が確定しないで終わった場合はそれから6か月経つまで）時効は完成しない。そして、それらが確定判決などで権利が確定してから実現されないときは、時効はその確定時から更新されて再度新たに進行を始めるというのである（同条②項）。

　⑥**仮差押え・仮処分による時効の完成猶予**　　仮差押えというのは、たとえば、貸金債権があるということを認めてもらう訴訟（本案の訴訟）をする前に、とりあえずそのお金がどこかに支払われたりしないように止めておくもの、仮処分は、たとえば、倉庫の中の品物が自分の所有物だということを認めてもらう本案の訴訟をする前に、とりあえずその品物をどこかに売られたりしないように止めておくものである（◇**2**）。これらは、改正前は中断（更新）事由とされていたのだが（改正前147条2号）、改正法では完成猶予事由となった（**149条**）。暫定的な手続なのだから、本案の訴えを提起するまで時効の完成を止めておければ十分であるという考え方である。

　⑦**承認による時効の更新**　　権利の承認は、従来も中断（更新）事由とされていたが（改正前147条3号）、改正法でも更新事由とされている（**152条**①

項）。これは、債務者自身が認めているのだから、権利の存在について明瞭なエビデンスがある、ということなのである。だから、債務者が権利の承認をしても、そのまま債権者が実現のための行動を取らなければ、時効はその時から新たに進行を始めるのである。

⑧**催告による時効の完成猶予**　催告については、改正前153条において催告から6か月以内に裁判上の請求等を行うことによって初めて時効中断効が生じるものとされていたことを踏まえ、これを完成猶予事由として定め、催告から6か月を経過するまでの間は時効は完成しないという規定が置かれることになった（**150条**①項）。ただし、催告を繰り返して猶予期間を引き延ばすことを避けるため、時効完成が猶予されている間にされた再度の催告は、完成猶予の効力を持たないと規定された（同条②項）。

⑨**協議を行う旨の合意による時効の完成猶予**　改正法で新しく、当事者が権利についての協議を行う旨の合意を書面でしたときには、一定期間時効が完成しないとする規定が追加された（**151条**）。

⑩**未成年者または成年被後見人と時効の完成猶予、その他改正前の規定による時効の完成猶予事由**　改正前の158条から161条において時効の停止事由とされていたものはほとんどそのまま改正法でも完成猶予事由として維持されている。

たとえば、時効期間満了まで6か月以内という時点で未成年者や成年被後見人に法定代理人がいない事態が起こっていたときは、その未成年者や成年被後見人が能力者になってから6か月以内、または法定代理人が就職してから6か月以内は、時効が完成しない（**158条**）。つまり、その未成年者や成年被後見人が能力者になるか、または法定代理人が就任するまでは時効の進行

（♠1）実はここには時効概念の基本観に
ついての相違があるように思われる。つま
り、倫理的、人道的な意味を持った制度か
ら、取引法的な側面を重視する制度への転
換である。今回の法改正に携わった人々に
どれだけそういう自覚があったのかはわか
らないが。

がストップし、そこからまた進行して6か月経過して時効完成となるわけで
ある。また相続財産に関しては、相続財産の管理人が選任された時からまた
は破産手続開始の決定があった時から6か月は時効が完成しない（**160条**）。
さらに、時効期間満了の時にあたり（これは末日というような厳格な意味では
ない）、天災その他の避けられない事変が起こったために時効中断の措置が
取れないという場合は、その障害事由が消滅した時から3か月は時効が完成
しない（**161条**。改正前の2週間から3か月に延長された）。

　つまり、これらの完成猶予事由は、時効の「完成障害」であって、真の権
利者の側に時効完成間際に与えられる例外的救済手段である（これに対して
更新は、真の権利者の当然の権利行使によって時効の針をゼロに巻き戻すもので
ある）。

　⑪**完成猶予における立法方針の転換**　実は⑩に掲げた完成猶予事由こそ
が、改正前の「停止」事由のイメージだったのだが、改正法は、まったく違
うコンセプトで、ⓐ権利の存在が確定的となる事実が生じた場合（つまりそ
こで権利を実現しなければまた時効が進行する）を「更新」事由とし、ⓑそこ
に至るまでの、過渡的な段階を「完成猶予」事由に割り振ったということな
のである。そして、これまでの「停止」事由は、そのコンセプトの違う「完
成猶予」のカテゴリーにそのまま組み込まれた、と説明するのがわかりやす
いのではないだろうか（♠1）。

(7) 時効の援用と放棄

　①**援用**　もう1つ注意したいのは、民法の時効は、定められた期間が過
ぎて完成しても、それだけで自動的に権利が消滅したり取得されたりするも

（◇3）当事者がある法律の規定を自分の利益のために用いることを援用という。他の例では、同時履行の抗弁（533条）などが挙げられる。

（◇4）学説には、時効が権利の得喪を招くものであることを前提に、確定効果説とか、不確定効果説、法定証拠提出説、二段階説などがある。たとえば、比較的支持の多い不確定効果プラス停止条件説は、援用を停止条件と考え、時効完成により権利得喪が起こるのだがそれはまだ不確定的なものであって、援用があって初めて有効に発生すると説明する。しかし、どの説によっても、具体的な結論でそれほど差が出るわ

のではないということである。必ず、その時効の利益を受けようとする人が、**援用**といって、時効で消滅しているから払わない、とか、取得時効が完成したので自分のものになった、というように時効を自分のために主張することが必要である（◇3）。本人が援用しないのに裁判官が時効だとすることはできない（**145条**）。この援用の要求は、フランス法から承継したものであり、ドイツ民法には時効の援用という考え方はない。つまり、援用というしくみは、時効による利益を享受するかどうかは、時効によって利益を受ける者の意思に委ねる、ということで、当事者意思の尊重と同時に、時効制度にいわば倫理的な要素を見出し、最終的な決断を本人に任せるのである。

②**放棄**　さらに、時効の利益は時効が完成した後で**放棄**することができる（**146条**は、時効完成前にあらかじめ放棄することはできないとする。その立法理由は、完成前の放棄を認めると時効制度の趣旨を無にするとか、これを認めると債権者に濫用されるつまり債権者が優位な立場を利用して債務者にむりやり放棄させるおそれがある、などが挙げられる。この規定の反対解釈として完成後の放棄は認められるのである）。つまり、借金をして10年以上経ったが、あの人には恩義があるからやはり払いたい、というのであれば、時効の利益を放棄して支払えばよい。これも、援用の制度を採用したことと表裏一体になっているもので、時効を使うかどうかを当事者の意思に委ねる考え方によるものである。

③**援用・放棄の位置づけ**　時効完成による権利の得喪と援用や放棄の関係について、学説はさまざまな説明をしている。しかし先の記述から素直に考えれば、基本的には、法の側では時効完成をもって権利の得喪ありと評価するのだが、それを享受する本人の側で意思表示をしなければその効果が発

けではない。

ただ、歴史的にみれば、ボワソナードの旧民法では、時効によって権利の得喪が起こるのではなく、それが「推定」されるにすぎないものとされていた。それを当事者の「援用」によって確定させる、という構成であり、これのほうが「援用」の意味はわかりやすい。

（◇5）ともかく理解しておきたいのは、なぜ援用権者についての判例がたくさん出てくるのか、という理由である。つまり、時効が問題になっている債権の債務者に融資をしている債権者たちにとっては、自分たちがその債務の時効を援用できるかどうかが、（自分たちの回収できる分が増えるということで）大問題なのである。したがって、援用権者の問題は、実務上の重要問題となるわけである。

生しないということなのであり、後はそれをどう理論的に説明するかにかかる（わかりやすく言えば、トランプなどのゲームで、ルール上はこういう札がそろえば勝ちなのだが、自分の順番でそのそろったことを宣告しなければ勝ちにならない、というようなものである）（◇4）。

④**援用権者**　145条は、「当事者」が時効を援用しなければならないとしている。しかし、この規定の沿革からすると、裁判所は職権で時効を理由とする判決を出してはいけないということを定めただけで、具体的に援用権者の範囲を限定したりする意味は持っていなかったようである。そこで、誰がこの援用をできる人（**援用権者**）となるのかが議論されてきた。判例は、「時効により直接利益を受ける者」という基準を維持してきたが、実際には、その「直接」という範囲がそれほど明確ではない。具体的に列挙してみると、消滅時効の場合は、債務者自身が援用権者であるのは当然である。その他のどのような人が、（債務者が援用していない時効を）援用できるかがここで問題になるわけだが、債務者の保証人や連帯保証人が援用できることは従来から判例・学説上認められてきている（大判大正4・12・11民録21輯2051頁、大判昭和7・6・21民集11巻1186頁）。これに対して、物上保証人（債務者Bの債務の担保に、自分の持っている不動産を担保として提供した者）や担保不動産の第三取得者（債務者Bが債務の担保に提供していたBの不動産を、売買等で取得した者）については、かつては判例は否定していたが、近年これを肯定するようになった（前者につき最判昭和42・10・27民集21巻8号2110頁、後者につき最判昭和60・11・26民集39巻7号1701頁等）。つまり、判例のいう「時効により直接利益を受ける者」の範囲は少し拡大される傾向にあるといえる（◇5）。

改正法145条は、この論点を明文化し、当事者の概念について、「消滅時効

（♣1）内池慶四郎『不法行為責任の消滅時効』（成文堂、1993年）参照。

にあっては、保証人、物上保証人、第三取得者その他権利の消滅について正当な利益を有する者を含む」と明示した。

⑻　除斥期間

　最後に、民法典には出てこない言葉だが、講学上使われていた、**除斥期間**（じょせききかん）というものについて触れておく。これは、時効に似ているが、キズ物を買わされた場合の損害賠償の請求などで、紛争の早期解決のために、たとえば「賠償請求は1年以内にしなければいけない」というような定めのある場合の期間をいう（改正前の566条③項など）。この期間は、（従来の用語でいう）中断や停止による引き延ばしがないことと、裁判所の判断に当事者の援用を必要としないところなどが時効と異なる。近年の多くの学説および判例は、民法上に何か所か規定されている20年の時効について、（20年が長い、あるいは長すぎる期間であるという価値判断を前提に）中断や停止を認めない趣旨で除斥期間であるとしてきた（改正前の426条の詐害行為取消権、724条の不法行為の損害賠償請求権など）。しかし沿革的には、日本民法の起草過程の最終段階までは、消滅時効の基本期間は20年とされていたのであり、最終段階で（おそらく取引上の債権を念頭に置いて）一般債権の時効期間を10年と短くしたという経緯がある（→第**12**課参照）。したがって、元の基本時効期間である20年が条文上に何か所もそのまま残ったというのが実情なのであって、これらを簡単に（政策的に）除斥期間と考えることには私は反対し、20年期間もなお時効と考えるべきである（♣1）との立場を支持してきた。場合によっては停止や中断を認めるべき必要性も当然あると考えられたからである。そして、最近の最高裁判決では、言葉使いとしてはなお除斥期間と

（♣2）最近の最高裁判決には、実際に
724条の不法行為の損害賠償請求権の「行
為の時から20年」という期間制限について、
除斥期間と呼びつつ停止を認めているもの
が現れた（最判平成10・6・12民集52巻4
号1087頁。幼時の予防接種の副作用で寝た
きりになった原告が、接種後22年経って国
に対して損害賠償を請求した事案で、20年
をなお除斥期間としながら、正義・公平の
理念から、724条後段の効果を制限するこ

とが条理に適うとして訴えを認めた。硬直
した除斥期間説ではうまく機能しないこと
を自認した判決といえる）。

するがそれに停止を認めるものが現れてきていたのである（♣2）。

　したがってこの除斥期間については、私は本書第2版でも、「そもそも現
行民法上に規定のないものであり、解釈を明瞭にするために除斥期間概念を
全面的に排斥するのも一法であろう。」と書いたが、2017年改正法ではほぼ
その通りになった。724条の20年は時効と明記され（改正法724条2号）、426
条の詐害行為取消権については、出訴期間（訴訟を提起できる期間）という
概念が採用されて、知った時から2年、行為の時から10年の両方ともが出訴
期間となって、説明の用語としても除斥期間という概念は存在しなくなった
のである。

　　授業の後の教室で、A子さんがD子さんに話しかけていた。先日の授業で
漢字を読むことができたD子さんは、A子さんら1年生には尊敬の対象にな
っていたのかもしれない。D子さんにとっても、教室に話し相手ができるの
はとてもよいことだし、A子さんの、あいかわらず何でも積極的に吸収しよ
うというまっすぐな姿勢も好ましい。

　　高校の時の受験優等生が、大学に入ってさまざまな経験をしながら、①壁
にぶち当たらずに、②享楽的な世界にのめりこまずに、③精神的な成熟度を
しっかり高めていく、というのは、実は意外に難しいことなのである。A子
さんには是非このまま順調に伸びてほしいものだと思う。

第**12**課　時効⑵

「君、この前先生にゼミのこと聞いてたけど、２年生なの。」

「ええ、去年さぼってたんでもう１回と思って。」

「俺は経済の３年なんだ。学部は違うけど、ゼミはやっぱり２年続きで結構重要だよ。でも法律のほうがみんなで議論する時間は長いのかもしれないね。あの先生のゼミ生、図書館のグループ学習室にいつ行ってもいるもんな。」

「でも、あの先生のゼミ、入ゼミ論文を１万字も書かせるんですよ。」

「それは力がつくと思うよ。しゃべっていてわかったと思うところでも、書いてみると意外にわかっていないっていうことがよくあるしな。とにかく、勉強って、厳しくてもやれる時にやっておくべきだとつくづく思うよ、俺。」

　Ｂ男君とＣ夫君の影が並木道に長く伸びて、キャンパスの季節は秋から冬へとめぐってゆく。それぞれの「時の流れ」を感じながら、本課は時効の第２回である。

▶1　取得時効

1　所有権の取得時効総説

　民法典は、まず取得時効から規定し、その中でも所有権の取得時効を最初
に規定する。所有権の時効による取得とは、わかりやすく言えば、本当は他
人のものであった物を、一定の期間、法が要求する一定の要件で自分の物の
ようにして持ち続けていると、それが法的に自分のものになる、ということ
である。したがって、これはそう簡単に起こっていいことではないし、他人
の物を好き勝手に時効取得を狙って占有するなどということを、法が積極的
に肯定しているわけでもない（♡1）。

　所有権が時効で取得されるためには、2通りの期間経過と2通りの要件が
規定されている。その1つが、「20年間」、「所有の意思」を持って、「平穏に、
かつ、公然と」「他人の物を占有した」場合であり（**162条**①項）、他の1つ
が、「10年間」、「所有の意思」を持って、「平穏に、かつ、公然と」「他人の
物を占有した」場合で、「その占有の開始の時に、善意であり、かつ、過失
がなかった」ときである（同条②項）。要するに、①「所有の意思」の必要
なことと②「平穏かつ公然の占有」は両方に共通であり、あとは20年経過す
れば（動産、不動産を問わず）時効取得できる。また、③占有の開始時に善
意無過失であったことが要件として加われば、10年の経過で時効取得ができ
るということである。逆に言えば、20年の取得時効のほうは、占有の開始時
に善意無過失でなかった（人のものだと知っていた）としてもかまわない、と

（◇1）しかし、その後の解釈論で、192
条の即時取得は取引行為にだけ適用される
べきものとされるようになり、そうすると
取引行為以外の理由で取得した動産につい
ての取得時効の規定が必要になると考えら
れた。2004年改正では、192条に「取引行
為によって」という明文を追加し、そして
162条②項は不動産限定を外して動産も加
えたのである。

いうことになる。ちなみにこの条文は、平成16（2004）年の民法現代語化で
実質改正がされた部分であり、それまでは10年時効のほうは不動産だけを対
象にしていたのが、20年時効も10年時効も不動産と動産に共通の規定とされ
た（旧規定は、動産のほうには、同じ善意無過失を要件とする192条の即時取得の
規定があるので、善意無過失での占有取得者は即時に権利を取得するのだから
〔→第4課参照〕、動産には10年の取得時効は必要がないと考えていたものであ
る）（◇1）。

　それでは、以下に順次これらの要件を吟味していこう。

2　20年取得時効の要件

(1)　所有の意思ある占有（←✍️アイテム7 占有 ）

①**占有と「所有の意思」**　　占有権については、すでに学んだところを思
い出してほしいのだが（→第4課）、要するに本当に権利があったかどうか
は問わず、物を自分の支配下に置いている状態を法がその状態としてそれな
りに評価・保護するものだった。ここでは、ある物を所有の意思を持って自
分の支配下に置き続けていることが、まず時効取得のための最低限の評価と
して必要ということになる（そして以下の事柄の理解には、民法総則の部分の
条文だけでなく、物権法の占有権に関する規定を見ておく必要がある）。所有の
意思がある占有、ということは、所有者としての意思が認められる占有であ
るから、たとえば、人の物を借りて使っている者（アパートの賃貸借契約
〔601条〕に基づく賃借人など）や、人の物を預かっている者（寄託契約〔657
条〕の受寄者など）には、この所有の意思は認められない。所有の意思のな
い占有は、真実の所有者の所有権を否定するような占有ではないので、それ

（♡2）アパートの賃借人である学生が、大家さんに、「今日から所有の意思を持って占有します」とただ宣言したら、賃貸借契約を解除されてしまうのがおちだろう。

（◇2）問題は、相続が新権原になるか、ということであるが、判例は、新たに土地や建物を事実上支配する占有を始めた相続人に所有の意思があるとみられる場合には、これを肯定する（最判昭和46・11・30民集25巻8号1437頁）。つまり、ある不動産の賃借人や管理人が死亡した際、そこに所有の意思をもって居住を開始したような相続人は、相続によって自主占有を開始したという主張をなしうるということである。

では所有権を時効取得させるわけにはいかないのである。なお、この所有の意思の有無は、先の説明でもわかるように、占有を生じさせた事実の性質によって客観的に判断される。したがって賃借人や受寄者は、いくら内心で自分のものだと思っていたとしても、所有の意思は認められない。これに対して、売買契約で目的物を買った買主、隣人の土地を境界線を越えて自分の土地として使っている者は、所有の意思が認められる（人のものを盗んだ者にも認められる）。

　②**自主占有と他主占有**　ここで学習は、物権法の占有の問題に少し立ち入らざるをえない。所有の意思をもってする（自分のものだとしてする）占有を、**自主占有**という。これに対して、賃借人や受寄者は、（物を借りて使ったり、預かったりして支配はしているのだが）他人の物を他人のものとして占有しているのであり、こういう占有を、**他主占有**という。したがって、他主占有のうちは、取得時効の可能性はないのだが、他主占有が自主占有に変わる場合がある。1つは、占有者が自分に占有をさせた者に対して、所有の意思があることを表示した場合で、もう1つは、「**新権原**」（権利が発生する源）によってさらに所有の意思をもって占有を始めた場合である（185条）。前者は実際には何か特殊の事情がなければ成り立たない（♡2）。後者のほうは、たとえば賃借人が賃借目的物を買い取った場合、売買契約という新権原に基づいて占有するので、以後は自主占有になる（実際、ほとんどの場合、売買契約によって所有権まで取得することになるが、たとえ売買契約が無効で所有権が得られなかった場合でも、新権原による自主占有は始まったものと考えられる。最判昭和52・3・3民集31巻2号157頁）（◇2）。

　なお、この所有の意思は、186条によって推定されるので、所有の意思が

ない（他主占有である）と主張する者の側に、それ（所有の意思がないこと、すなわち他主占有であること）を証明する責任が負わされる。

⑵　平穏かつ公然の占有

　平穏とは暴力的なものではないことであり、公然とは、隠され秘密にされたものではないということである。これらはいずれも186条で推定される。

3　10年取得時効の要件

⑴　20年取得時効と同一の要件

　10年取得時効の要件は、①の所有の意思ある占有と②の平穏かつ公然の占有は20年の取得時効の場合と同様である。問題はその次に加わる③の善意無過失の要件である。

⑵　善意無過失

　善意とは、一般にはある事実を知らないことをいうが（したがって悪意というのは悪気があってという意味ではなく、事情を知っているという意味である）、ここでは自分に所有権がないことを知らないこと、つまり自分が所有者であると信じていることを意味する（判例・通説）。この善意も186条で推定される。無過失とは、善意について、すなわち自分に所有権があると信じたことについて、過失がないことである。この無過失の要件は、186条その他の規定によって推定されるものではない。

　善意無過失が要求される時期は、その「占有の開始の時」（前掲の162条②項）であるので、途中から悪意に変じてもよい。なお、一部の学説は、売買

（◇3）ただ、他人に占有を奪われたとして
も、占有回収の訴えを提起したときは占
有権は消滅しないので（203条ただし書）、
占有回収の訴えで取り戻したという場合に
は、占有は継続し、中断はなかったという
ことになる。

契約など取引によって占有を取得した場合はもちろんそれでよいが、境界線
を越えて他人の土地を占有した場合のように、取引を介在しないで占有を取
得した場合は、10年間を通じて善意無過失が要求されるというが、条文上の
根拠もなく、適切ではないと考える。

4　所有権以外の財産権の取得時効

　所有権以外の財産権（つまり、所有権以外の物権や、無体財産権、さらに利用
権の性質を持つ債権など）の取得時効についても、自己のためにする意思を
持って（所有の意思はここでは考えられない）平穏かつ公然に行使してきた者
は、先に述べた162条の区別に従って20年または10年の後にその権利を取得
すると規定されている（163条）。

5　占有の継続と承継

(1)　自然中断

　取得時効（20年でも10年でも共通）の要件としての占有については、占有
者が任意にその占有を中止し、または他人に占有を奪われたときは、時効は
中断されると規定されている（164条。所有権以外の財産権の取得時効について
も165条で準用される）（◇3）。これは、すでに前課で説明した中断（更新）
と区別して、前課の中断は法の定める中断事由によるものであるから法定中
断と呼び、ここでの中断を自然中断と呼ぶことがある（もっとも、今回の民
法改正で、中断という用語を廃止して更新に変えたのだとすれば、ここも更新と
直すべきであるが、この1か所だけはそのままである。理由はどうあれ、立法の
あり方として適切ではない）。再度注意しておくが、時効の中断は、「中断」

ではなく、時効の「御破算」「仕切り直し」である。中断があると時効計算の時計の針はいったんゼロになり、そこでもし権利行使がなければ、中断事由の終了した時から再びゼロから進行を始める、ということは、自然中断でも同じである。だから、占有者が自然中断の後、再び占有を始めた場合は、そこがまた時間経過の第１日目ということになる。

⑵　占有継続の推定

　なお、占有の継続については、前後する２つの時点で占有した証拠があれば、その間の占有は継続したものと推定するという規定がある（186条②項）。したがって、時効の主張者は、10年ないし20年前の占有と、現在の時点での占有を立証すれば足り、後は取得時効を否定したい側が、反対の証明を出す必要があることになる（すでに学んだように、推定は反証があれば覆るものである）。

⑶　占有の承継

　他人から占有を承継した者は、自分の選択によって、自己の占有のみを主張してもよいし、前主（自分の前に占有していた人）の占有を合わせて主張してもよい（187条①項）。ということは、占有の期間についても、自分だけの占有期間を主張してもよいし、前主の占有期間を合算してもよい（さらに前前主の占有というように、いくつでも合算してよいとされる）。ただ、前主の占有を合算（承継）する場合には、前主の占有の瑕疵（悪意・有過失・非公然・非平穏等）をも承継することになる（同条②項）。

6 取得時効の効果

(1) 権利取得の形態 (←🪓アイテム**8**[対抗要件]、🪓アイテム**9**[登記])

時効による権利取得は、取引行為によって権利を承継する**承継取得**ではなく、**原始取得である**（そこで新たな権利が発生する）と一般に考えられている。したがって、たとえば、時効によってBが所有権を取得すると、その結果として（1つの物に所有権は1つしか存在しえないので）元の所有者Aは所有権を失う、ということになる。ただ、原始取得といっても、実際に承継取得と変わるところはそれほどない。たとえば、時効で取得した所有権でも、それを第三者（時効完成後の第三者）に対抗するには、対抗要件としての登記が必要であるし、その登記は、元の所有者からの移転登記をするべきものとされている。

[Grade up] **取得時効と登記**　先の要件のところで出てこなかったことからわかるように、登記は時効取得の成立要件ではない。しかし、判例の立場では、時効によって権利取得をしたことの対抗要件としての登記は必要である（177条の適用問題になる）。つまり、①Bが、もともとAの所有地だったところを時効で取得したとAに主張する場合には、Bはその土地の登記を得ている必要はない（大判大正7・3・2民録24輯423頁）。②同様に、Bの時効完成前にAがその土地をCに譲渡して、そのまま（Cも利用を開始したりしなかったため）その後に時効が完成したというケースでも、Bは時効完成時の当事者であるCに対して時効取得を主張するために登記は必要としない（最判昭和41・11・22民集20巻9号1901頁）。③しかし、Bはその土地を時効で取得したのならそれを世間の第三者に主張・対抗するためには登記が必要なので、Bの時効完成後にA

（♣1）ただこの考え方は、売買などの取
引で取得したというケースならわかるのだ
が、隣接した土地の所有者が、いつの間に
か境界がはっきりしなくなってその部分の
土地の時効取得を争うケース（境界紛争型
と呼ばれる）などの場合には、うまく機能
しないと批判される。

がDにその土地を譲渡したという場合は、（AからBへの時効による所有権の移
転と、AからDへの譲渡による所有権移転の二重譲渡があったのと同じように
考えて）Bは登記がなければDに対して時効による所有権取得を主張できない
（大連判大正14・7・8民集4巻412頁）。学説は、この判例の考え方に対して、
Aの譲渡がBの時効完成の前か後かで結論が決定的に異なるのはアンバランス
だと批判するものもある。しかし、判例の基準は明確性が高いという利点があ
ることは確かである。

⑵　権利取得の時期

時効の効力はその起算日に遡ると規定されている（144条。時効の遡及効と
いう）。したがって、占有者は起算点である占有開始の日に原始取得したも
のとされる。なお、判例は、取得時効の起算点は時効の基礎たる事実の開始
した時ということで客観的に定まっており、当事者が起算点をずらして主張
することはできないという立場をとっている（最判昭和35・7・27民集14巻10
号1871頁）（♣1）。

▶2　消滅時効

1　消滅時効総説

消滅時効が規定される根本の理由は、われわれ人間という存在の有限性に
ある。人の命は有限であり、人の記憶も（感情も）なおのこと有限である。
だからこそ、ある期間権利を行使しないでいると、持っていたはずの権利も

使えなくなる、という制度を観念することができ、また、それなりの合理性があると評価されるのである。「権利の上に眠るものは保護しない」とか、「採証上の理由（証拠の提出・判断が困難になる）」などという説明はそこから出てくると理解すればよい。

2　消滅時効の適用範囲

(1)　消滅時効にかかる権利とかからない権利（←✍️アイテム1 債権）

　消滅時効にかかるのは、「債権」と「債権又は所有権以外の財産権」、つまり（債権も財産権であるから）「所有権以外の財産権」である（166条）。すでに述べたように、所有権は消滅時効にかからない。その理由は、所有権の場合は、その「不行使」という状態がありえないからである（他者に対して何も働きかけなくても所有権者は所有権者である。ただし、前課ですでに学んだように、他者の時効取得によって本来の所有権者が反射的に所有権を失うということはある。また、その所有権者から物権の一部を切り分けて与えられている地上権などの他物権の場合は、消滅時効の対象になる）。

　消滅時効にかかる権利は財産権に限られるため、たとえば、監護・教育を受ける権利（820条）など一定の身分に基づいて法的に認められる権利（身分権とも表現する）は消滅時効にかからない（もっとも、その身分がなくなれば権利もなくなる。監護・教育を受ける権利は自分が成人すればなくなる）。人間の自由・名誉に関する権利（人格権とも表現する）も消滅時効にかからないが、それらが侵害された場合の（不法行為に基づく）損害賠償請求権は、債権であるから当然、時効にかかる。なお、取得時効で評価の対象となる占有権は、もともと一定の事実状態に対する評価として認められるものであるから、そ

（◇4）ただ、たとえば解除権については、その解除する基礎（対象）になっている、契約上の請求権（債権）があるわけで、その基礎になる債権が消滅したのに解除権だけが残るのもおかしい。そこで、基礎になる債権と同一の期間で時効消滅し、判例のように独立に解除権の消滅時効期間を考えるのは不適当とする意見が学説には強い。

の事実状態がなくなればなくなる権利であって、消滅時効の問題にはなりえない。

　所有権が消滅時効にかからないことから、所有権に基づく物権的請求権（妨害排除請求権など）や、所有権に基づく登記請求権などは、消滅時効にかからない。ただし、所有権以外の他物権（地上権など）に基づくそれらの権利は、他物権が時効消滅すれば当然消滅する。

⑵　他の権利に付従して消滅時効にかかる権利

　抵当権などの担保物権は、それ自体の消滅時効を考えることは意味がない。それらは、もともと債権を担保するための権利であるから、その担保される債権（被担保債権）と運命を共にする（付従する、という）。被担保債権が時効にかかれば担保物権も時効にかかり、被担保債権が時効にかからないうちは、担保物権だけが時効にかかることはない、と考えればよい（396条参照）。

⑶　形成権の消滅時効

　契約の取消しや解除をすることは、相手方との合意ではなく、一方的な意思表示によってそのような法的効果を発生させる（形成する）ものであるので、こういう、取消権や解除権を「**形成権**」という。このような権利についても、消滅時効は考えられる。**取消権**は、すでに学んだように、追認ができるようになってから5年、または行為の時から20年の時効にかかる（126条。これらについて除斥期間とする説も多かったことはすでに述べた）。**解除権**については、規定はないが、後述の債権に準じて（改正前でいえば10年の）時効消滅を考えるのが判例・多数説である（最判昭和62・10・8民集41巻7号1445

（♡3）しかし、抗弁権の永久性といっても、実際に永久に抗弁できるのではなく、相手方の請求権がある期間中は消滅しない、というだけのことである。

（◇5）前課でも触れたが、日本民法の消滅時効の原則期間は、もともと一般の債権を含めて20年として起草されていた（ちなみに当時のフランス民法、ボワソナード旧民法、改正前のドイツ民法ではいずれもローマ法以来の30年であった）。それが立法過程の最終段階（明治29〔1896〕年の第9回帝国議会）で一般の債権については10年と修正されたのである。

頁等）（◇4）。

⑷　抗弁権の永久性

相手方からの主張に対して抗弁（反対の主張）として行使されることが認められている権利は、消滅時効にかからない、という考え方が有力である。これは、たとえば533条の同時履行の抗弁（→『スタートライン債権法』第3課参照）のように、売買で相手の代金支払請求に対して、「そちらが品物を渡すまでは支払わない」という抗弁ができる場合、この抗弁権は消滅時効にかからないというものである。これを**抗弁権の永久性**と呼ぶことがある（♡3）。

3　消滅時効の要件

消滅時効の要件は、所定の期間、権利不行使の状態が継続することである。

⑴　消滅時効の時効期間

消滅時効の時効期間は、まず原則期間が一般の債権の消滅時効期間と他の財産権の消滅時効期間に分けて規定され、ついで個別の債権の消滅時効期間が列挙されている。

①**一般の債権**　　改正前の規定では、民事一般の債権は、10年の不行使で消滅するとされていた（改正前167条①項）（◇5）。そして、商事債権（商行為によって生じた債権）の消滅時効は5年と規定されていた（商法旧522条）。これに対して、今回の改正では、まず二重の起算点を採用して、債権者が権利行使できることを知った時（主観的起算点）から5年間、また権利行使で

（♡**4**）ただしこの場合、期限到来前また
は条件成就前からその権利の目的物を占有
している第三者がいたときは、その第三者
については取得時効の起算が始まっている。
もっとも権利者のほうは、期限到来前また
は条件成就前であってもその第三者に承認
を求めて取得時効を更新できると定められ
ている（166条③項）。

きる時（客観的起算点）から10年間行使しないと消滅するとした（166条①項
1号、2号）。そして商事消滅時効は廃止された。したがって、債権者が権
利行使できることを知っている場合（おそらくこれが多数）には、これまで
よりも消滅時効期間の短縮化となるが、一方で、債権者が権利行使できるこ
とを知らない場合については、これまでと同じ10年の保護が与えられたわけ
である。

　②**債権以外の財産権**　　債権以外の（そして所有権を除いた）財産権につ
いては、権利を行使できる時から20年間の不行使で時効消滅する（166条②
項）。

　③**期限付きまたは停止条件付きの債権や財産権の場合**　　期限付きまたは
停止条件付きの債権や財産権の場合には、消滅時効は、期限到来または条件
成就の時から進行する（♡**4**）。

　④**人の生命または身体の侵害による損害賠償請求権の場合**　　今回の改正
法で新設された規定であるが、人の生命または身体の侵害による損害賠償請
求権については、166条①項2号の、債権者が権利行使できることを知らな
い場合には、消滅時効期間は20年とする（**167条**）。保護すべき重要な法益で
ある生命・身体に対する侵害について、被害者に十分な保護を与えるための
もので、債務不履行によるものでも不法行為によるものでも、等しく適用さ
れる。

　⑤**定期金債権や定期給付債権**　　年金や地代の収受権など、毎年・毎月に
発生する債権を**定期金債権**というが、その個別の（各年・各月の）債権（**支
分権**）ではなく、そういう年金や地代を受け取れる債権自体（**基本権**とい
う）は、第1回の弁済期日から20年で時効消滅し、最後の弁済期日から10年

経った場合も同様であるとされていたが（改正前168条①項）、その（定期金債権は、通常長期間継続して存在することが多いと考えられるため、原則よりも２倍の長さの時効期間になっている）趣旨を生かして、かつ改正法166条①項の二重の時効期間の構成に合わせて、**168条**①項では、定期金の債権の時効消滅は、債権者が定期金の債権から生ずる金銭その他の物の給付を目的とする各債権を行使することができることを知った時から10年間行使しないとき（同条①項１号）と、各債権を行使することができる時から20年間行使しないとき（同項２号）と定めた。

　また、年またはそれより短い期間で給付することを定めた定期給付債権（家賃や地代などの各回の債権、またはそれらに限らず合意で定期的に給付を繰り返すことを定めた債権。上記の定期金債権の支分権債権で１年以内に弁済期が繰り返されるものを含む）については、従来から５年で時効消滅すると定められていたが（改正前169条。毎回の支払いを請求せずにためておいて一括で請求することは債務者に極度の負担になるし、毎回受け取らないのなら債権者の生活上必要な給付ではない等の理由で一般の債権よりも短くしたようである）、今回の改正法166条①項１号で５年の期間が定められたので、この特則を置く必要性はなくなったとして廃止された。

　⑥各種債権の短期消滅時効の廃止　　日常の市民生活の中の取引でよく発生することのある債権で、普通は比較的速やかに弁済され、また格別に証拠書類の作成や保存を期待しえないような債権については、今回の改正まで、一定の職業別に３年から１年の短期消滅時効が規定されていたが（改正前170条～174条）、これらは今回の改正で、区別の合理性がないとしてすべて廃止された。

⑦**判決で確定した権利の消滅時効**　　権利の存否が裁判で争われ、確定判決で確定した権利の時効については、もともとそれが10年より短い期間で時効にかかるものであったとしても、時効期間を10年とするという特則がある（**169条**①項。裁判上の和解など、確定判決と同一の効力を生ずるもので確定した場合も同じ。もっとも、判決などで確定した時点でまだ弁済期が来ていなかった、という場合は、この特則は適用されず、その元の時効期間通りとなる。同条②項）。

⑵　消滅時効の起算点

　以上の消滅時効期間の改正（ことに二重の起算点の採用）は、これまでの判例・学説上論じられてきた、起算点に関する議論について、一部それらを整理した部分（権利行使ができることを知っていたか知らなかったかで分ける）はあるが、「権利を行使することができる時」という起算点そのものをいつと考えるべきか（各事案において時効が進行を始めるとすべき時点がいつなのか）についての議論には特に影響を与えるものではないとされている。たとえば、学説の有力説には、真実の権利者の保護の観点から、実際に真実の権利者が権利を行使することを期待できる時点にまで、多少起算点を遅らせるという考え方がある（近年は、判例もこの考え方を受け入れたものがある。じん肺訴訟に関する最判平成6・2・22民集48巻2号441頁は、損害賠償請求権の消滅時効は最終の行政上の決定があった時から進行すると判示した。損害発生時から安全配慮義務違反による損害賠償請求権が成立し、同時に権利行使ができるとしながらも、行政上の決定を受けてじん肺に罹患したことがわかった時に損害の一端が発生したとして起算点を遅らせたものである）。

「先生、最後の授業だと質問がたくさん来るでしょうから、今日、あいさつさせてください。」

　C夫君が珍しくスーツ姿でやってきた。ネクタイの結び方が板についているのがちょっといやな予感がした。

　「やっぱり、大学続けるの難しいみたいなんです。バイト先を正社員にしてもらいました。中退になってしまうのは残念ですけれど、でも、僕はあきらめてません。また勉強するチャンスは絶対あると思うんです。それに、仕事しながらでも民法は続けますよ。いろいろ知っていないといけないだろうと思いますし。またいつか教室に遊びに来ていいですか。この授業、続けていて下さい。」

　気休めは言えないのはわかっている。「体に気をつけて頑張って」と握手するのが精一杯だった。

第13課　法人

　民法総論の旅も、いよいよ最後の課になった。ここまでついてきてくれた
皆さんに感謝したい。この最後の課「法人」は、人や財産の集まりに、法的
に人と同じような人格を与え、権利義務の主体とする話である。ただ、民法
は「権利の主体」ということで、われわれ個人（法律では「自然人」ともい
う）と法人を並べて規定したのだけれど、立法時の考え方はともかく、現代
ではこの法人のところは完全に団体法、組織法として理解すべき異質なもの
になっている。そして、2006年には根本的に民法の法人の考え方を変え
る特別法が立法された。この新しい法律が施行された結果、民法典の法人の
ところは、わずかな条文しか残らないことになった。けれども私は、それで
いい、と大変肯定的にとらえている。

　それはなぜか、本課を読んで理解してほしい。そして、「法人のところは
なんだか技術的で難しい」という、多くの初学者にありがちな感想を持つの
ではなく、成熟した大人の目で民法を見てほしいのである。民法が、個人の
意思表示などのいわば牧歌的な世界から、人の組織的な取引活動の世界に入
り込んでいき、さらにそれをより詳細な特別法にくくり出していくメカニズ
ムを見出してほしい。

　この課をどう理解するか、そこに皆さんの「民法を学ぶ者」としての成長

の証がある。

　それを自己検証していただきたい。振り返って、スタート地点を見て、い
つのまにかこれだけ走れた、と思っていただけるなら、私の努力も報われた
と思う。

(1)　序説

　①民法の法人規定とそのゆくえ　　民法は、人の集合体である団体などに
ついて、それを人になぞらえて「**法人**」と呼び、法的な活動主体として承認
できることを定めている（なお、法人との対比でわれわれ個人のことを「**自然
人**」と呼ぶこともあるが、これは決して「野性の人」という意味ではないことは
すでに述べた）。法人は、あくまでも法律によって認められるものである（民
法の**33条**①項〔旧33条〕は、「法人は、この法律その他の法律の規定によらなけれ
ば、成立しない」と規定する。さらに、後述の平成18年改正で追加された同条②
項は、公益、営利、その他さまざまな種類の法人の設立、組織、運営および管理
について、「この法律その他の法律の定めるところによる」とうたっている）。法
人として認めることを法人格を付与するというが、法人格が認められるとい
うことは、自然人と同様に、独立した権利・義務の主体となりうるというこ
とである（つまり、法人として契約を締結したり、不動産を所有したりすること
ができる）。ただしその権利能力の範囲については、後述するように法令の
規定や定款その他の基本約款で制限される。

　この法人について、明治以来の民法典では総則にかなり多数の規定を置い
ていた。しかし、平成18（2006）年6月2日に公布された、公益法人制度を

（♡1）営利法人は、当初から商法の管轄に譲られていた（現在では会社法が扱っている）。

（♡2）民法上の法人は、新法が制定された平成18年の段階で全国に2万6000もあった。

改革する新しい法律によって、民法典の法人の規定は、33条から37条までの5か条のみとなり、旧法の38条から84条の3までは削除されることとなったのである。

　②**公益法人とその制度改革**　　法人は今日の社会では経済的にも非常に重要な役割を果たしているが、いわゆる会社など、営利を目的とする法人は、もともと民法が扱うものではない（♡1）。それでは民法の扱ってきた法人はどういうものかと言えば、それは、営利を目的としない、つまり収益を上げてそれが特定の人々に分配されるものではない「**公益法人**」である（利益の分配はないが広く不特定多数の人々の利益になるというのは公益法人と考えてよい）（♡2）。

　そして、この公益法人には、税制上の優遇等がある。そこで、経済活動の活発化につれて、この民法上の公益法人が濫用される状況が生まれ、社会問題にもなってきた。これまでの民法の規定では対処しきれない状況に至ったのである。そこで、根本的に民法の法人の考え方を変え、また組織体としてのより詳細な規定を置く形で、以下の三法が立法された。これは、民間の非営利活動の健全な発展を促進する目的で、公益法人の設立許可を主務官庁が自由裁量によって行うこれまでの制度（民法旧34条）を改め、まず①登記のみで法人を設立できる制度を創設し、つぎに②その法人の公益性を認定する制度を別に創設したものである（つまり、法人の設立は簡単にできるが、その中で公益法人と認められるには別の認定を受けなければならないということである）（⇧ここが Key Point）。

　平成18（2006）年公布の、**公益法人制度改革三法**と呼ばれる第1の法律が「一般社団法人及び一般財団法人に関する法律」（以下「**一般社団・財団法人**

（♡3）公法分野にも法人概念がある。国家的公共の事務を遂行することを目的として、公法に準拠して成立した法人を公法人と呼ぶ。これに対して、私人の事務遂行のために、私法に準拠して設立された法人を私法人と呼ぶ。したがって、国や地方公共団体は公法人である。以下民法が対象とするのは、もっぱら私法人である。

（◇1）組合については債権各論の契約のところで学ぶ（→『スタートライン債権法』第10課参照）。

法」または「一般法人法」と略す）であり、第2の法律が「公益社団法人及び公益財団法人の認定等に関する法律」（以下**公益法人認定法**と略す）、そして第3の法律が、それらの施行に伴う関係法律の整備等に関する「法人整備法」である。そしてこの三法は平成20（2008）年12月1日に施行された。民法の法人の規定は、以下に順次紹介するように、それらに大幅に譲られることになったわけである。

⑵ 社団法人と財団法人、公益法人と中間法人、一般社団法人と一般財団法人

①**社団法人と財団法人**　　それでは、改めて法人の基礎から話をしよう。私法分野での法人は（♡3）、社団法人と財団法人とに分かれる。大まかに言えば、**社団**というのは人の集合体、**財団**というのは、財産の集合体をいう（もちろん、財団にもその財産を運用する組織としての人は必要である）。このうち社団については、たとえば会社などを考えてみれば、社団つまり人の集合体を、その代表者個人とは別の法主体として認める必要があることはわかりやすいだろう（売買契約1つにしても、代表者個人が買うのではなく、会社が買主になる場合を認める必要がある）。ただし、人の集まりがすべて社団になるのではない（**組合**という、社団よりも参加する個人の個性が強く出る集まり方もある）（◇1）。

では、財産の集合体になぜ法人格を与える必要があるのか。これは、お金を集めて運用してもうけるというような場合を考えているのではなく、一定の財産を慈善事業とか学校、病院などの、**公益**（不特定多数の人の利益）のために捧げようという場合に、その限定された目的で働く財産と組織に、独

225

（♡4）したがって法人は、基本的には各国の法が各国の公益を判断しながら認めるものである。そこでわが国でも、外国法人については、特別の法律や条約がないかぎり、国や国の行政区画、および外国会社を除いては認許されない（35条、旧36条）。つまり、外国の会社が日本で法人格を認められる場合はあるが（取引の国際化が進んでいる今日、これは当然必要である）、外国の公益法人が日本で法人として認められることはない。なお、平成18年改正では、外国法人の登記についても、民法に以前より詳しい規定を置いた（37条）。

（◇2）起草者は、営利とは利益を構成員に分配することであるとし、財団法人には構成員がないのだから営利財団法人は観念できないとしていた。しかしこの説明は図式的にすぎる。

立の法主体の性格を与えて活動させるのである。どのような団体ないし財産集合体に法人格を与えるかは、民法をはじめとする各種の法律に規定されている（法人格が与えられるのはあくまでも法的な手続を経てのことであり、団体を結成すれば自動的に法人格が与えられるということはない。なお、次の**❸**の設立主義も参照）（♡4）。

　そして、社団法人はさらに営利社団法人と公益社団法人に分かれる。前者の営利目的の社団法人というのが、いわゆる会社であり、これは会社法等、商法分野の規定によることになる。したがって、明治29年の制定以来、民法では公益社団法人と財団法人（財団法人は上記の趣旨からして公益財団法人に限られる）（◇2）とを扱うことになっていた（つまり民法が扱ってきたのは、先述のように、公益法人のみということになる）。さらに、民法・商法以外の特別法によって認められる法人もきわめて多い。

　②公益法人と中間法人　　ちなみに公益法人というのは、学術・技芸・慈善・祭祀・宗教等に関する事業を行い、不特定多数の人々の利益を目的とするものと定義される（33条②項。旧34条を引き継いだもの）。ただそうすると、高校や大学などの同窓会や、業界団体などのように、営利は目的にしていないが構成員たる特定の人々の利益を目的としている団体、つまり非営利だが公益目的ではない（特定の人々の利益を目的とするのは公益ではない）団体については、民法上の保護も他の法律による保護もないことになる。そこで、このような団体つまり平成18（2006）年改正までの民法における公益法人と、商法上の営利法人との中間に位置する、非営利で非公益の法人についても、法人として認める、中間法人法というものが平成13（2001）年に作られたのだが、この法律も平成18年改正で廃止されることになった（平成18年まで中

間法人として存在していたものは、一般社団・財団法人法施行後は後述の一般社団法人として存続することになった。なお後掲⑾も参照）。

　③**一般社団法人と一般財団法人**　　このような民法の公益法人の考え方に対して、先述の一般社団・財団法人法では、非営利の社団または財団について、その行う事業の公益性の有無にかかわらず、準則主義（次の⑶参照）により法人格を取得できることとし、名称も一般社団法人と一般財団法人と呼ぶことにした。そして、それらの中で公益目的事業を行うものは、改めて公益法人認定法によって公益法人の認定（同法４条）を行政庁に申請するシステムを採ることにしたのである（同法による行政庁とは内閣総理大臣または都道府県知事である）。そして、公益認定を受けた一般社団法人を**公益社団法人**、同じく公益認定を受けた一般財団法人を**公益財団法人**と呼ぶこととした（同法２条）。

⑶　法人の設立主義

　法人の設立については、国がどの程度それに干渉するかによっていくつかの主義が分かれる。干渉が厳しい順に並べると、①１つの法人を認めるのに特別の法律を作る**特許主義**。日本銀行などがこれによっている。②監督する主務官庁がその自由裁量で設立を認める**許可主義**。これが平成18（2006）年改正までの民法の法人における立場である（旧34条等）。③法律があらかじめ定める要件をすべて満たせば主務官庁が必ず設立を認める**認可主義**。私立学校の設立はこれに属する（私立学校法による）。④法律の定める一定の組織が整えば、法人設立の登記をすることによって、官庁の事前審査なしにすべて認められる**準則主義**。商法・会社法上の会社などがこれにあたり、平成18

年の一般社団・財団法人法では、これまでの民法上の法人にあたるものにも
この方式を採用したわけである。

⑷　法人の根本規則

　法人の根本規則は**定款**（ていかん）と呼ばれる。旧規定では、社団法人の
根本規則は定款と呼んだが、財団法人においては、財産を提供する設立行為
のことも根本規則を定める書面のことも「寄附行為」と呼んでいた。これは
言葉の使い方としてはかなり風変わりなものであったが、今回の一般社団・
財団法人法では、どちらも定款と称することとし、民法の上記の旧規定は削
除されたため、同法施行後は、寄附行為という表現を法律上根本規則の意味
で使うことはなくなった。なお一般社団・財団法人法施行後は、定款に関す
る規定はすべて民法から同法に移されたことになる。

⑸　法人設立の登記

　①旧法での対抗要件　　法人という、自然人に比べれば観念的な（目に見
えにくい）存在が法的に人格を認められ、取引主体になるという制度は、そ
の取引の相手方に対して法人が権利主張する根拠を持つための法的手続と、
逆に取引の相手方が法人の存在を認識しうる公示機能を必要とする。民法は
そのために、旧規定では、法人について、設立の登記をしなければならない
とし、法人の設立は主たる事務所の所在地の登記がなければ第三者に対抗で
きないとしていた。つまり登記は法人設立の対抗要件ということになる。対
抗要件というのは、法人自体については、定款や寄附行為を整え、理事等を
決めて主務官庁の許可を得れば成立するのだが、その成立したことを取引の

（◇3）旧規定が登記を対抗要件とするのは、日本民法では不動産の譲渡（177条）の場合と同様である（第4課参照）。

（♡5）この登記を怠った場合には、罰則規定があった（旧84条の3）。この旧84条の3は、民法の中の数少ない罰則規定であった。民法は意思による自治の実現を支援するものであるから、強行規定についてもそれに反した場合の処理は、法的に効果が発生しないことにする（無効・取消し等）だけで終わるのであって、基本的には、罰が与えられることはないのである。なお、新法の一般社団・財団法人法は、民法の旧84条の3を削除したうえで、理事等の犯罪や科料に処すべき行為について詳細かつ本格的な罰則規定を置く（同法334条～344条）。

相手方や周囲の人々に主張対抗できるための手続として、この対抗要件を具備しなければならないということである（◇3）。そしてこの法人に利害関係を持とうとする者が、法務局の登記簿でこの設立登記を見ることによって法人の成立を確認できるという、公示機能も備わっていることになる（♡5）。

②**一般社団・財団法人法での成立要件**　このような考え方に対して、もし法人設立には登記を成立要件とする、という規定であるとすれば、主務官庁の認可の有無には関係なく、登記しなければ法人は成立しない、ということになる。この点、今回の一般社団・財団法人法では、一般社団法人も一般財団法人も、主務官庁の認可という要件をなくしたうえで、その主たる事務所の所在地において設立の登記をすることによって成立する、と定め（同法22条、163条）、登記を成立要件とした。まったく異なる発想に立ったことになる。つまり、一般社団法人と一般財団法人の設立自体は、登記だけで簡単にできる準則主義を採った（そのうえで公益法人となるためには別の厳格な認定を要することにした）のである。それゆえ、現行民法では、「法人及び外国法人は、この法律その他の法令の定めるところにより、登記をするものとする」とだけ書かれている（**36条**）。

⑥　法人の権利能力

従来の旧規定は、法人は、法令の規定に従い、定款または寄附行為によって定められた目的の範囲内において権利を有し義務を負う、としていた（旧43条）。2006年の法人制度改革による民法改正では、この条文は「定款または寄附行為によって」のところが「定款その他の基本約款で」と変更されただけで維持されている（**34条**）。つまり、法人の権利能力は法が与えるので

（♡6）民法や会社法で「社員」というのは、「社団の構成員」という意味であって、会社などに雇われているサラリーマン（被用者）を指すものではない。たとえば営利法人たる株式会社の「社員」というのは「株主」のことである。

あるから、私人（構成員や設立者）が定款等に法令の強行規定と異なる定めを置いても、それは強行規定が優先するし、さらに、与えられた権利能力は、その定款等によって定まった目的の範囲内に制限されるというわけである。

⑺　法人の機関

　法人は人や財産の集まりを人になぞらえたものだといっても、社団でも財団でも法人が自ら行動することはできないから、運営組織を必要とする。それにかかわるものが法人の機関である。この点については、一般社団・財団法人法では、かつての民法の法人規定と比べると、大変詳細な規定が置かれた。以下では、機関の基礎となる法人の構成員の説明をはじめとして、法人の意思決定機関、業務執行機関、内部監査機関という3つの運営機関について説明する。

　①構成員──社員と評議員　　法人には、一般社団法人と一般財団法人があることは先述した通りである。

　ⓐ一般社団法人の場合　　一般社団法人における構成員を「**社員**」（♡6）という。この「社員」の資格の得喪は、定款の必要的記載事項（必ず記載しなければならない事項）であるため（一般社団・財団法人法〔以下一般法人と略記〕11条①項5号）、「社員」であるか否かは、原則として当該法人の定款により決せられることになる。

　また社員には、法人の意思決定機関である社員総会（以下②で説明する）の構成員として、意思決定のための議決権を行使できる権利が与えられているほか（一般法人48条）、法人の業務執行に対する監督的な権利が与えられている（同法88条、129条③項、278条等）一方で、一般社団法人に対し経費を支

払う義務を負う（同法27条）。

ⓑ一般財団法人の場合　他方、一般財団法人についてはこれまで（財産の集まりだから）そもそも構成員の概念が存在しないとされてきたが、一般社団・財団法人法では、財団法人のガバナンス（相互規律による適正な運営）強化を目的として、「**評議員**」の概念が、旧法時代とは異なる内容で規定された（一般法人170条①項）。一般財団法人は、評議員を3人以上置かなければならない（同法173条③項）。

②意思決定機関──社員総会と評議員会

ⓐ一般社団法人の場合　一般社団法人における、法人の意思決定機関を「**社員総会**」という。そしてこの社員総会の権限は、③で後述する、法人の業務執行機関である「**理事会**」の設置の有無によって大きく異なる。

具体的に、理事会非設置一般社団法人の場合では、社員総会は一般法人法に規定されている事項のほか一切の一般社団法人に関する事項について決議することができるが（一般法人35条①項）、理事会設置一般社団法人の場合には、一般法人法に規定されている事項のほか特に定款で総会決議事項とされた事項についてのみ決議することができるなど、その権限は理事会非設置一般社団法人と比較してかなり限定されている（同条②項）。

ⓑ一般財団法人の場合　一般財団法人では、かつては（財産の集まりだから）意思決定機関という概念が存在せず、設立者の意思が決定的なものとされてきたが、一般社団・財団法人法では、財団法人のガバナンス強化を目的として、機能を強めた「**評議員会**」が必置のものとして規定された（一般法人170条①項）。同法ではこの評議員会がいわば一般社団法人の「社員総会」にあたることになる。

（◇**4**）代表というのは、代理（包括的な代理）と同じ意味と考えてよい。

---

③**業務執行機関──理事・理事会**　法人には、意思決定機関とは独立した、「**理事**」と呼ばれる業務執行機関が存在する。理事は、一般社団法人と一般財団法人に共通した機関である（一般法人197条によって一般社団法人における理事に関する規定が一般財団法人に準用されている）。

　ⓐ一般社団法人の場合　一般社団法人の場合、理事の権限については、社員総会と同様、理事会の設置の有無によって大きく異なる。具体的には、理事会非設置社団法人では、各理事に業務執行権限が認められ（一般法人76条①項）、理事が数人いる場合には、定款に別段の定めがないかぎり、理事の過半数をもって決定する（同条②項）。そして、対外的には、理事が法人を代表して（◇**4**）第三者と取引をするなどの権限を持つが（同法77条①項）、理事が2人以上いる場合には、各理事が代表権限を有する（同条②項）。ただし、ほかに「代表理事」を定めた場合は、その代表理事が一般社団法人を代表する（同条①項ただし書）。

　他方、理事会設置社団法人では、代表理事および業務執行理事のみが業務執行権限を持つ（同法91条①項）。

　なお理事は、法令、定款、ならびに社員総会の決議を遵守し、一般社団法人のために忠実にその職務を行わなければならない（理事の忠実義務。同法83条）。

　ⓑ一般財団法人の場合　一般財団法人の場合は、理事会は必置の機関とされる（一般法人170条①項）。理事に関する一般的な規定は、上述のように一般社団法人の規定が準用されている。

　④**内部監査機関──監事**　監事は法人の内部監査機関である。これは、一般社団法人については、置くことができる（一般法人60条）ものであって、

必ず置かなければならない機関ではない。ただし、一定の場合には監事の設置が義務づけられる場合がある（同法61条）。これに対して、一般財団法人の場合はこれも必置の機関となる（同法170条①項）。監事の職務は、法人の財産状況の監査、理事の業務執行状況の監査、財産状況や業務執行状況に不正を発見したときの監査報告の作成などが挙げられる（同法99条①項、②項）。

⑻　法人の業務の監督

先に⑶で述べたように、民法旧規定は、法人の設立について、監督する主務官庁がその自由裁量で設立を認める許可主義を採っていた。そして、できあがった法人の業務も、主務官庁の監督に属することとされていた。これに対して、2006年の制度改革三法は、設立の許可およびその後の監督を主務官庁の裁量により行うことにしていた制度を改め、一般の法人の設立・監督は簡単にし、公益法人認定法で、公益社団法人および公益財団法人としての認定およびこれらに対する監督を、独立した委員会等の関与の下で内閣総理大臣または都道府県知事が行う制度を創設した。（⏢⏢）

> ### ⏢⏢ルール創りの観点から──さらに続く民法改正
>
> 　要するに、一般の法人を作ることは簡単にして、公益法人を作ることとその後の監督は厳しくした、というわけである。これは、224頁の「**ここがKey Point**」にも書いたように、旧法下の公益法人の制度が悪用されていたことを是正するためのルール変更である。この問題は、実は税制面での優遇なども関係している。人がなぜある制度を利用あるいは濫用しようとする行動を取るのかは、民法だけでなく、税負担、コスト、使い勝手など、さま

（◇5）不法行為には交通事故で治療費等の賠償責任を負うなどの事実的不法行為のほかに、取引のうえで他人に損害を与える取引的不法行為（たとえばAがBにある品物を売る契約をしていたところ、Cが、Bにその品物が入手できないことによって発生する損害を与える目的で、Aと二重に契約してその品物を横取りするような行為とか、契約をすると言って相手に準備をさせておきながら不当に契約交渉を止める行為など）がある。法人の不法行為はこの取引的不法行為の場合が多く考えられる。

（♣1）理事自身が不法行為責任に基づく損害賠償債務（709条）を負うのはもちろんであるが、その理事のした不法行為について法人も連帯して責任を負うのである（理事と法人が連帯して負う損害賠償債務は、判例・学説上、不真正連帯債務とされてきた。これについては債権総論の連帯債

> ざまな角度から考察しなければならない。そもそも、立法の際には「そのようなルールを作ったら人はどう行動するか」のシミュレーションを十分にしてから作るべき、というのが、私の「行動立法学」の主張である。

⑨　法人の不法行為（←🔍アイテム4 不法行為）

　法人については、その活動を人になぞらえて権利能力や行為能力を認めているのであるから、当然不法行為（故意または過失によって他人に違法に損害を与える行為）をする能力というものも想定されることになる。2006年の民法改正までは44条①項で、法人の理事その他の代理人（代表機関）が不法行為をしたときに法人が損害賠償責任を負うことを定めていた。ただこの点は債権法の不法行為のところ（709条以下→第3課参照、詳細は『スタートライン債権法』第12課参照）を勉強してからでないと十分理解できないのは当然である。このあたりにも民法総則から勉強を始める場合の難点があり、そのような難点を解消する目的で本書の第3課と第4課が置かれていることを再認識していただきたい（◇5）（♣1）。ちなみに旧規定44条①項は、前掲の整備法によって民法からは削除され、同様の規定が一般社団・財団法人法に置かれることになった（同法78条、197条等）。

　なお、法人の目的の範囲外の行為によって他人に損害を与えたという場合は（本来法人は目的の範囲でしか権利義務を有しないのであるから）、その事項の議決に賛成した社員、理事、およびその履行行為をした理事その他の代理人が連帯してその賠償の責任を負う（旧44条②項。これも2006年の民法改正によって削除となったが、不法行為についての考え方が変わったわけではない）。

務のところ→『スタートライン債権法』第
19課参照)。これは、不法行為法に規定さ
れる、従業員が不法行為をしたときに会社
も責任を負う、使用者責任(715条→『ス
タートライン債権法』第12課参照)と同様
の考え方である。

⑽　法人学説

　なお、法人については、学説上いろいろな考え方があり、その存在を法が
自然人に擬制しているにすぎないとする法人擬制説と、法人は実在するのだ
という法人実在説とが対立し、その考え方の違いが法人の諸規定の解釈や説
明に影響を与えてきた部分がある。しかし、学問的な意義はともかく、初学
者はあまりそのあたりに拘泥する必要はない。

⑾　権利能力なき社団と中間法人

　営利目的でも公益目的でもない団体(学生自治会、同窓会、町内会等)は、
かつては特別法の規定がないかぎり法人とはなれず、「**権利能力なき社団**」
として存在していた。権利能力なき社団については民法に規定がないが、判
例や学説は、町内会などの権利能力なき社団は独立の取引主体や訴訟主体と
はなれるが、たとえば不動産を取得して登記する場合はその代表者名義でせ
ざるをえず、また権利能力なき社団が取引をして負債を負った場合も構成員
の個人財産まで追及されることはなく、さらに、構成員は、脱退した場合も
出資したものの返還請求はできないという関係にあるとする。さて、すでに
述べたように、平成13(2001)年に成立した中間法人法は、これらの団体に
民法上法人格を与えることを可能にしたのだが、平成18(2006)年改正によ
って、中間法人法は廃止され、中間法人として設立されたものは、一般社
団・財団法人法の下では一般社団法人として存続することになった。
　ちなみに、中間法人の基本的な性格は、「社員に共通する利益を図ること
を目的とし、かつ、剰余金を社員に分配することを目的としない社団」(旧
中間法人法2条1号)である。つまり、町内会や同窓会の構成員のための活

動（これは「公益」ではない）をし、利潤を構成員に分配しない（「営利」を目的にしない）法人ということになる。

　以上、一連の改革によって、権利能力なき社団という、かつて学説上でも１つの大きな論点であったものは、論点の重要性としては小さくなったといえるかもしれないが、なお法人設立登記を望まない町内会等は、権利能力なき社団のままで存続することになる（なお、中間法人法という法律は短命であったが、それなりの用途があった（♠1））。

　最後の授業が終わった。教壇に来たＡ子さんが、学年末試験に出そうないいポイントについて、しっかりした質問をして帰った。これはかなり良い成績を取りそうだな。

　Ｂ男君が挨拶に来た。「先生、俺試験受けないんで、これで。面白かったです。１年間有難うございました。入ゼミ論文、挑戦してみます。」

　後ろにスーツ姿のＣ夫君がいた。黙って深く頭を下げた。私も思いを込めて目礼した。

　そして質問の列の最後に、Ｄ子さんがいた。頬が赤く染まっていた。

　「あの、本当に、有難うございました。あの、お聞きしたいんです。これ、法学検定という試験の成績なんです。見ていただけますか。１年間でこれだけやりました。私、法科大学院を受けてみたいんです。未修者コースで。会社はやめるつもりです。先生、私、やれるでしょうか。」

　来るかもしれないと予期していた質問だった。本当は、ゼミで２年間しっかり指導した学生さんなら、相当程度自信を持って答えられる。けれども、

法人格否認の法理　これは主として会社法上の株式会社について問題になるものだが、社団法人とは名ばかりで実質的には個人企業にすぎないものと取引した相手方は、法人格がまったくの形骸にすぎない場合またはそれが法律の適用を回避するために濫用されている場合には、その法人格を否認して、会社名義でされた取引についても、これを背後にある実体たる個人の行為と認めて、その責任を追及することができる（最判昭和44・2・27民集23巻2号511頁）。これが、「法人格否認の法理」と呼ばれるものである。

授業を聴講した人で何度か質問を受けたくらいでは、人生を左右するような質問にそう簡単に答えるわけにはいかない。

　ただ、私には動揺があった。実は、自分が経済学部の2年生のとき、1年間聴いた法学の授業で、相当詳しい民法の勉強ができた。毎週質問に行っていたその授業の最終回で、私は、法律学で身を立てたいという相談を、担当の法学部の教授にしたのである。

　その時、担当のT先生は、少し考えてから、「あなたならおやりになれるかもしれません」とおっしゃった。本当に、私のどこを見込んでくださったのか、まさに人生を決めた一言だった。あの時とほとんど同じだ。……

　「D子さん、正直に言って、私は、君の能力を十分に把握できていません。でも、君の意欲と決意はよくわかりました。検定試験というものの評価も必ずしもよくわかりませんが、民法以外もほぼ平均して点が取れているところをみると、法律全般に適性もあるように思いますし、ここまで1年で到達したのは立派なものだと思います。君が、自分の選択に自分で責任を取りきることができるなら、1回しかない人生、思ったようにやるべきでしょう。」

　D子さんは、一瞬、胸を詰まらせたような表情をした。そして、はじかれたように頭を下げてから、コートをまとって、足早に、キャンパスの中庭に出る教室のドアに向かった。鉄のドアが開いた時、冬の、それでも十分まぶしい陽射しが、ちょうど逆光になって、その長方形の光の枠の中に、D子さんのシルエットを包んだ。

第**14**課　補講

　　大学の講義は、90分授業ならば試験を入れて半期（半年）16回で2単位、100分授業ならば同じく半期14回で2単位とするのが近年のスタンダードのようである。もっとも最近は、四学期（クオーター）制で週2コマ授業で14ないし16回を行う大学もある。ということは、教科書は13課くらいで作っておくと、1回に1課のペースで授業をすれば、ときに1回で終わらない課があっても、ほぼ確実に使い終わることになる。そこで、最後にもしもう1回の授業があるのなら、という構成で、第14課は補講と名付けた。

　　補講というのは、やむを得ず休講した場合に行われるものだが、私は、休講がまったくなかった年でも、補講をしたことがある。もちろん、その日の内容は試験範囲にはしないという約束で、ただ、ちょっと話し足りない、そしてちょっと名残り惜しい、という気分で教壇に立った。

　　そういう日に来てくれるお客様こそ本当のお客様。そう思って、ここでも何か役に立つことを話しておきたい。そしてそういう日の教師は、ぽろっと普段話さないことを話すこともある。

　　──民法典の歴史に始まって、勉強の仕方から試験の受け方まで。実はこの「補講」が君たちにとって一番重要な内容なのかもしれない。

（♡1） 以下の記述の詳細は、池田真朗編『新しい民法——現代語化の経緯と解説』（有斐閣ジュリストブックス、2005年）113頁以下の「民法典の歴史」（池田執筆）参照。

（♣1） 江藤新平は当初、フランス民法をそのまま敷き写させようとした（「誤訳も亦妨げず、唯、速訳せよ」と命じたと伝えられる）。その後大久保利通らと対立し、明治7（1874）年の佐賀の乱で処刑された人物である（「日本史を学んでいないので、江藤も佐賀の乱も知りません」という人がいる。しかし、この後に出てくる法典論争のことなども含めて、知らないのは恥ずかしいことと思ってほしい。民法典の編纂には、この国の近代化を果たそうとした人々のさまざまな思いが込められている。大学受験のために何を勉強したか、というレベルの話ではないのである）。

▶1　民法典の歴史

(1)　法典編纂とボワソナード旧民法典

　以下には、一部第1課で述べたことと重複するが、われわれが学んでいる民法典の、成り立ちからの歴史を簡略に述べておきたい（♡1）。

　近代日本の民法典編纂は、明治3（1870）年に司法卿江藤新平の号令で始められた（♣1）。しかしなかなか軌道に乗らず、その後、明治6（1873）年にフランス人法学者ボワソナード（Gustave Emile Boissonade）が、司法省法律顧問として法典編纂と法学教育にあたるべく招聘され、同氏が明治12（1879）年から原案の起草を開始し、法律取調委員会での審議を経て明治23（1890）年に公布されたのが、わが国最初の近代民法典である。これを旧民法とか**ボワソナード旧民法**とか呼んでいる（ただし、後述する平成16〔2004〕年の民法典現代語化改正があったために、現在の現代語化民法典からみてそれ以前のものを旧民法と呼ぶ人もあるが、これは「民法旧規定」と呼んで明治23年旧民法と区別したほうがよいだろう）。なおこの旧民法典では、ボワソナードが原案を起草したのは今でいう財産法の部分で、家族法の部分は、ボワソナードが日本の伝統的な慣習を基本にすべきだからとして、最初から日本人の委員に起草を任せた。

　さて、この旧民法は、公布はされたものの有名な法典論争でその施行（当初施行期日とされていたのは明治26〔1893〕年1月1日だった）が延期され、そのまま3人の日本人委員穂積陳重、富井政章、梅謙次郎の手になる明治民法の起草作業に移っていく（この明治民法の前半の3編は、大部分が、後述する

ように口語体に変わったものの、内容的には現在の民法として使われている）。ち
なみに、この法典論争で、施行延期派の穂積八束という学者が発表した論文
の「民法出でて忠孝亡ぶ」という有名な題目は、社会に影響を与えるスロー
ガンとしてはまことに絶大な効力があったようであるが、延期派の主張は、
旧民法の個々の条文に法理論的に正当な批判を加えるものではなかった（◇
1）。

　法典論争でフランス法派が敗れたこともあって、その後フランス民法を学
ぶ学者は少なくなり、やがて大正から昭和前期には、わが国ではドイツ民法
の研究（ドイツ民法学の導入）が大変盛んになる。しかし昭和40年代くらい
から、ようやく民法の1つひとつの条文の沿革を再確認・再検討する研究が
行われるようになると、日本民法の中には、その元となったボワソナード旧
民法の規定が、（三起草委員の作業が旧民法典の「修正作業」であったことを考
えれば当然なのであるが）多数残っていることが論証されるようになった。
そこで、現在の民法の解釈を研究するために、このボワソナード旧民法（お
よび、その母法たるフランス民法）が大変重要なものであることが認識される
ようになったのである。同法典には、フランス民法典からボワソナード旧民
法に引き継がれ、さらに現在の民法に引き継がれた規定も多く存在するし、
さらに、ボワソナードが自分の考えでフランス民法を修正して取り入れてい
る部分もある。

　ボワソナードという人は、パリ大学のアグレジェ、つまり正教授への昇格
を待つ身分だった明治6（1873）年に日本政府の要請を受けて東洋の果てに
旅立ち、それからなんと22年もの歳月を日本の近代法典作りに捧げることに
なった。彼は旧刑法や治罪法つまり昔の刑事訴訟法なども起草したのである

（◇2）ボワソナードは、南フランス、ア
ンチーブの墓地に眠る（→『スタートライ
ン債権法』第17課コラム参照）。ついに施
行されないまま葬り去られた旧民法が、現
代に至っても研究対象とされていることを、
彼はどう思っているのであろうか。

なお、ボワソナードは、旧民法典起草だ
けでなく、旧刑法典の起草や外交交渉の支
援など、多様な場面でめざましい活躍をし
た。彼の事績の全体については、池田眞朗

『ボワソナード──「日本近代法の父」の
殉教』（山川出版社日本史リブレット、
2022年）参照。

（♠1）上級者向けに。ボワソナードの民
法理論と彼の旧民法草案の学術的評価につ
いては、池田真朗『ボワソナードとその民
法』（慶應義塾大学出版会、初版2011年、
増補完結版2021年）参照。

が、ボワソナードの最大の作品はなんといってもこの旧民法である。ちなみ
に、ボワソナードが座右の銘としていた言葉に、「人を愛しそして人を害す
ることなかれ」という言葉がある。彼の基本的な民法観は、人間を肯定的に
見て、人間の自由な行動を肯定し、お互いに他人を害しない範囲でどれだけ
自由な意思活動による法律関係を結ぶことができるかを考える民法、という
ものであったように思われる（◇2）（♠1）。

⑵　明治民法典

穂積、富井、梅の3博士の「分担起草、合議定案」によって起草された明
治民法典は、法典調査会の議事を経て、第9回帝国議会に提出され、前3編
は明治29（1896）年に公布され、後2編は明治31（1898）年に公布された。
施行はともに明治31年7月16日である。3人の日本人委員は、「既成法典（旧
民法典）の修正」作業を命じられたのであるが、できあがった日本民法典は、
その編別形式が、すでに述べたようにドイツ型（パンデクテン・システム）に
なっており、先述のように、一時、日本の民法典はドイツの強い影響を受け
たと理解される時期があった（ちなみに、ドイツ民法典が完成するのは日本民
法典よりも後であり、実際三起草委員が参考にできたのは、ドイツ民法典の第1
草案〔1888（明治21）年〕が中心で、第2草案〔1895（明治28）年〕から先は十
分には参照されていない）。もちろん、ドイツ法的な規定もかなり導入し、あ
るいは一部にはイギリスの判例などを参考に取り入れた条文もあるのだが、
大づかみに言うならば、フランス的な規定とドイツ的な規定がほぼ半々とい
うのが適切な理解であろう。民法総則で言うならば、意思表示、法律行為と
いう概念立てはそれ自体ドイツ民法的である。ただ、物権法、債権法を通し

241

（◇**3**）経緯と内容の詳細は、前掲池田編『新しい民法——現代語化の経緯と解説』1頁以下の「現代語化新民法典の誕生」（池田執筆）参照。すでに刑法や民事訴訟法などが現代語化された中で、最大の基本法典たる民法典の現代語化が遅れた形になっていたが、法務省民事局では、平成3（1991）年から「民法典現代語化研究会」（座長・星野英一東京大学名誉教授）を組織して現代語化を検討し（筆者もそのメンバーの1人であった）、この研究会の最終案は、平成8（1996）年に民事局長に提出されていた。大部の法典で実現までに時間がかかったが、そもそも民法典の場合は、私法の全般にわたる解釈の基本法ということで、関係法令が厖大なことと、商法などとは異なり、基本的にはそう頻繁に改正されない（そのほうが法的安定性を保てる）と考えられていたことから、慎重を期したということもいえよう。

ての主軸である、物権、債権の権利移転については、本書でも学んだように、日本民法はフランス型の対抗要件主義を貫徹している。ことに債権総論の分野には、フランス型の規定が多いようである。

　この民法典の第4編親族、第5編相続は、第二次世界大戦後の昭和22（1947）年に大改正されて口語化されたが、第1編総則、第2編物権、第3編債権は、明治29年の制定以来、部分的な手直しはあったが全面的な改正を受けないまま現在に至っており、カタカナ・文語体を用いた表記形式で、かつ現代ではほとんど使われない用語や用字も多くあった。そこで、次に述べる現代語化の作業が始められたのである。

⑶　民法現代語化改正

　民法（前3編）をひらがな・口語体にする改正がなされたのは2004（平成16）年12月で、施行は2005（平成17）年4月であった（◇**3**）。

　この民法典の現代語化改正を促した時代の要請は、大きく挙げれば社会の情報化、国際化、高齢化という要素からなると分析できよう。近年は、民法典の内容もかなり頻繁に個別の手直しがされたり特例法での補正がされたりするようになってきていたのである。

　2004年の第1編から第3編までの現代語化は、①表記をひらがな・口語体に改め、②一般に用いられていない用語を他の適当なものに置き換えるほかに、③確立された判例・通説の解釈で条文の文言に明示的に示されていないもの等を規定に盛り込む、④現在では存在意義が失われている規定・文言の削除・整理を行う、⑤全体を通じて最近の法制執務に即して表記・形式等を整備するという方針で行われた。このうち③のところは、ほぼ大方の疑問の

（♡**2**）そのうち民法総則に関するものが、代理の分野の108条、109条、時効の分野の151条、153条、162条と5か所あり、物権に関するものが、本書でも説明した即時取得の192条である。

ないであろう10数か所にとどめられた（♡**2**）。また、この改正では、条番号の変更は、削除規定の調整や枝番号の整理など、最小限にとどめられた。民法の場合、代表的な条文（たとえば90条、177条、709条等）は、法律専門家でなくてもその条番号で意味内容がわかるほど一般に定着しているので、条番号をすべて変更することは大きな混乱を招くと予想されたためである。

　ただ、この現代語化と同時に、保証の部分は、個人の根保証が過大な負担にならないようにする等の理由から、かなり本格的な実質改正が施されたことも知っておきたい。

　いずれにせよ、この現代語化改正で、カタカナ文語体も、難読文字もなくなり、学生諸君には民法がずいぶん学びやすくなったことは喜ばしいことである（ただ、本書で述べたように、学習データとしての判例等には、そういう文章もたくさんあることを忘れてはならない）。

⑷　民法（債権関係）改正

　民法の債権関係の全面的な改正に関する法務省での検討が、2009（平成21）年11月から始められた。契約を中心に、債権関係の規定を見直すということで、民法総則の部分についても、意思表示、代理、時効（債権の消滅時効）などが対象となった。そこでは、現行民法典が施行されて120年以上経ち、判例法理の進展を取り込んでわかりやすくする必要があるとか、取引社会の変化に合わせる、国際的な取引ルールの統一化の流れに合わせる、などという目的が挙げられていた。

　そして、ようやくまとまったこの民法改正法案が、2017年5月に国会で成立し、同年6月2日に公布され、2020年4月1日に施行されたのである。こ

の改正法については、新聞報道などでは、消費者保護の重視等、一見わかりやすい解説がなされた。しかし実は、全体像を見た場合、今回の改正は消費者保護が主たるねらいというわけではまったくなく、企業取引も対象にした民法の「取引法的側面」に関する非常に多数の改正がなされ、さらに現実の紛争解決よりも学理的な争点整理が優ったような改正もかなり行われていた。

　今回の改正の評価されるところを挙げれば、①市民生活に有用そうなわかりやすい改正もいくつか行われている。②これまでの判例法理を条文に取り込んで明瞭になったものもかなりある。③本書が中心に扱った民法総則の部分では、錯誤などにみられるように、これまでの学理的な論争点を解消するような改正も行われている、といったところだろうか。

　しかし一方で問題点とされるのは、①上述のように、民事基本法とはいっても企業等のかかわる取引法としての改正が非常に多く、つまり「市民」を相手に取引をする「企業等」を想定しての「取引法」としての利益調整を図っている部分が大きい。②本書では触れていないが、債権総論の部分などでは、国民にわかりやすい民法にするという触れ込みとは逆の、複雑難解な規定ができあがったところもある（債権譲渡の譲渡制限特約の規定など）。③さらに、紛争解決の結果は現在と大して変わらないのに、学理的な理論構成を変えたり（債務不履行や瑕疵担保責任の規定など）、細かい論争点の整理をしたものがかなりある。そして、この③にあたるものが結構広範にあるので、そのために、教科書の記述は大きく変わり、また、実務では契約書の条項などの書き換えが多数必要になり、さらに裁判では、（現在とほとんど同じ結論であっても）結論に至る事実評価や論理構成が変わる、という部分がかなり多くなりそうなのである。

確かに、後述する国際化の潮流などにはそぐう部分も多いのではあるが、やはり私法の基本法たる一国の民法の改正は、何よりも市民のために役立つ改正であるべきである。この改正がどれだけ市民の役に立ち、紛争の回避や解決に有用なものになるのかは、施行されてしばらく経たないと検証できないというべきであろう。実際、2020年の施行の日までに、実務界では契約書の書式の変更など、さまざまな対応の準備をしなければならなかったが、こういう変更も実務にとっては時間と費用のロスになるのである。

⑤　変革の時代——さらに続く民法改正

　上記の債権法改正の後も、相続法や親族法の関係で多くの改正が続き、2023年の段階では担保法関係の改正も検討されている。これは、社会が（国際的に）急激な変革の時代に入ったことを象徴している。かつていわれていた、民法は私法の基本法であるから、あまり頻繁に変わると法的安定性を害するなどという説明が通用しない時代になったと理解すべきである。

⑥　民法改正と「契約の国際基準」への対応

　少し難しいことまで書いておこう。国が違えば文化が違うように、その国を規律する法も当然異なる。言うまでもなく、これまで本書で学習してきた民法は、当然日本においてのみ通用するものである。それでは、それぞれ異なる国に属する契約当事者（たとえば日本人とアメリカ人）で取引がなされた場合、このような国際取引は一体どのような法（ルール）によって規律されるのだろうか。これは、国際取引が多様・普遍化する今日においては頻繁に争われる問題である。

実際には、**国際私法**という、当事者がどの国のルールを選択するかという、個々の取引の準拠法を決定する法分野があるのだが、近年は、個別の対応ではなく、「契約の国際基準」となるべき国際取引の統一ルールが探求されてきた。そして、その代表が、1980年に採択された**ウィーン売買条約**（国連国際物品売買条約、英語の略称としてCISGと呼ぶこともある）と呼ばれる私法統一条約である。この条約は国連国際商取引委員会（UNCITRAL）によって作成され、米、中、独、仏等主要な70か国以上がその締約国となっている。そして、2008年に日本も締約国となり、2009年8月1日からその適用を受けることとなった。

　このウィーン売買条約は本来、異なる締約国に営業所が所在する当事者間の国際的物品売買契約に適用されるものであるが、近年この条約で示されたルールが各国の国内法にも影響を与え、取り入れられるといった国際的潮流が起こっている。そして、2009年にわが国でも本条約の適用を受けるようになったことに伴い、この国際的潮流を受けて提案されたのが、今回の民法（債権関係）改正だったのである。当時の提案では、当事者の合意とそれによる相互拘束を重視する考え方が示されているが、それはまさにこのウィーン売買条約で示されたルールを反映しようとしたものであるといえる。

　一国の民法を学習するのに、このように国際条約の影響も勘案しなければならない時代になってきた、ということを理解しておこう。

▶2　法律用語フラッシュ

　以下には、本書でまとめて言及する機会のなかった法律用語で、民法学習

（◇**4**）平成7（1995）年7月施行の製造
物責任法にもその要素がある（同法3条は、
故意・過失を「製造物の欠陥」の概念で置
き換えている）。

のために整理しておくことが有用と思われるものを補足しておく。

(1)　近代私法の３大原則

　近代私法の３大原則として一般に、意思自治（私的自治）の原則、私的所
有権絶対の原則、過失責任の原則が挙げられる。最初の意思自治（私的自
治）の原則は、その具体的な現れとしての契約自由の原則で置き換えられる
場合もある。ただ、契約自由の原則も当事者が対等な関係にあることを前提
としているもので、現代では修正を余儀なくされている部分があるし、電気
やガスの供給契約のように、実質的な自由が失われているものもある。過失
責任の原則も、すでに述べたように、部分的に無過失責任主義が取り入れら
れてきているのが実情である（◇**4**）。

　しかしながら、最近はこの３大原則を、①権利能力平等の原則、②私的所
有権絶対の原則、③私的自治の原則として、私的自治の原則の中に契約自由
の原則と過失責任の原則を挙げるものが増えてきている。**権利能力平等の原
則**とは、すべての人が階級・職業・年齢・性別等によって差別されることな
く等しく権利義務の主体とする資格（能力）を有するという原則とされるが、
21世紀初めまでの法学教科書では見られなかったものである。

(2)　適用・準用・類推適用・援用

　法文を本来の趣旨通りにあてはめて使うのが適用である。法が、他のとこ
ろにある規定を別の所にも適用するのが準用で、法文の中でそう指定される。
これに対して、類推適用というのは、本来その法文が使われると予定されて
いたところではない（要件があてはまらない）ところに、解釈上その趣旨を

247

（♣2）もっとも、個々の場面で類推適用がどこまで許されるのかは不明瞭である。また恣意的に濫用されてよいものではない。類推適用およびその事例については、椿寿夫＝中舎寛樹編著『解説　類推適用からみる民法』（日本評論社、2005年）が参考になる。

くみ取って裁判官や学者が使う、という場合を指す（♣2）。援用、というのは、ある制度や規定を当事者が自分の利益になるように使う、という意味で、時効の援用とか、同時履行の抗弁の援用、などという形で用いられる（第11課参照）。

③　善意・悪意・害意・背信的悪意・故意・過失

　民法で用いられるさまざまな主観的要件についてもここでまとめておこう。法律の世界では、「善意」とは事情を知らないこと、「悪意」とは事情を知っていることを意味する。したがって、「善意の第三者」は決して「いい人」という意味ではないし、「悪意」といっても悪気があって何かするという意味ではない。なお、「善意」は、ただ事情を知らないというだけでなく、ある状況をそれが真実だと信頼している、という意味まで含んで用いられることもある。また、わざと人をおとしめようとか損害を与えようとするのは、「害意」という。なお、たとえば不動産の二重譲渡では、本書で学んだように登記がなければ権利取得を対抗できないのだが、例外的に、後から登記を得た第2譲受人が、第1譲渡を単に知っているだけでなく第1譲受人に登記がないことを主張するのが信義則に反するような場合、その第2譲受人等を「**背信的悪意**」者と呼んで、第1譲受人は登記なしにそのような者に対抗できるとするのが確立した判例法理である（最判昭和43・8・2民集22巻8号1571頁）。

　「故意」はわざとすることで特段解釈上の問題はないが、「過失」については、本書で学んだ不法行為の成立要件等の「過失」は、加害者その人の具体的主観的な過失ではなく、客観的に、一般に予見しうる事故等が発生するこ

当事者の関係を矢印で表すとき、債権関係は債権者から債務者への債権の向きを→で表すとわかりやすい。右の図では、BからAには目的物の引渡請求権、AからBには代金支払請求権がある（図の中のCからの二重線の矢印は、債権とは異なる特殊な取消権を表すのに使っている）。

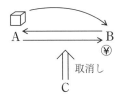

とを回避すべき義務を想定して、その義務に違反したこと（結果回避義務違反）をいう（ただし、過失相殺、という場合の過失は、そういう厳密なものではなく、損害の発生に関係する被害者側の落ち度をいうと考えてよい）。

▶3　学習上のポイント

それでは、民法総論の講義を終えて、これから先の学習を適切に続けていただくために、いくつかの学習上のポイントを挙げておきたい。

①**条文を大切に**　　第2課の末尾にも述べたように、民法の学習は条文に始まる。もっとも、第3課では、債権法には任意規定が多く、その場合は当事者の合意が条文の規定に優先すると述べた。しかし、総則や物権法は強行規定の部分がほとんどであるし、任意規定の部分も、当事者の合意がなければその条文が適用されるのであるから、常に学習の出発点には条文を置いておくことが大切である。なお、現代では頻繁な法改正に注意すること。

②**必ず例示と図解をせよ**　　民法の学習では、具体的な事例を想定して考えていくことが重要である。そして、これも第2課の条文の読み方のところでも述べたことだが、登場人物をA・Bとか甲・乙とかに置き換えて、たとえば、「AがBに物を売って、Bの法定代理人Cがその契約を取り消して……」というケースであれば、ノートにAとB、AとCを結ぶ矢印を引いて図を書いて理解していくのがよい。その場合、→の使い方がポイントである。大体、物の移転の方向を示す使い方をするのだろうが、債権では権利の向きを→にする（債権者から債務者へ）とうまく図が書けることが多い（⇧**ここが Know How**）。より高度には、権利の矢印には直線を使い、物の移動には曲

線を使う、などの工夫もある（249頁の図を参照）。

③**暗記よりも理解を**　　民法財産法は、分量として膨大なものがある。条文だけをとっても、暗記するということになればかなりの労力がいる（私もやりたくない）。それに重要な判例や学説を加えたら、大変な情報量になる。それらの情報を、相互に関係づけることなしに頭から覚えてかかったら、どんな人でも途中で投げ出してしまうと思われる。民法は（他の法律でもそうだが）決して暗記の学問ではない。最終的に司法試験などで限られた時間で知識を試される場合には、ある程度の暗記も必要だが、そこに至る過程では、どうしてこういう制度が置かれているのか、なぜこういう規定が必要なのか、という疑問を積み重ねて勉強していってほしい。

④**関連性の理解を心掛けよ**　　③で述べたことにも関連するが、民法はそれぞれの条文が、想定される状況での当事者の利益の対立を調整しているわけだから、似たような状況では、似たような規定が置かれることになる。勉強しているうちに、「あそこでこういう規定があったからここでも同じような規定があるはずだ」という類推がきくようになれば、だいぶ勉強が能率的になるし、それはまた、民法の体系的な理解が進んできたということになる。ただ、この体系的、というときには、民法にはさまざまな価値基準が含まれており、たった1つの価値基準で体系化されているというものではないので、その点は注意してほしい（後掲⑧の「取引の安全」も参照）。

⑤**意義、要件、効果を整理せよ**　　これはだいぶ技術的なアドバイスになるが、1つの制度なり規定なりを学ぶ際には、その意義（どういう趣旨で置かれている何のための規定か）をよく理解したうえで、その規定があてはまる要件（どういう状況が整ったらこの規定が使えることになるのか）と、その規定

が使われた場合の効果（この規定が適用されたらどういうことになるのか）を整理していくことが、知識の整理と速やかな理解のために有益である（民法学で「効果」といったら、その規定を適用した場合の結果をいっているので、ダイエットに効果がある、という場合のような「効き目」という意味ではないということはすでに注意した通りである）。

⑥**判例を重視せよ**　判例と学説はどちらが重要か、と質問されることがある。局面によって違いがあるので、いちがいには言えないところもあるが、本書のこれまでの記述で明らかな通り、学生諸君が一般的に理解している以上に、判例を重視していただきたい。特に最高裁の判例が、条文の規定を補うルールになっているところはまず重視していただきたい。判例は、現時点でのその規定の実際の適用状態を示している。ことに、条文の規定だけでは不十分なところを、確立した判例の準則が埋めているケース（これを、「**判例法理**が存在する」という）では、判例を十分に理解しておく必要がある。これに対して、地方裁判所や高等裁判所の裁判例の場合は、それぞれのケースに対する個別の判断であって、まだ最高裁判所で一般ルールとしての判断が確立したものではない。こういうものは、下級審の「**裁判例**」と呼んで、いわゆる確立した「判例」と区別している。また、判例と学説が分かれている、というところでも、とにかく批判されながら維持されている判例があるとすれば、それには一定の合理性があるはずだと考えて、その意味を探ってほしい。

⑦**「通説」を信じるな、しかしそれなりに尊重せよ**　一方学説というものは、さまざまな役割を持つが、判例に問題がある点を指摘し、別の結論を導くものは、判例とは異なった価値判断なり制度理解をするとそのような結

論になる、というものが多く、実際にそのような学説が強くなって判例を変更させることもしばしばある。また判例と結論は変わらないにしても、説明の仕方（理論構成）を異にするものもある。また、学説においては、通説とか多数説、少数説などという位置づけがよくなされる。一般に「通説」と呼ばれるものは、まったく問題がないもののように思われがちだが、必ずしもそうではない。現在の通説が否定され、今は支持者の少ない少数説が、10年後にはほとんど通説化している、ということもありうる。したがって、頭から信じてかからず、まず疑ってみるという態度が必要である。しかし、問題をはらみながらも通説・判例となっている場合は、そう考えるとおさまりがよいところがどこかにあるはずだから、そのメリットを探してみる（その意味で尊重する）のも大事であるということになる。それから、学説の中には学者が勝手に考えただけの（つまり解釈論上の根拠に乏しい）ものもあり、実際にはA説B説などと大げさに並べる必要のないものもあるので注意したい（さまざまな角度から研究することは尊いことなのだが）。

⑧**「取引の安全」は民法の基本命題ではない**　少し学習が進むと、何でも「**取引の安全**」を持ち出して説明しようとする人が出てくる。しかし、しっかり言っておくが、「取引の安全」は、民法の根本にある考え方ではない。これを金科玉条のように言うのは誤りである。取引の安全というのは、新たに取引に入ってくる者の安全、という意味であり、「動的安全」とも表現される。けれども一方で、元の権利者の安全つまり「静的安全」も考慮されなければならないのである。民法の立場は、この動的安全と静的安全のバランスを取るところにある。そういう意味で、民法の最も中心的な考え方は、「取引の安全」ではなく「公平」（ないし「衡平」）なのである。たとえば、表

（♣3）ここでは詳論しないが、利益考量（利益較量、利益衡量とも書く）という考え方がある。事案の解決を図る際に、当事者のさまざまな事情を勘案して解釈論に反映させるという手法である。きめの細かい解決を図る趣旨で、学説ではいろいろと議論されるものであるが、これについても「酷である」と同じことが言える。君たちはたとえば、「どうしてこのケースでXが勝つのですか」と聞かれて「利益考量で

す」などという答え方をすることは絶対にしてはいけない。あくまでも本文に書いたように、条文のあてはめから順次行っていって、法律上の根拠を示して答えを出すのである。

見代理のところで学んだ外観信頼保護法理は、権利を得る人の正当な信頼（善意無過失）と、権利を失う人の帰責事由の両方の存在がそろうことを要求している。真の権利者の帰責事由なしに取得者の善意なり善意無過失だけで権利を取得できるのは、民法の中では192条の即時取得だけである。これは、動産の取引が日常非常に頻繁に行われるので、これについてだけ取引の安全にシフトした規定を置いているのである。

⑨**事案の解決にはきちんとした法律上の理由づけを**　これも学習の進んだ人で、「……に酷（こく）だから」という説明をする人がよくいる。得意げに、「そう解しないとXに酷であるからである」などと書いてある答案も結構見かける。しかし、酷という言葉は、ひどい、かわいそうだ、というだけの意味である。ひどい、かわいそうだ、というだけで法律上の解決を図ってよいはずがないのである。もし、君がある事例問題を解いてみたところ、一方の当事者にひどい結果や大変かわいそうな結論になったとしたら、以下の順番で検証をし直してみてほしい。①適用条文は間違っていないか。②その条文の解釈は間違っていないか。③条文の欠缺を埋める判例法理はないのか。そしていずれもノーであれば、④権利濫用や信義則という一般条項を使えないか、と考えるのである。法律問題の判断には必ず条文や判例上の根拠を示すこと（♣3）。

▶4　試験の受け方

それでは、ここで試験の受け方について伝授しておこう。といっても、答案構成のテクニックなどを教えるのではない。おそらく他のどの教科書にも

書かれていないかもしれないが、本当に当たり前のことを書く。しかし、実はそれができない法学部生が多い。初心者のうちから、心しておいてほしい。法律学の試験では、**聞かれたことに答える**のである。

①**正誤問題**　　いわゆる「正誤問題」では、文章に書かれたこと（その文章の主意）が正しいか間違っているかを判断するのであるから、文章が肯定形か否定形かを読み間違えないように。そして次に、なぜ正しいか、なぜ間違っているのかを、まずは条文の知識で考える。そして、条文で判断のつかないものについて、判例があったのかどうかを思い出すようにするのである。たとえば、「契約は守られなければならないから、中学生が結んだ契約でも取り消すことはできない」という文章であったら、（通常は）前半の「契約は守られなければならないから」という理由づけが正しいかどうかではなく、「中学生が結んだ契約でも取り消すことはできない」という部分が正しいか間違っているかを判断するのである。正誤の理由を書かせる問題であったら、正誤の判断をするのに必要十分な理由を書けばよい。ただ気を付けること。上の文がもしそのままの形で正誤問題として出てきたら、正確に言うと答えは１つには決まらない。つまり、判断の根拠は民法５条であることがわかったとしたら、５条の条文をこの文章に当てはめて考えるのである。そうすると、まず５条①項本文から、中学生は未成年者であるから、契約すなわち法律行為をするためには、法定代理人（つまり親権者など）の同意を得なければならないということになる。しかし問題文ではこの同意を得ているかどうかが書かれていない。もし同意を得ていなければ、同条②項でその法律行為は取り消すことができるとあるので、この問題文は×になる（したがってもしこのままの文章で出てきた場合の答えは、取り消せる場合があるので×とする

べきであろう）。しかし、裏を返せば、同意を得ているのであれば、取り消すことはできないことになり、〇になってしまう。さらにいえば、その中学生のした契約が、問題文には何も書いていないが、もし親から与えられた小遣いで本を買った売買契約であるとすると、その小遣いのお金が5条③項にいう法定代理人が処分を許した財産になると思われるので、中学生が自由に処分できることになり、問題文はやはり〇になってしまう。一般に、単純な正誤問題の場合は、答えが1つに決まるような形で出題されなければ困るが、正誤の理由を書かせる簡易記述式の問題であれば、こういう分析や場合分けをして説明しなければならないケースもありうる。

　②**一行問題**　「一行問題」と呼ばれるのは、ある概念について説明を求めるような問題である。これは、問いかけの対象が広いので、何を聞かれているかについてそう神経質にならなくてもよさそうである。しかしこれも、ただ知っていることを書けばいいというものではない。当然、論理性が問われる。たとえば、「動機の錯誤について述べよ」というものであれば、出題は簡単なのだが、解答はいくらでも差がつく。まず、そもそも「錯誤」とはどういうものでどういう種類があるのか、それに比べて「動機の錯誤」というものはどういう位置づけになるのか（もともと錯誤のカテゴリーに入るのか入らないのか）と書き始めたら実はきりがない難問である。しかもここは2017年の民法改正で条文が変わっていて、改正前の95条に基づいて言えば、そもそも錯誤の条文上の要件である「要素」の問題と「動機」の関係を書き、判例はどういう場合に「動機」の錯誤が「要素」の錯誤となりうると考えているのかを書き、というふうに答えていくことが要求されていた。現行95条について言えば、①項2号の「表意者が法律行為の基礎とした事情について

のその認識が真実に反する錯誤」にあたるのかどうかを論じ、さらに②項の「その事情が法律行為の基礎とされていることが表示されていたとき」という要件について論じなければならない。条文へのあてはめの仕方とか、それによる紛争解決の帰結が書かれていることが大事である。細かい学説のことが書いてあればそれは加点要素にはなろうが、学説に関する記述がなくても十分に合格点に届くはずである。

　③**事例問題**　　いわゆる「事例問題」は、「Bは、自分がAの代理人であると偽ってCからC所有の土地を買い、……」というように設例があって、問いが出てくるのであるが、その設例を図解したりして正確に理解するのはもちろんのこと、その「問い」の内容をしっかり把握しなければならない。たとえば、「ABCの間の法律関係について述べよ」という問いなのであれば、AとB、BとC、CとAの3つの関係を全部答えなければいけない。「AはBとCに対してどういう主張ができるか」という問いであれば、AがBに対して何が主張できるかとCに対して何が主張できるかを（もちろん法律上の根拠を明らかにして）書く。さらに、「これに対するBの反論について述べよ」というのであれば、Bの反論を理由を挙げて書く。この場合も、「Bとしてはどのような反論をすることが考えられるか」という問いに正確に答えるのであれば、法律的に無理かどうか疑問なものも書き、（自分で無理かどうかを判断して書くか書かないかを決めるのではなく）「これこれの反論をすることも考えられるが、それはこういう理由で困難と考えられる」とすべきなのである。つまり、こういうふうに「聞かれたことに素直に適切に答える」ことを初心者のうちから心掛けてほしい。

　さらに、学習が進んでくると、「聞かれていないことを答える」人たちが

どんどん増えてくる。複雑な事例問題になると、きちんと読めばそういう問題を聞いてはいないのに、一見よく似た判例の事例などを頭に浮かべて、「あの論点だ！」と決めつけて答案を書く人がたくさんいるのである。こういう人たちは、いくらたくさん書いても（そして書いた内容自体は間違っていなくても）絶対合格点はもらえない。**聞かれていないところには配点はない**のである。

　さらに言っておくと、法科大学院時代に入ってから、当事者の一方または双方がどういう主張をなしうるか（またはどういう主張をすることが考えられるか）という形の出題が増えている。こういう場合は、出題者は君たちにいわば裁判官としての「正解」を求めているのではない。それぞれの当事者の立場で、どういう主張をすることが考えられるかと聞いているのである。その場合は、たとえば当事者の代理人の弁護士になりきって考えてみる、というような態度が必要である。

　以上、結構高度なことまで書いたかもしれないが、書いたことは考えてみればみな当たり前のことであることがわかるだろう。法律は、何よりも紛争解決の道具なのである。少なくとも、この「スタートライン」から法律の学習に入った諸君は、そのことを最初から頭に入れ、そして、素直に「聞かれていることに答える」習慣をつけてほしいと思う。

　そして、素直に答えられるためには、素直に理解していることが必要である。加えて言えば、法律学の学習は、決して条文や判例を丸暗記することではないが、しかし、試験の時に問題に素直に答えられるためには、それなりに知識が整理されて、頭の引き出しから秩序だって取り出せるようになっていることが必要である。だから、日頃から、「どうしてこうなるのか」「この

条文はどういう趣旨で置かれているのか」「この規定がないとどうなるの
か」などという「なぜ」の学習を積み重ねておいて（第1段階の学習）、試験
の直前には、知識を整理して頭に入れ直すという作業（第2段階の準備）を
するのが適切なのである。くれぐれも、第1段階の学習なしに、第2段階の
準備だけをすること（つまり一夜漬け）はしないでほしい。私は、自分の期
末試験では、この2段の準備をしてくれれば必ず良い成績がつき、一夜漬け
には一夜漬けらしい点数がつくような試験をすることを心掛けている（♡
3）。

▶5　民法学の旅路

　ここまで読み進めて、民法というものがどういうものか、ある程度理解し
ていただけたと思う。それは大変うれしいことである。ただ、これで「民法
がわかった」とは思っていただきたくない。民法学の旅路は、まだまだ、そ
して実は果てしなく、続くのである。

　最後に、民法に限らず、法を考えるうえでの最も根本的な議論の1つを紹
介しておこう。それは、法の解釈においても立法においても、どこかにわれ
われの人智を超えた理想の到達点というものがあると考えるのか（これがい
わゆる自然法論と呼ばれるものである）、それとも、われわれの現在持つ法規
範のみを法とみなして（法実証主義と呼ばれる）、これに社会の進展に合わせ
て改良を加えていけばよいと考えるのか。これは、法というものの考え方と
して、古くから論じられてきた難問である。

　ただ、法をそのように理念的に論じる時代はもはや終わったのかもしれな

い。2020年から約３年続いた世界的な新型コロナウイルスの蔓延を乗り越えた後、世界は急速な変革の時代に入ったように見える。さまざまな技術革新が進む一方で、地球は温暖化というより沸騰化に向かいつつある。法律は、社会を導く規範などと偉そうにしている場合ではなく、これからの人間社会の持続可能性に貢献しなければならないという、新たな責務を負っているように見える。また人々は、法律の改正や制定を待たずに、契約や国レベルの協定等、創意工夫をして自分たちをつなぐルールを創り、迅速に変化に対応する必要さえ感じられる。

　これから法を学ぶ人たちは、できあがっている法律を静態的に学ぶのではなく、もっと世の中を動態的にとらえて、広い意味での「ルール」を創っていける人にならないといけないのではないだろうか。その「ルール創り」のあり方を学ぶために法律（狭義の法）を学ぶ、という姿勢が大事なのではないかと感じるのである。

　そしておそらく、法を学ぶ者、そして法を扱う者にとって、最も大事なことは「謙虚」という言葉なのではないかと思う。何よりも、われわれ人間は、必ず間違いを犯す、不完全な存在なのであって、その不完全な人間がいくら英知をしぼっても、できあがった法もまた不完全なものにとどまるはずだ、という謙虚な発想を持って、法を学び、法を用いるということが大切なのではなかろうか。

あとがきに代えて

　私は、入門書と概説書とはまったく異なるものと思っている。入門書は、単に専門書の記述を簡略にしたものではなく、その学問の門をたたいた読者

259

の「思い」を「力」に変えるものでなければならない、と信じているのである。だから入門書は、読者の意識とともに、またその学ぶ時代とともに存在するべきものでもある。それゆえ、初版出版から17年を超える月日が経ったところで世に送るこの第4版では、以下のように新しいあとがきを書いておきたい。

　つまり、現代の民法学習者のゴールは人によっていろいろなのである、ということである。最終的には、これから読者の皆さんが入っていく集団の中で、民法を学んだことがどういう形で生かせるか、が問われる。したがって、たとえば本書を読んで、何か法律の資格試験を受けたいと思い立って、宅地建物取引士の試験受験を志し、それに合格して、それをいわば民法をしっかり学習したことの証明書として使って一般企業に就職する、というのも大変素晴らしいゴールなのである。また、地方公務員となることを志した人にとっては、民法の専門知識を採用試験で問われることは少ないかもしれない。けれども、その人たちも、本書で得た「知識」が直接役に立つことは多くないとしても、「利益判断のバランス」「相手の立場に立って物事を考える」などのことを本書から読みとって身につけてくれれば、これも立派な民法学習者のゴールといえよう。そして、その感覚が身に付いていれば、私のいう「それぞれの属する社会集団でのルール創り」が少しでもできるようになるはずなのである。

＊　　＊　　＊

　さて、お別れには、本書と読者の皆さんの「絆」について、実際にあった出来事を交えてお伝えしておきたい。

　本書の初版は、2006年の出版であるが、その前に私は、1995年に姉

妹編の『スタートライン債権法』を出版している（現在第7版になっている）。そしてその『スタートライン債権法』は、1993年から2年間、「法学セミナー」に掲載された同名の連載を元にしている。だから、この本書第4版の「あとがきに代えて」は、そこからちょうど30年の月日を経て書いているわけである。

　多くの読者はまだ生まれておられない頃の話かもしれない。この年月の間、非常に幸いなことに、私は多くのすばらしい読者に恵まれてきた。法曹の方々の会合や、企業の法務関係の方々の集まりに出席すると、第一線で活躍している著名な方に、「先生のスタートラインで勉強しました」と挨拶されて恐縮することもしばしばある。

　実際、この間、私は雑誌連載の頃から多くの読者からお手紙をいただき、単行書になってからも多数の読者カードに励まされてきた。

　そして、雑誌連載時に何通もお手紙をくださった、いわば私の「最初の読者」の方が、大学を卒業されて（おそらくは法律と関係のない就職をされたようで）疎遠になってしばらく経った頃に、一通のお手紙をくださった。そのことを、本書の初版のあとがきに私は詳しく書き、それを第3版の「あとがきに代えて」にまで再録した。

　不思議なことに、読む前に中身がわかったそのお手紙は、私のその「最初の読者」が法律の勉強を再開して、司法試験に合格したことのご報告だったのである。そのお手紙に背中を押されるようにして、私は本書の初版を仕上げた。

　そして今、博士課程開設の責任者として定年延長となり、現役大学教員の最終年を迎えた私は、留学生を含めて4名の博士課程生を指導しているが、

そのうちのお１人で、地方で税理士をされている方が、入学時に私に見せてくださったのが、あの『スタートライン債権法』の30年前の連載雑誌のコピーと、単行書の、ぼろぼろになるまで読み込んでくださった初期の版だったのである。

　人は、誰かの役に立つために生きている、と思える時が一番しあわせなのである。その誰かの人生を（もちろん、その人にとって良い方向に）変えるお手伝いが少しでもできているのだとすれば、こんなうれしいことはない。そのためには、たかが一冊の入門書であっても、ベストを尽くして書くべきなのである。

　ただ、この第４版を書き終えて、ベストを尽くしたかと自らに問えば、情報の取捨選択等になお迷いが残るところが多々ある。

　すみません、今はここまでです。元気でいれば（そして法律もどんどん変わるでしょうから）、そのうちもっといい第５版が書けるかもしれません。とにかく、最後まで読み切ってくださった、私の「一番新しい読者」に、心からの「ありがとう」をお伝えします。そして、いつかお会いできたらいいですね。この人生の広いグラウンドのどこかで。

　裁判所の下す個々の事件に対する判断を判決というが、その中で、一般に先例としてその後の裁判所の判断を拘束する（同じような事案には同じ判断を下すことになる）ものを判例という。わが国は、民法や刑法など、多くの法律を持つ成文法の国であるが、判例も、それらの法律の規定を補うものとして非常に重要である。学習の順序は、まず条文、次に判例、と思っていただきたい（いわゆる学説というものを検討するのはその後である）。

　以下の説明は、判例が本書でどう引用されているかという説明に始まって、判例の意義や学習方法、さらにその検索方法などを書いたものである。判例は、法律を学ぶ学生にとって必須の情報である。しっかり調べて正しく引用できるようにしてほしい。

　本書では、判例は「最判昭和49・3・7民集28巻2号174頁」というふうに引用される。最初の「最判」は最高裁判決、次は判決年月日、以下はその判決の載っている判例集で、「民集」は最高裁判所民事判例集（最高裁の公式判例集）である。先頭が「最大判」とある場合は最高裁大法廷判決を指す（普通の最高裁判決は第1から第3までの小法廷でなされるが、過去の最高裁の判例を覆す判断をする場合や、憲法違反に関する判断をする場合には、最高裁判所の裁判官15名の全員で構成される大法廷で判断されるのである）。

　最高裁判所が発足したのは1947（昭和22）年であり、それ以前は大審院（明治憲法下での最高の司法裁判所。1875〔明治8〕年設置）であったから、「最判」の代わりに「大判」とあれば大審院判決である。大審院の場合は大法廷ではなくて「連合部」といったから、大審院連合部判決は「大連判」と略す。なお最高裁判所民事判例集にあたる大審院の公式判例集は前半の大正10

（1921）年までは大審院民事判決録といい、それ以降のものは大審院民事判例集といったので、前者は「民録」と略し、後者は「民集」となる（これは最高裁民事判例集と間違えないように）。なお、「民録」のほうは巻で呼ばず輯（しゅう）という呼び方をしていた。したがって大審院判決の引用は、「大連判大正3・12・22民録20輯1146頁」「大判大正14・11・28民集4巻670頁」などということになる（大審院時代は各年の号数が多かったこともあり、「号」は引用に用いないのが慣例である）。

　最高裁判所民事判例集には、先例としての意義の大きいものが選択して載せられるが、それ以外でも比較的重要な判決はある。それらについては、収録された民間の判例雑誌で引用する。判例時報（「判時」）、判例タイムズ（「判タ」）、金融・商事判例（「金判」）、金融法務事情（「金法」）等がそれである。

　判例は、条文の文言（もんごん）だけではよくわからない、あるいは、条文が必ずしも想定していなかった紛争に対処して解決を示すことによって、裁判所による法の補充ないし創造という役割を果たしている。ある種の紛争に最高裁判所の判例が同一の趣旨で繰り返されたりして、裁判所の判断が確定したと考えられる状況になった場合、それを「判例法理が確立している」とか「判例の準則ができあがっている」などと表現する（したがって、下級審つまり地方裁判所や高等裁判所のレベルでいくつか判決が出ているという段階では、まだ判例としては評価できない。下級審の判決については、「裁判例」と呼んで、「判例」と区別する使い方をすることも多い）。

　学習が進んでくると、いわゆる判例解説書（「判例百選」など）を読む機会も多くなるだろうが、判例解説書では、そもそも事実関係が要約されている。判決も、いわゆる判決要旨だけが載っていることが多い。判例を本当に勉強するためには、判例集や判例雑誌でオリジナルにあたることが重要である。できれば、第1審の判決から順次控訴審判決、そして上告審判決と読み進んで、裁判官がどういう事実関係にどういう法律の規定をあてはめて、さらにそれらの規定をどう解釈・適用して具体的解決を導いたかを勉強することが大切なのである（判例解説書を勉強するときも、学者の書いた難しい解説や、学説の紹介などを覚えるのではなく、事実に対する裁判所の法のあてはめと解釈を

読み取ることに努力しなければならない）。そして、条文だけではどこが足りなくて、裁判官が判例によってどういう法創造をしたのかを知るのが最も重要なことなのである。

　もちろん大学図書館などには上記の判例集や判例雑誌が備えてあるので、それらを読むことによって判例を知ることができるが、それ以外にも最近は、判例を集めたオンライン・データベースも何種か市販されており、これらを備えている図書館も多い。判決年月日やキーワードから検索するなどの場合には便宜である。ただし、データベースによっては、要旨のみしか収録されていないものもあり、また最高裁判決はあっても大審院判決は収録していないものもある。したがって、データベース検索だけに頼るのもいささか危険である（また、いわゆる「判旨」つまり判決の核心の部分は、カギカッコをつけてそのまま原文通りに引用するのが習わしである。データベースの場合にはその部分も要約されていることがあるので、レポート作成などの際には注意すること）。

　なお、判例雑誌の場合には、重要と思われる判決には、「コメント」と呼ばれる無署名の解説記事が附されており、その判決の位置づけや関係する学説などを紹介している。判例研究の取りかかりには便宜である。

　さらに上級者に。「判例解説書」というのは、個々の判例を解説するものである。そうではなくて、判例そのものの学習、つまり判決文というのはどういう構成になっていて、判例にはどういう機能や役割があって、個々の判例の位置づけ（さらには重要度の格づけ）はどうなっていて、などということまでを学んでほしい（そういう「判例学習書」として、かつて池田真朗編著『判例学習のA to Z』（有斐閣、2010年）を出版したのだが、残念ながら現在は絶版になっている）。そして判例の「論理」を知ることも大事なのだが、その判決が出た「時代背景」を知ることがさらに重要である。法は現実から乖離してはならないのだが、変革の時代には判例がその法（法律）の硬直性を補って現実に対応させる、という見方もしてほしい。

●事 項 索 引●

●条 文 索 引●

●判 例 索 引●

大審院

最高裁判所

高等裁判所

●アイテム索引●

池田真朗（いけだ・まさお）
1949年　東京生まれ
1973年　慶應義塾大学経済学部卒業
1978年　慶應義塾大学大学院法学研究科博士課程修了
現　在　武蔵野大学法学部教授・大学院法学研究科長、慶應義塾大学名誉教授、博士（法学）
1991年から1993年まで不動産鑑定士試験第二次試験委員
1992年から1993年までフランス国立東洋言語文明研究所招聘教授
1996年から2006年まで司法試験第二次試験考査委員・新司法試験考査委員（民法主査）
国連国際商取引法委員会作業部会日本代表、日本学術会議法学委員長等を歴任
主要著書
債権譲渡の研究［弘文堂、増補2版、2004］
債権譲渡法理の展開［弘文堂、2001］
債権譲渡の発展と特例法［弘文堂、2010］
債権譲渡と電子化・国際化［弘文堂、2010］
債権譲渡と民法改正［弘文堂、2022］
ボワソナードとその民法［慶應義塾大学出版会、増補完結版、2021］
スタートライン債権法［日本評論社、第7版、2020］
新標準講義民法債権総論［慶應義塾大学出版会、全訂3版、2019］同各論［第2版、2019］
民法への招待［税務経理協会、第6版、2020］
民法III──債権総論［共著、有斐閣、第5版、2023］
分析と展開・民法II［共著、弘文堂、第5版、2005］
法の世界へ［共著、有斐閣、第9版、2023］
マルチラテラル民法［共著、有斐閣、2002］
新しい民法──現代語化の経緯と解説［編著、有斐閣、2005］
民法 Visual Materials［編著、有斐閣、第3版、2021］
プレステップ法学［編著、弘文堂、第5版、2023］
判例学習のA to Z［編著、有斐閣、2010］
民法はおもしろい［講談社現代新書、2012］

●スタートライン民法総論〔第4版〕

2006年12月20日　第1版第1刷発行　　　2024年1月20日　第4版第1刷発行
2010年11月15日　第1版第6刷発行
2011年12月20日　第2版第1刷発行
2017年3月30日　第2版第5刷発行
2018年3月20日　第3版第1刷発行
2022年12月30日　第3版第5刷発行
著　者──池田真朗
発行所──株式会社　日本評論社
　　　　　東京都豊島区南大塚3-12-4　郵便番号170-8474
　　　　　電話　03-3987-8621［販売］　-8631［編集］
印　刷──平文社　　製本所──難波製本

装丁　銀山宏子　　カバー写真　永山弘子